ÉTUDE

DE LA

MISE EN MOUVEMENT

DE L'ACTION PUBLIQUE

Depuis l'Antiquité jusqu'à nos jours.

THÈSE POUR LE DOCTORAT

PAR

Eymard de BAUFFRES

AVOCAT A LA COUR D'APPEL DE TOULOUSE

TOULOUSE

IMPRIMERIE SAINT-CYPRIEN

27, ALLÉES DE GARONNE, 27

1895

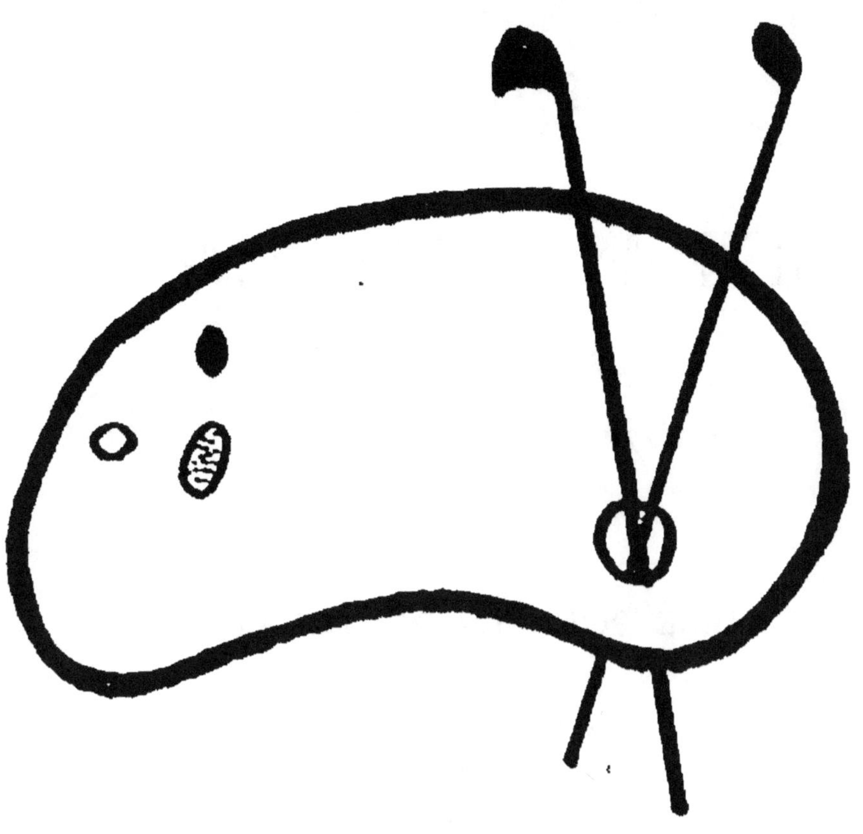

FIN D'UNE SERIE DE DOCUMENTS
EN COULEUR

ÉTUDE

DE LA

MISE EN MOUVEMENT

DE L'ACTION PUBLIQUE

Depuis l'Antiquité jusqu'à nos jours.

THÈSE POUR LE DOCTORAT

PAR

Eymard de BAUFFRES

AVOCAT A LA COUR D'APPEL DE TOULOUSE

TOULOUSE

IMPRIMERIE SAINT-CYPRIEN

27, ALLÉES DE GARONNE, 27

1895

FACULTÉ DE DROIT DE TOULOUSE

MM. PAGET, ✳, Doyen, professeur de Droit romain.

BONFILS, ✳, Doyen honoraire, professeur de Droit commercial.

DELOUME, professeur de Droit romain.

CAMPISTRON, professeur de Code civil.

WALLON, professeur de Code civil.

BRESSOLLES, professeur de Procédure civile.

VIDAL, professeur de Droit criminel.

HAURIOU, professeur de Droit administratif.

BRISSAUD, professeur d'Histoire générale du Droit.

ROUARD DE CARD, professeur de Code civil.

MÉRIGNHAC, professeur de Droit international public et privé.

TIMBAL, professeur de Droit constitutionnel.

DESPIAU, professeur adjoint, chargé des Cours de Législation financière et de Législation industrielle.

FRAISSAINGEA, agrégé, chargé du Cours de Droit maritime.

HOUQUES-FOURCADE, agrégé, chargé du cours d'économie politique.

MOUSSU, secrétaire.

HUC, ✳, Conseiller à la Cour d'appel de Paris, professeur honoraire.

POUBELLE, O. ✳, professeur honoraire, préfet de la Seine.

PRÉSIDENT DE LA THÈSE : M. MÉRIGNHAC.

SUFFRAGANTS } MM. WALLON.
VIDAL.
BRISSAUD.

La Faculté n'entend approuver ni désapprouver les opinions particulières du candidat.

A la Mémoire vénérée de mon Père

———

A MA MÈRE

———

A MA SŒUR

———

MEIS ET AMICIS

BIBLIOGRAPHIE

Accarias : *Précis de droit Romain.*

Aguesseau (d') : *Œuvres.*

Ayrault : *L'ordre, formalité et instruction judiciaire dont les anciens Grecs et Romains ont usé des accusations publiques, conféré au Stil et usage français.*

Aubry et Rau : *Cours de Droit civil français.*

Babinet : *Étude de la loi anglaise, du 3 juillet 1879 : Prosecution of offenses act. (Bulletin de la Société de législation comparée, 1880).*

Baluze : *Capitularia regum francorum.*

Barthélemy : *Voyage d'Anacharsis.*

Beaumanoir : *Coutume de Beauvoisis.*

Bécot : *Organisation de la justice répressive aux principales époques historiques.*

Berriat Saint-Prix : *Cours de Droit criminel.*

Bertauld : *Questions et exceptions préjudicielles.*

Bertrand et Lyon-Caen : *Code d'Instruction criminelle autrichien.*

Blanche : *Discours de rentrée à la Cour de cassation, du 3 novembre 1868.*

Boistard : *Leçons de Droit criminel.*

Boys (Albert du) : *Histoire du Droit criminel des peuples anciens. — Histoire du Droit criminel des peuples modernes.*

Bugnottet : *Étude administrative sur l'Angleterre.*

Carnot : *Instruction criminelle.*

Cauchy : *Du jugement des crimes politiques au point de vue moral et en particulier de la Cour des pairs et de la Haute Cour (Revue de l'Académie des sciences morales et politiques, vol. 80).*

César : *Commentaires.*

Charondas le Caron : *Ancienne Coutume de Paris.*

Cicéron : *Œuvres.*

Colebrooke : *Digest of hindu law.*

CREISSELS : *Des Édiles et de leurs attributions en matière de police*. Thèse (Toulouse, 1892).

CUJAS : *Œuvres*.

DAGUIN : *Code de procédure pénale Allemand*.

DELAMARRE et LE POITEVIN : *Droit commercial*.

DELPON : *Essai sur l'histoire de l'action publique et du ministère public*.

DEMANGEAT : *Traité des faillites*.

DEMOLOMBE : *Paternité et filiation*.

DEMOSTHÈNES : *Œuvres*.

DENYS d'HALYCARNASSE : *Œuvres*.

DESCROIX : *Des Cas ou l'exercice de l'action publique est subordonnée à la plainte de la partie lésée*. Thèse (Paris, 1888).

DIODORE DE SICILE : *Œuvres*.

DONEAU : *Comm. juris civ.*

DONNAT : *Droit public*.

DUCROCQ : *Droit administratif*.

DURUY : *Histoire des Romains*.

ESCHINE : *Œuvres*.

FABRE (E.) : *De l'accusation publique chez les anciens peuples, à Rome et dans le droit français*. Thèse (Paris, 1875).

FILANGIERI : *La science de la législation*.

FRANK-CHAUVEAU : *La poursuite criminelle et les projets de création du ministère public en Angleterre* (Bulletin de la Société de législation comparée. 1876).

FRANQUEVILLE : *Le Barreau anglais* (compte rendu de l'Académie des sciences morales, juin 1889).

GARRAUD : *Précis de Droit criminel*.

GEFFROY : *Étude sur la Germanie de Tacite*.

GIRAUD : *Histoire du droit Romain. — Novum Enchiridium*.

GLASSON : *Histoire du Droit et des institutions de l'Angleterre*.

HAUSS : *Principes généraux du Droit pénal Belge*.

HÉLIE (Faustin) : *Traité de l'Instruction criminelle*.

HERODOTE : *Historiarum libri*.

HOFFMANN : *Questions préjudicielles*.

IHÉRING : *L'Esprit du droit romain*.

ISOCRATE : *Œuvres*.

JOBBY (A.) : *De l'accusation publique*. Thèse (Paris, 1875).

JOUSSE : *Traité de la justice criminelle*.

LABATUT : *Essai sur le système pénal des Romains*.

LABOULAYE (Ed.) : *Essai sur les lois criminelles des Romains concernant la responsabilité des magistrats*.

LAIR : *Des Hautes-Cours politiques en France et à l'étranger et de* la mise en accusation du Président de la République et des ministres.

Legraverend : *Traité de la législation criminelle en France.*

Lehr (Ern.) : *Nouvelle législation pénale de la Russie.*

Lehuerou : *Histoire des institutions Mérovingiennes et Carlovingiennes.*

Lemaire : *De l'exercice et de la mise en mouvement de l'action publique.* Thèse (Paris, 1887).

Le Sellyer : *De l'exercice et de l'extinction de l'action publique.*

Lizet : *Pratique criminelle.*

Maine (Summer). *L'ancien Droit considéré dans ses rapports avec l'histoire de la Société primitive et avec les idées modernes.*

Mandrette : *De la Haute-Cour de justice suivant la constitution et la législation française actuelle.* Thèse (Toulouse, 1891).

Mangin : *Traité de l'action publique et de l'action civile en matière criminelle.*

Marcadé : *Droit civil.*

Marcy : *Code de procédure pénale du royaume d'Italie.*

Maynz : *Esquisse historique du Droit criminel de l'ancienne Rome.*

Merlin : *Répertoire.*

Meyer : *Esprit, Origines et progrès des institutions judiciaires des principaux peuples de l'Europe.*

Mittermaier : *Traité de la procédure criminelle en Angleterre, en Écosse et dans l'Amérique du nord.*

Molinier : *Cours de Droit criminel* (1892).

Montesquieu : *Esprit des lois.*

Morin : *Répertoire.*

Niebuhr : *Histoire des Romains.*

Nourrisson : *De la participation des particuliers à la poursuite des crimes et délits* (Paris, 1891).

Ortolan : *Éléments de Droit pénal. — Règles internationales et diplomatiques de la mer.*

Ortolan et **Leddeau** : *Le ministère public en France.*

Pansey (Henrion de) : *De l'autorité judiciaire.*

Pardessus : *Loi Salique. Cours de droit commercial.*

Parringault : *De l'adage que tout juge est officier du ministère public et de son application tant dans l'ancien droit que dans le droit actuel* (Dissert., Revue historique, t. 3. Durand, 1857).

Pausanias : *Œuvres.*

Pauthier : *Les livres sacrés de l'Orient.*

Perrin : *De l'accusation en droit romain et droit français.* Thèse (Paris, 1879).

PETIT (Samuel) : *Leges atticæ.*
POTHIER : *Pandectes de Justinien mises dans un nouvel ordre.*
POTTER (de) : *Archéologie grecque.*
PLUTARQUE : *Œuvres.*
RIVIÈRE (Ferréol) : *Esquisse historique de la législation criminelle des Romains.*
ROLLIN : *Histoire ancienne.*
SAVIGNY (de) : *Le droit des obligations.*
SIGONIUS : *Opera omnia. De Republica Hebræorum et de Republica Atheniensium.*
STRABON : Γεωγραφικα.
SUÉTONE : *Œuvres.*
TACITE : *Œuvres.*
TÉRENCE : *Comédies.*
THONISSEN : *Droit pénal athénien. — Essai sur l'histoire du droit pénal des peuples anciens.*
THUCYDIDE : *Œuvres.*
TITE-LIVE : *Œuvres.*
TRIPELS : *Traduction des Codes Néerlandais.*
VOET : *Ad pandectas*
WALTER (Ferd.) : *Histoire du droit criminel chez les Romains.*
XÉNOPHON : *Œuvres.*

DALLOZ : *Répertoire et suppl. Codes annotés.*
SIREY : *Codes annotés.*
FUZIER-HERMAN : *Répertoire.*
Annuaire de législation étrangère.
Annuaire de la Société de législation comparée.
Bulletin de la Société de législation comparée.
Revue de Droit international et de législation comparée.
Revue archéologique de Paris.
Journal des Savants.

INTRODUCTION

Lorsqu'une infraction quelconque à la loi pénale est commise, deux actions bien distinctes peuvent naitre à l'encontre de son auteur. L'une d'elles, permet à la partie lésée de recourir à l'autorité publique dans son intérêt exclusif, pour obtenir d'elle la réparation du dommage qui lui a été causé par l'agent du crime ou du délit, c'est *l'action civile*. Elle a un caractère essentiellement privé, déterminé par les articles 1382 et 1383 du Code civil; elle ne saurait être exercée que par la victime du fait incriminé qui seule maitresse de l'action que la loi lui accorde, peut, à son gré, l'intenter ou renoncer à ce droit.

L'autre action qui découle du délit est *l'action publique*. Sont but, bien différent de celui auquel tend l'action privée que nous venons de nommer et dont nous ne nous occuperons pas davantage, car elle est en dehors du cadre de notre étude, est la protection de l'ordre social par le châtiment des coupables. On peut la définir : *Un recours à l'autorité judiciaire, dans l'intérêt général de la société, pour arriver à la constatation du délit, à la démonstration de la culpabilité de son auteur, et enfin à la punition de ce dernier.*

De même que le grain de sable, qui s'introduit dans les rouages d'une machine, nuit à son fonctionnement régulier, et menace, si on ne l'enlève aussitôt, de détraquer l'appareil; de même l'infraction à la loi pénale par l'exemple mauvais qu'elle donne, et le scandale qu'elle provoque, aurait vite fait d'entrainer la ruine de la société. Heureusement, l'action publique fournit le moyen de punir le coupable, de le supprimer si c'est nécessaire, et ainsi de rétablir le jeu normal de ses institutions. Tout ce qui touche à l'action publique se lie donc intimement à l'organisation sociale elle-même. Montesquieu est de cet avis quand il émet la judicieuse remarque que voici : « Je me « trouve fort dans mes maximes, lorsque j'ai pour moi les « Romains, et je crois que les peines tiennent à la nature « du gouvernement, lorsque je vois ce grand peuple chan- « ger à cet égard de lois civiles (Montesquieu veut ici « parler des lois criminelles), à mesure qu'il changeait de « lois politiques (1). » Cette observation est surtout vraie pour la partie spéciale du droit pénal que nous nous proposons d'étudier dans ce travail. On ne saurait utilement aborder l'examen des règles de la mise en mouvement de l'action publique, sans tenir compte de l'état politique et social des peuples dont on s'occupe. Car il faut aller plus loin que Montesquieu, dans cette analyse des causes qui ont amené des modifications profondes dans la règlementation de l'action répressive. Les lois politiques ne sont elles-mêmes qu'un effet. La cause vraie, le substratum de tous les changements survenus dans ces dernières et par contre-coup dans les lois pénales, nous les trouvons dans les transformations sociales que nous avons pu observer au cours de l'histoire générale des peuples. A chacune d'elles correspondent toujours et très exactement des modifications aux lois relatives à l'accusation.

En majorité, les auteurs célèbrent la création du Ministère public, comme une des grandes conquêtes du droit dans les temps modernes. Nous croyons aussi que cette institution est un immense progrès sur le système d'accusation des peuples anciens. Confier le droit d'accuser à une personne publique jouissant d'une indépendance très grande vis-à-vis du pouvoir qui la nomme, c'est supprimer les deux principaux inconvénients du principe, qui faisait accorder « *cuivis ex populo* » le pouvoir de mettre l'action

---

(1) Montesquieu, *Esprit des lois*, liv. VI, chap. XV. Voir aussi Laboulaye dans la préface de son ouvrage, intitulé : *Essai sur les lois criminelles des Romains concernant la responsabilité des magistrats.*

publique en mouvement. Nous voulons parler de la haine et de la faiblesse. La calomnie en résultait souvent, et souvent aussi l'impunité. Il était l'occasion de rancunes éternelles et de vengeances atroces, dont à une époque, très voisine de la nôtre, la Corse, avec ses *vendetta* tristement célèbres, nous a conservé le souvenir. Il est vrai que ses habitants usurpent le droit de punir n'ayant pas celui d'accuser. Mais l'un comme l'autre sont chose mauvaise, car ils découlent du droit de vengeance privée que nous retrouvons au début de l'histoire de tous les peuples. Sans doute ces inconvénients étaient singulièrement atténués chez des peuples d'une civilisation avancée, comme les Athéniens et les Romains, par exemple. Nous pensons cependant que les Cicéron et les Catilina à Rome, les Démosthènes et les Eschines à Athènes, ne devaient pas, les causes politiques de dissension aidant, avoir un bien vif penchant les uns pour les autres.

Filangieri (1), cependant, regrette le système des accusations populaires, et, sauf quelques modifications de détail, souhaite son rétablissement. Nous discuterons ailleurs ses doctrines. Mais il nous semble que ses contradicteurs, aussi bien que lui-même, se méprennent également quand ils pensent que les origines du ministère public sont toutes modernes, et que pour faire son histoire on ne saurait remonter plus haut que le treizième siècle. Cette opinion ne nous parait pas absolument fondée. Il est vrai, sans doute, que le droit d'accusation confié aux particuliers, a dominé dans les anciennes législations, et que le ministère public avec son nom et son organisation actuelles, leur était inconnu. Mais il est non moins certain que les causes politiques et sociales qui ont amené son établissement vers le treizième siècle de notre ère ont existé tout aussi puissantes au cours de l'histoire des peuples dont nous aurons à nous occuper. Or, comme les mêmes causes doivent, si le principe philosophique est vrai, produire les mêmes effets, en tenant compte évidemment des circonstances de temps et de lieu, il nous parait qu'elles ont dû

(1) *La science de la législation*, liv. IIIe, partie 1re, chap. IV.

provoquer forcément la création d'institutions ayant un lien de parenté très étroit avec notre système actuel. La nécessité de substituer à l'accusateur populaire, passionné, s'il n'est pas inactif, une partie publique indépendante et consciencieuse, a dû paraître tellement évidente, qu'il faudrait s'étonner qu'on n'eut pas songé, sinon à l'établir, du moins à suppléer à son absence à l'aide de moyens détournés. C'est ainsi que les choses se passent en Angleterre ou on n'a pas encore admis le ministère public dans la législation. Si cela s'est produit, comme nous le croyons, dès les temps les plus reculés, nous devons remonter jusqu'à eux, pour étudier les antécédents du ministère public, et nous bien pénétrer de sa nature et des avantages réalisés par son établissement.

De ces réflexions il est aisé de dégager le plan général que nous nous proposons de suivre dans cette étude de la mise en mouvement de l'action publique.

Dans une *première partie,* nous étudierons sa règlementation dans le passé, en nous arrêtant tout particulièrement sur le Droit romain qui, par son importance et le nombre de documents qui nous ont été conservés, mérite, à tous égards, un examen attentif et approfondi. L'histoire sera notre guide, et nous suivrons l'ordre naturellement indiqué par elle.

Cela nous conduira jusqu'à l'examen de la législation actuellement en vigueur en France, qui sera l'objet de la *deuxième partie* de notre thèse. Elle nous retiendra longuement, car la mise en mouvement de l'action publique constitue un des points les plus intéressants du droit pénal.

Une *troisième partie* sera consacrée à l'étude de notre sujet en législation comparée, qui nous renseignera sur les règles de l'accusation suivies, de nos jours, chez les principaux peuples civilisés.

Enfin, comme *Conclusion,* nous ferons un choix entre les divers systèmes que nous aurons rencontrés sur notre route. Nous verrons si le dernier terme de cette longue évolution, représenté par l'état actuel de notre droit, doit être considéré comme parfait, ou bien si nous devons nous mettre encore une fois à l'œuvre pour ajouter un anneau de plus à la chaîne du progrès.

Tel est le sujet de l'étude que nous entreprenons. Il nous a paru intéressant entre tous. Il participe à la fois de l'histoire du droit et de l'histoire sociale et politique des nations. La comparaison avec le passé sera pour nous un enseignement. Tandis que le rapprochement avec les législations voisines nous donnera ou un juste motif d'orgueil national en constatant combien certaines d'entr'elles, à notre point de vue spécial, sont restées en arrière ; ou un vif sentiment d'émulation à la vue de celles qui nous ont précédé dans la voie du progrès.

Mais, avant d'aborder l'examen historique et juridique dont nous venons de dégager les grandes lignes, nous devons établir quelques notions générales, et bien fixer les limites dans lesquelles nous avons l'intention de nous mouvoir.

Nous avons déjà défini l'action publique, et montré qu'elle était pour la société, parvenue à un degré de perfection assez avancé, le moyen de sanctionner les droits et devoirs réciproques que sa constitution crée, pour les individus qui en font partie, et dont la violation ou l'oubli nuisent au bon fonctionnement des lois qui la régissent. Mais ce n'est point assez pour l'État vraiment digne de ce nom, d'avoir à sa disposition l'arme nécessaire au maintien de l'ordre public. Il faut encore s'en servir, et introduire l'action publique devant l'autorité judiciaire. Cet acte qui la met en mouvement et, par ce fait même, est le plus important de la procédure criminelle, n'est autre que *l'accusation* ; on peut la définir : *l'imputation en justice d'un fait prévu par la loi pénale, par un membre du corps social ou par le magistrat qui le représente, en vue d'en provoquer la répression* (1).

Il est nécessaire de bien préciser les termes de cette définition pour distinguer l'accusation de tout ce qui n'est pas elle-même. *Accuser*, ce n'est pas dénoncer une infraction pour en provoquer la poursuite par l'autorité com-

(1) Cf. Émile Fabre : *De l'accusation chez les anciens peuples, à Rome et dans le droit français.* (Thèse, Paris, 1875.)

pétente ; c'est avoir le droit de saisir soi-même le pouvoir judiciaire, et l'obliger à se prononcer sur le fait qui est soumis à son appréciation, quelle que soit du reste l'issue du débat qui va s'ouvrir devant lui. L'accusation n'est pas davantage *l'imputation* pure et simple du fait incriminé devant la juridiction de jugement. C'est une manifestation du droit de mettre l'action publique en mouvement, mais ce n'est pas ce droit lui-même. En fait, l'accusation et l'imputation ont appartenu souvent à des personnes différentes. Ainsi, pour n'en donner qu'un exemple, qui fera mieux saisir la distinction fondamentale que nous voulons établir, à Rome, à l'époque des jugements populaires, le droit d'accuser appartenait aux simples citoyens, tandis que, devant le peuple, le magistrat légalement investi du droit de convoquer les comices, pouvait seul exercer la poursuite et prononcer l'imputation de l'infraction.

Ainsi précisée et définie, l'accusation ou, ce qui est absolument la même chose, la mise en mouvement de l'action pénale, est, au premier chef, une fonction publique intéressant l'ordre social, et une émanation du pouvoir dépositaire de tous les droits de la société, « à quo, suivant « l'expression de Cassiodore, exeunt omnes dignitates ut a « sole radii (1) ». *A qui cette autorité suprême a-t-elle délégué l'importante mission de mouvoir l'action publique, et ainsi de veiller au maintien de la sécurité de tous? Quelles sont les règles d'exercice de cette fonction?* Voilà la double question à laquelle nous allons nous efforcer de répondre au cours de ce travail. La réponse a souvent varié, selon les temps et les lieux. Tantôt nous verrons le droit d'accuser appartenir aux simples citoyens, et tantôt à un fonctionnaire public, seul intermédiaire entre la société outragée et le coupable. Fréquemment aussi, nous trouverons les deux institutions côte à côte et se complétant l'une l'autre.

_____

(1) Cassiodore, livre VI, ép. 23. Cf. Delpon, au début de son essai sur l'*Histoire de l'action publique et du ministère public.*

PREMIÈRE PARTIE

**De la mise en mouvement de l'action publique
depuis l'antiquité jusqu'à la législation française actuelle.**

1. — ANTIQUITÉ

Vouloir écrire l'histoire des règles de la mise en mouvement de l'action publique, et ne pas remonter plus haut que
Rome ou Athènes, serait forcément rester incomplet. La
législation de l'Europe s'est, en effet, largement inspirée du
droit romain, qui lui-même doit à la Grèce une bonne partie de ses institutions. Il est certain en outre que l'Orient et
surtout l'Egypte furent les sources où puisèrent abondam-
ment les législateurs de l'Hellade. On ne peut donc expliquer les lois qui nous régissent sans examiner, du moins
rapidement, celles de ces divers pays (1). Un autre élément
dont l'influence sur la formation de notre droit a été très
puissante, c'est l'élément chrétien. Le christianisme a eu
sur notre législation une action dont on retrouve à chaque
pas les traces évidentes, et qui probablement n'est pas
arrivée encore à son entier développement. Or, la religion
chrétienne n'est que la réalisation des promesses de l'ancien testament. Il faut donc connaître les lois pénales des

---

(1) Thonissen : *Etude sur l'histoire du droit criminel des peuples anciens* (début de sa préface). Albert du Boys : *Histoire du droit crimine*
des peuples anciens (page 5).

Hébreux avant de commencer l'étude de celles qui ont subi l'empreinte directe des enseignements du Christ.

Tel sont les deux courants de civilisation qui sont venus apporter le résultat de l'expérience des siècles à nos législateurs modernes. Mais un autre foyer auquel ont dû certainement s'éclairer les peuples que nous venons de nommer, nous voulons parler de l'Inde, doit d'abord attirer notre attention. Ses relations étroites, et bien connues, avec eux, son mépris de l'étranger que Manou, son législateur sacré, place plus bas que le cheval dans la hiérarchie des êtres (1), laissent supposer qu'elle a du influer sur les nations alors en rapport avec elle, beaucoup plus que ces dernières n'ont pu agir sur la formation de ses institutions. Elle mérite donc d'être placée en tête des peuples dont nous allons étudier en partie les lois pénales. Viendront ensuite l'Egypte, la Palestine et la Grèce. Nous laisserons de côté la Chine, le Japon, la Perse et les autres pays de l'Orient, qui sont en dehors de cette double chaine des sources de notre droit. Nous occuper d'eux, serait faire preuve d'une vaine érudition, sans éclairer d'une lumière plus vive la voie que nous devons suivre pour arriver à la connaissance exacte de nos origines.

INDE

L'ensemble des institutions et du droit de la terre du Gange est mieux connu aujourd'hui, qu'à l'époque où écrivait le géographe Strabon qui doit faire l'aveu de son ignorance (2). Mais nous ne sommes guère plus avancés que lui, en ce qui concerne les règles de la mise en mouvement de l'action publique.

Nous savons par le Code sacré de Manou, que le Roi luimême, assisté de Brahmanes et de conseillers instruits, se rendait tous les jours à la Cour de justice, et jugeait les

---

(1) Lois de Manou, liv. XII, n° 43 (traduction de G. Pauthier).
(2) Strabon, *Géographiques*, liv. XV, chap. 1er (*in principio*).

affaires qui se présentaient. Le législateur inspiré par Bouddah indique combien modeste dans son attitude, devait être le Roi dans l'exercice de ces fonctions de juge ; il règle avec soin les formalités de la preuve testimoniale (1), mais il ne nous dit pas comment les causes étaient introduites devant son tribunal.

Strabon nous apprend, cependant, qu'il existait tout un ordre de fonctionnaires chargés de la police secrète du Royaume. Ces inspecteurs ou Ephores, si nombreux, que se méprenant sur leur caractère, cet auteur fait d'eux une caste séparée, devaient à l'aide de renseignements recueillis auprès des courtisanes, se tenir au courant de tout ce qui se passait, et en faire au Roi des rapports secrets (2). On croirait en lisant les lois de Manou au livre IX, sous les nᵒˢ 264 et suivants, parcourir un manuel à l'usage des agents de la sureté, et l'on reconnait assez bien les errements de la préfecture de police dans la strophe suivante : nᵒ 267. « Par le moyen d'espions adroits ayant été voleurs, qui « s'associent avec les voleurs, les accompagnent et sont « bien au fait de leurs différentes pratiques, que (le Roi) « les découvre et les fasse sortir de leurs retraites. »

A défaut d'autre mérite, ces renseignements auraient, du moins, celui de prouver, une fois de plus, qu'il n'y a rien de nouveau sous le soleil, et que la police secrète, avec des moyens d'action toujours les mêmes, est probablement aussi vieille que le monde. Mais ils nous conduisent en outre à un résultat plus important. Ils nous montrent que les divers attributs de la justice, la poursuite des crimes aussi bien que le droit de juger et punir le coupable, étaient fortement concentrés dans les mains du Roi. L'action publique devait, en conséquence, être mise en mouvement par ses agents directs, dont les espions et policiers que nous venons de rencontrer, n'étaient que les auxiliaires et souvent aussi les surveillants. Cela n'est pas une pure supposition de notre part. Manou, lorsqu'il trace au Roi la

---

(1) Lois de Manou, VIII, 1, 2, 3, 23.

(2) Strabon, *Géographiques*, liv. XV, § 48 (traduct. de M. Amédée Tardieu. Edition Hachette, tome II). Diodore de Sicile, liv. II, nᵒ 28.

ligne de conduite qui doit assurer au pays un heureux
gouvernement, ne lui impose-t-il pas, en effet, les obligations suivantes : « Pour deux, trois, cinq ou même cent
« villages, suivant leur importance, qu'il établisse une
« compagnie de gardes, commandée par un officier de con-
« fiance, et chargés de veiller à la sûreté du pays. Qu'il
« institue un chef pour chaque commune, un chef de dix
« communes, un chef de vingt, un chef de cent, un chef de
« mille. Le chef "une commune doit lui même faire con-
« naitre au chef de dix communes *les désordres, comme*
« *vols et brigandages*, à mesure qu'ils ont lieu dans sa
« juridiction, lorsqu'il ne peut pas les réprimer ; le chef
« de dix communes doit en faire part au chef préposé
« pour vingt. Le chef de vingt communes doit notifier le
« tout au chef institué pour cent, et ce dernier doit trans-
« mettre l'information lui-même au chef de mille commu-
« nes. Les affaires de ces communes soit générales soit
« particuliéres doivent être inspectées par un autre minis-
« tre du Roi, actif et bien intentionné. Dans chaque grande
« ville, qu'il nomme un surintendant général d'un rang
« élevé, entouré d'un appareil imposant semblable à une
« planète au milieu des étoiles. Ce surintendant doit sur-
« veiller toujours lui-même les autres fonctionnaires, et le
« Roi doit se faire rendre un compte exact par ses émissai-
« res, de la conduite *de tous ses délégués dans les différen-*
« *tes provinces* (1) ». De ces textes, et surtout des expressions que nous avons soulignées, il est impossible de ne
pas conclure que l'Inde a possédé un corps judiciaire savam-
ment organisé, chargé de poursuivre, au nom du Roi, les
infractions aux lois destinées à assurer le maintien de
l'ordre public. Il est vrai, sans doute, que la séparation des
pouvoirs, dénotant un état scientifique plus avancé, n'a
pas été connu du législateur indien. Les chefs de communes avaient, en même temps, le droit de mettre l'action publique en jeu, et des attributions administratives et finan-
cières, mais cela n'infirme en rien la portée de nos affirmations.

(1) Lois de Manou, livre VII, n°° 113, 114, 115, 116, 117, 120, 121 et 122.

Il nous paraît donc impossible d'admettre que dans l'Inde le droit d'accusation fût la propriété de tous. On ne saurait pour le soutenir (1), nous opposer utilement le n° 55 du livre XI du code de Manou, qui déclare que « *faire au roi un rapport malintentionné et accuser à* « *tort un maître spirituel*, sont des crimes presque sem- « blables à celui de tuer un Brahmane », et le n° 88 qui prononce la même peine contre ceux qui ont porté un faux témoignage, et ceux qui « *ont accusé à tort un* « *maître spirituel* (2) ». Ces textes assurent la tranquillité des citoyens vertueux contre la calomnie et le faux témoignage, commis par les agents chargés de la découverte et de la poursuite des criminels, mais ne détruisent pas la bien fondé de notre thèse. L'organisation sociale de l'Inde, était d'ailleurs trop aristocratique, et trop rigoureusement hiérarchique, pour que l'on puisse supposer que le Brahmane, placé au premier rang de cette société, ait pu être mis en accusation par un membre des castes inférieures, dont devaient certainement faire partie les espions secrets. On ne peut expliquer ces textes, sans admettre que ces derniers, ainsi que nous avons essayé de l'établir, agissaient comme délégués d'une autorité supérieure à tous, c'est-à-dire le pouvoir royal.

EGYPTE

Régie à l'origine par un gouvernement absolument théocratique, l'Egypte finit cependant par se donner un Roi. Toutefois, le corps sacerdotal conserva toujours une influence considérable sur la direction des affaires publiques. Le droit de rendre la justice lui appartenait presqu'exclusivement. Un tribunal composé de trente membres élus, en nombre égal par les collèges sacerdotaux des trois principales villes du royaume, Héliopolis, Memphis et Thèbes, siégeait dans cette dernière (3). Il

---

(1) E. Fabre (*op. cit.*).
(2) Voir encore Manou, livre VIII, n° 58.
(3) Diodore de Sicile, livre Ier, 2e section, chap. LXXV.

connaissait des affaires les plus importantes et fonctionnait comme juridiction d'appel, à l'égard des sentences rendues par les tribunaux inférieurs, établis au chef-lieu de chaque divison territoriale. Ces derniers, très probablement aussi, se recrutaient parmi les prêtres. La classe des guerriers et la classe populaire, tenues à l'écart des affaires publiques, ne devaient pas non plus, concourir à l'œuvre de la justice (1). Le pouvoir du Roi, en matière judiciaire, s'affirmait de deux façons. D'abord, il donnait l'investiture aux magistrats élus par leurs collègues, recevait leur serment, et leur fournissait un traitement sur le trésor royal, ce qui était, sans doute, le meilleur moyen d'assurer son influence (2). Il pouvait ensuite évoquer devant lui les affaires qu'il désirait juger lui-même.

Mais le Roi justifiait surtout le titre de « Seigneur de justice » que lui donne Plutarque (3), en présidant à la poursuite des criminels qu'il faisait rechercher et traduire devant les tribunaux par des agents directs de sa puissance.

Des renseignements quotidiens sur tout ce qui se passait dans son royaume (4) lui étaient transmis, évidemment par les « *Monarques* » ou gouverneurs des provinces, qui nous paraissent avoir joué un rôle assez semblable à celui des chefs des communes indiennes. Il est probable que le courrier que le Roi dépouillait tous les matins contenait encore les rapports secrets de ses espions.

Les monarques avaient pour les aider à maintenir l'ordre matériel et se saisir des coupables, une sorte de gendarmerie dont les soldats portant le nom de « *Magiaï* » ou de « *Phylacites,* » étaient exclusivement chargés de la recherche des coupables. Nous en trouvons la preuve dans un passage éminemment suggestif d'un Papyrus, traduit par M. Birch : « Le chef de l'Occident, y est il dit, le com-
« mandant des Magiaï, et le grand chef de l'Endroit,

---

(1) Cf. Thonissen, *op. cit.*, livre IIe, chap. Ier, p. 103.

(2) Hérodote, livre IIe, chap. CXXIX, CXIII-CXV. Diodore de Sicile, livre Ier, chap. LXIV. Thonissen, *op. cit.*, p. 93.

(3) Plutarque : *Apophtegmes des rois et des empereurs* (usages des rois d'Egypte).

(4) Diodore, liv. I, section IIe, chap. LXX.

« envoyèrent par écrit le nom des voleurs, par devant les
« magistrats, les chefs et les officiers, avec ordre d'accu-
« sation et d'examen de ce qui s'était passé (1). » Dans ces
quelques lignes, nous pouvons voir le gouverneur d'une
grande province, l'autorité locale et le commandant de la
force publique agissant de concert pour intenter l'accusation. Ils notifient à l'autorité compétente le nom des
malfaiteurs, font procéder à leur arrestation, saisissent régulièrement la juridiction chargée de l'instruction, et remplissent en un mot les fonctions dont, de nos jours, doit
s'acquiter le ministère public. Nous pouvons encore citer
un exemple de poursuites exercées par des magistrats
directement investis d'une partie de l'autorité royale, qui
nous montrera en même temps qu'il existait un fonds commun entre les législations de l'Egypte et de l'Inde. Le
Papyrus de Turin (2) nous révèle l'existence de certains
fonctionnaires nommés « *Chrématistes*, » chargés de surveiller les autres magistrats, et que M. Letronne, auteur
d'une note sur ce document, compare fort judicieusement
aux « Missi dominici » auxquels Charlemagne confiait le
contrôle de l'administration des provinces éloignées de son
Empire. « Lorsque j'appris cette violation de domicile,
« dit l'auteur du Papyrus, je me rendis à Diospolis. Etant
« entré en rapport avec les délinquants, officiers d'un
« ordre inférieur chargés des sépultures et nommés
« *Colchytes*, ils prétendirent avoir acheté la maison de
« Lobaïs, fils d'Erié. C'est pourquoi, cette même année,
« j'adressai contre Lobaïs aux Chrématistes de Thébaïde
« une requête que je mis dans le vase exposé par eux à
« Diospolis. » Tout dans ce texte, et surtout ce dépôt de
la dénonciation dans un vase clos dont les magistrats
avaient seuls la clef, dénotant la préoccupation de soustraire aux fonctionnaires locaux les plaintes formulées
contre eux, montre avec évidence que les particuliers

<hr>

(1) Papyrus Abbott, traduit par M. Birch, annoté par M. Chabas (*Revue
archéologique de Paris*, 1re série, tome XVI, p. 261 et suiv.
(2) *Journal des savants* (année 1828, p. 101).

n'avaient pas le droit de saisir directement les tribunaux, mais seulement celui de provoquer la poursuite (1).

Il faut conclure, par conséquent, que le droit d'accusation que certains passages de Diodore de Sicile et d'Hérodote (2) accordent aux simples citoyens et même aux esclaves, se réduisait à une simple dénonciation que la peine du fouet et de la faim rendait obligatoire, et dont la crainte du talion réfrénait l'abus calomnieux. Les magistrats chargés de poursuivre avaient un large pouvoir d'initiative qui dut avoir tous les caractères du système inquisitoire (3).

JUDÉE.

Jéovah, était seul maitre dans la terre de Chanaan. Il lui imposa sa loi sur les sommets brûlants du Sinaï, formulant les préceptes, définissant les délits et déterminant les peines, et lui donna un gouvernement théocratique au premier chef. C'est en son nom que la justice était rendue. Les magistrats « exerçaient le jugement de l'Eternel »; ils étaient comme des dieux, et comparaître devant eux c'était « se présenter devant le Seigneur ». Néanmoins, les descendants de la tribu de Lévi n'eurent pas le privilège exclusif de composer les juridictions hébraïques. Lorsque des institutions régulières succédèrent au régime patriarcal, et à l'organisation provisoire que Moïse avait établie au début des longues luttes que le peuple hébreux eut à soutenir pendant quarante ans dans le désert, tous les sages d'Israël purent faire partie des tribunaux dont ce législateur avait, peu de temps avant sa mort, ordonné la création (4).

<hr>

(1) Letronne (*Journal des savants*, 1828, *loco cit.*). On retrouve ces sortes de boîtes aux lettres dans les institutions de la Grèce avec le même caractère.

(2) Hérodote, livre II, chap. CXIII et LXXXIX. Diodore, liv. 1, section II, chap. LXXVII.

(3) E. Fabre, *op. cit.*, p. 23.

(4) Deuter., XVII, 18.

Le droit de vengeance privée réservé au plus proche parent de la victime, qui devenait le rédempteur du sang versé dans sa famille, et prenait le nom de « *Goël* », dut être à l'origine le seul moyen efficace de suppléer à l'impuissance du pouvoir patriarcal dont la juridiction ne devait pas dépasser l'enceinte où la Tribu avait dressé momentanément ses tentes. Cet usage se perpétua et entra profondément dans les mœurs. Moïse, trop avisé pour supprimer un droit qui tenait tant au cœur de ses concitoyens, se contenta de le restreindre en le réglementant. Le « *Goël* » devint un véritable accusateur. Il n'eut plus que le droit de poursuivre judiciairement le criminel et d'exécuter lui-même la sentence régulièrement portée (1).

Le droit d'accusation fut accordé à tous les citoyens dans la plus large mesure, et ne fut pas, sauf le cas de meurtre ou d'assassinat, la propriété exclusive de la victime ou de ses proches. Les livres saints nous montrent, par de fréquents exemples, que la poursuite fut souvent exercée par les simples spectateurs du fait incriminé (2). Dans un pays, où régnait l'égalité sociale, avec un peuple aussi violent et aussi vindicatif que le peuple juif, possédé au suprême degré du « *zèle de la loi* », une organisation analogue à celle de l'Inde ou de l'Egypte était parfaitement inutile. L'obligation morale de veiller au maintien de l'ordre public, suffisait amplement à assurer la répression des crimes qui n'entraînaient pas une lésion individuelle. Du reste, l'attribution à la victime du montant des amendes prononcées, contribuait à secouer son apathie (3). Les seules choses que le législateur hébreu, qui connaissait bien le caractère de ses concitoyens, devait redouter, étaient les accusations calomnieuses et mensongères ; il y pourvut en s'inspirant de la législation égyptienne qu'il avait pu étudier dans son enfance, en opposant le talion à ce genre de délit (4).

---

(1) Cf. A. du Boys, *op. cit.*, p. 47, et Thonissen, *op. cit.*, tome 2, appendice, lettre D.

(2) Nombres, XXV, 10, Deuter., XVII, 6. Exode XXI, 6, 22 ; XXII, 8, 9.

(3) Exode, XXI, 22, 6, XXII, 8, 9.

(4) Exode, XX, 16. Lévitique; XIX, 16, 20, 21.

On peut se demander si le système d'accusation organisé par la législation Mosaïque, n'était pas complété par un corps de fonctionnaires nommés « *Schoterim* », dont Moïse avait ordonné la création dans le passage du Deutéronome que nous avons indiqué plus haut. Ces magistrats d'un ordre inférieur remplissaient, auprès des tribunaux, les fonctions de greffier, d'huissiers, d'agents de la force publique et au besoin d'exécuteurs des sentences criminelles. Ils avaient des pouvoirs de police très étendus, et devaient s'employer à rechercher et saisir les perturbateurs de l'ordre public et les violateurs des bonnes mœurs. Il est probable que le droit d'accusation fut le complément de ces diverses attributions. Quoi qu'il en soit, cela ne diminua jamais l'importance du rôle des particuliers, dont ils devaient se faire les auxiliaires dans la mise en mouvement de l'action publique.

Les formalités de ce premier acte de la procédure criminelle étaient les suivantes(1) : Celui qui voulait se porter accusateur, devait d'abord dénoncer le méfait à un chef ou prince du peuple, probablement l'un des « *Schoterim* » que nous voyons souvent qualifiés ainsi dans les saints livres. Ce magistrat devait assigner l'accusé, se saisir de sa personne s'il ne se présentait pas, convoquer, s'il y avait lieu, le tribunal, et fixer le jour où le procès devait venir devant les juges. A la date fixée, l'accusateur poursuivait lui-même, en respectant la formule déterminée par la loi, qui, au cas de crime, était ainsi conçue : « *Judicium mortis est viro huic, quod hoc aut illud, fecit* ». Le procès se poursuivait ensuite par des débats essentiellement oraux et contradictoires.

GRÈCE

Comme les peuples que nous venons de passer en revue, la Grèce, à l'époque héroïque de son histoire, a eu une organisation absolument théocratique. Les dieux eux-

---

(1) Voir, à ce sujet, Sigonius (*De Republica Hebroorum*, livre VI et VII.

mêmes rendaient la justice par l'intermédiaire de leurs
prêtres, et ceux-ci mirent fin au droit de vengeance privée
qui dut exister chez les Pélasges comme il exista dans
l'enfance de toutes les civilisations. Cet état de choses persista jusqu'au jour où les Egyptiens établirent leur première colonie sur les bords du Péloponèse, apportant avec
eux leurs institutions et leurs divinités. Cet événement dut
provoquer une guerre religieuse, chantée par la mythologie, sous le nom de guerre des Titans contre les dieux de
l'Olympe, qui restèrent victorieux.

Les chefs de la caste guerrière qui avaient supporté
tout l'effort de la lutte, y puisèrent le sentiment de leur
force. Ils secouèrent le joug de la théocratie et lui substituèrent une aristocratie militaire à la tête de laquelle ils
placèrent un Roi. Cette révolution eut pour conséquence
la sécularisation de la justice. L'action publique perdit son
caractère exclusivement religieux, pour devenir, aux mains
du pouvoir social nouveau, l'arme nécessaire au maintien
de l'ordre public. Il est probable qu'alors le droit de la
mettre en mouvement se concentra entre les mains du
gouvernement monarchique que s'étaient donné les peuples de la Grèce, à l'imitation de l'Egypte dont ils etaient
pour la plupart originaires (1).

Mais, remuants et impatients de liberté, ces peuples ne
purent laisser longtemps au pouvoir royal le droit exclusif
de rendre la justice et de poursuivre la répression. Des
tribunaux indépendants du pouvoir royal furent établis, et
le droit d'accuser devint la propriété de chacun. Telle a
été, croyons-nous, la succession logique des révolutions,
plus ou moins violentes, suivant les lieux, dont nous
allons étudier les résultats en ce qui concerne l'accusation, à Lacédemone et à Athènes. Nous négligerons les
républiques moins importantes de l'Hellade. L'étude de
leurs législations qui diffèrent peu de celles dont nous
allons nous occuper, ne nous apprendrait pas grand
chose de nouveau, et nous obligerait à nous répéter inutilement.

(1) Cf. A. du Boys, *op. cit.*

2

— 18 —

Lacédémone: — Dans ce pays, contrairement à ce qui se passa chez les autres peuples de la Grèce, la révolution sociale fut particulièrement violente. L'influence religieuse fut complètement détruite. Le pouvoir passa aux mains des Héraclides, qui composèrent, au nombre de neuf mille environ (1) et sous le nom de Spartiates proprement dits, une aristocratie guerrière possédant seule la plénitude des droits de cité, et de tous les privilèges qui en découlaient. Au-dessous de cette caste supérieure, se trouvaient les propriétaires, et les Laconiens des villes jouissant encore de quelques droits, mais insuffisamment protégés contre l'arbitraire et la rigueur des lois. Venaient enfin les Ilotes dont la condition ne s'élevait guère au-dessus de celle des esclaves, et qui supportaient avec eux toutes les conséquences du « *væ victis* », qui semble avoir été le droit commun de tous les peuples de l'Antiquité. En somme, nous retrouvons encore ici la population divisée en plusieurs classes. Mais cette division est amoindrie par la suppression de la caste sacerdotale, disparue au cours des luttes sociales.

Le soin de distribuer la justice criminelle à Lacédémone se répartissait entre trois juridictions distinctes. La première était l'Assemblée générale du peuple, présidée par les Ephores, uniquement composée de Spartiates, qui se réunissait à chaque pleine lune, et connaissait des crimes politiques. Venait ensuite le Sénat ou Gérontie, composé de vingt-huit membres âgés de plus de soixante ans, et dirigé par l'un des deux rois qui régnaient en même temps sur Sparte. Les crimes de droit commun entrainant la peine capitale étaient de son ressort. En troisième lieu, se trouvait le Tribunal des Ephores. Le pouvoir judiciaire de ces magistrats, que l'aristocratie turbulente enleva aux rois pour en faire le contre-poids de leur pouvoir despotique, fut d'abord peu considérable. Mais il grandit vite, grâce à l'ambition de ces magistrats, qui usurpèrent le

(1) Plutarque, *in Lycurg.* Aristote, *Polit.*, I, II, IX.

— 19 —

pouvoir de présider le Sénat, et empiétèrent sur les attributions de ce dernier en jugeant eux-mêmes les crimes les plus graves. Ils finirent par se livrer à l'arbitraire le plus absolu, dont avaient peine à se défendre les Spartiates, et qui pesa de tout son poids sur les propriétaires et les Laconiens, sans parler des Ilotes considérés comme hors la loi (1).

Pour assurer l'existence d'un état aussi peu étendu, représenté uniquement par la classe militaire, si peu nombreuse, il fallait resserrer les liens qui unissaient entre eux les membres de cette aristocratie. Lycurgue, à l'exemple de Moïse, y parvint en établissant entre eux l'égalité la plus absolue, et en leur inspirant, avec le plus ardent patriotisme, le « zèle de la loi » le plus passionné. De ce système politique, résulta tout naturellement pour les particuliers, Spartiates ou Laconiens, le droit de mettre l'action publique en mouvement, et de saisir les juridictions que nous venons d'indiquer. L'accusation fut ouverte non seulement à la victime, mais encore aux témoins de l'infraction. La législation de la Laconie, comme celle de la Judée, leur en faisait même un devoir. Xénophon nous montre les simples citoyens traduisant les coupables devant le juge, rappelant les lois à ceux qui les méconnaissaient, et vouant au mépris tous ceux dont la conduite ne présentait pas les vertus qui devaient caractériser le peuple de Lycurgue (2). Etaient probablement seuls exclus du droit d'accuser, les esclaves et les Ilotes, qui, au rapport de Thucydide (3), ne pouvaient être entendus en témoignage, quand il s'agissait du jugement d'un Spartiate. Et, ce qui montre bien la sauvage énergie de ce peuple de soldats, celui d'entre eux qui se laissait outrager sans protester ou se plaindre, en était déchu comme infâme.

Nous n'avons aucun renseignement précis sur la procé-

(1) Aristote, *Polit.*, IX, et Isocrate (Démosthènes), prétendent qu'ils pouvaient mettre à mort qui ils voulaient : « Ἔξεστι τοῖς Ἐφόροις ἀκρίτως ἀκτείνειν τοσούτους ὅσους βούλωνται. »
(2) Cf. Delpon, *op. cit.*, p. 127.
(3) Thucydide, I, 1.

dure d'accusation observée à Sparte. Nous savons seulement que l'accusateur devait d'abord s'adresser aux Ephores, qui accueillaient ou repoussaient la poursuite. S'ils la jugeaient fondée, ces magistrats désignaient la juridiction et fixaient le jour des débats. Ils devaient entre temps s'emparer de la personne du coupable, ou du moins assurer sa comparution. S'il était absent, on lui envoyait un message ou on l'assignait par le ministère des huissiers attachés, sans doute, à chacun des tribunaux de Sparte (1). Les débats à l'audience étaient oraux, chacune des parties prenait elle-même la parole, pour soutenir l'accusation ou y répondre. L'éloquence artificieuse du barreau, était méprisée de ce peuple trop enclin aux exercices du corps pour songer à s'adonner aux travaux intellectuels (2).

Telle dut être l'organisation normale de l'accusation à Sparte. Mais ces règles furent étrangement méconnues dès le jour ou l'Ephorat, ne laissant aux Rois que le rôle de chefs des armées et de pontifes suprêmes d'une religion sans influence, s'empara des principales attributions du gouvernement. Ils remplissaient déjà les fonctions d'accusateurs publics en matière de crimes contre l'Etat. Ils durent rapidement étendre cette prérogative à toutes les infractions, et se constituer en une partie publique, poursuivant au nom de la société toutes les atteintes à l'ordre de choses établi. Ils étaient secondés dans cette lourde tâche par les gardiens des lois (νομοφύλακες) fonctionnaires qui s'employaient à maintenir dans toute sa pureté la législation de Lycurgue, et signalaient aux magistrats l'inobservation de ses préceptes. Venaient ensuite les Ἀγορανόμοι, sortes d'agents de police qui surveillaient les places publiques, les chefs des Ephèbes qui avaient sur eux un certain droit de correction, et enfin les Harmosynes chargés de veiller à la conduite des femmes.

Cette concentration de l'accusation entre les mains d'une magistrature, eut été un véritable bienfait pour les populations de la Laconie, si l'arbitraire le plus intolérable ne

____

(1) Plut. (in *Agid.*). Thucydide, I, 1.
(2) Plut. (in *Agesil.*).

l'avait transformé en un véritable fléau. Juges et parties à la fois, les Ephores commirent d'épouvantables abus. Ils respectèrent le plus souvent, il est vrai, la vie des Spartiates, car le pays avait besoin de tous ses soldats, mais l'honneur, l'existence et la fortune des autres Laconiens, furent souvent sacrifiés à leurs passions.

Athènes. — L'examen de la législation athénienne présente, à un double point de vue, un puissant intérêt. Elle nous offre d'abord un tableau fidèle des institutions de la plupart des peuples orientaux que Solon visita avant de donner des lois à son pays. Elle est en outre comme l'anneau qui relie les traditions orientales à celles de l'occident, grâce à l'influence profonde qu'elle exerça sur le droit des Romains, vers le sixième siècle de leur histoire (1). Elle mérite donc de nous retenir un peu plus longuement que celle des divers pays que nous venons de rencontrer.

La guerre sociale qui agita la Grèce tout entière, se termina à Athènes par une transaction. La justice laïque s'arrogea bien le droit de poursuivre et punir seule les criminels, mais la religion conserva son influence moralisatrice dont l'effet fut de tempérer la rigueur des peines et l'âpreté de la poursuite. Parmi les principales juridictions de l'Attique, signalons seulement le tribunal de l'Aréopage, celui de l'Héliée, créé pour dédommager la classe populaire, exclue des autres juridictions qui avaient en même temps des attributions politiques, et enfin l'assemblée générale du peuple, qui connaissait des affaires politiques dont la gravité justifiait l'abandon des formes régulières.

On voit, par ce qui précède, que si tous les citoyens de l'Attique n'avaient pas des droits égaux dans le gouvernement du pays, tous du moins participaient dans une large mesure à l'œuvre de la justice (2). Aussi, et par voie de conséquence, le droit de mettre l'action publique en mouvement leur appartint. Solon qui comprenait bien le caractère anti-social de l'infraction, et pensait que ce système est la

(1) Filangieri, *op. cit.*, livre III, chap. II.
(2) Aristote, *Politique*, III, I, § 4.

meilleure sauvegarde des petits et des faibles qui se trouvent protégés en même temps que l'ordre public est sauvegardé (1), le leur accorda par l'ordonnance suivante : « *Cuivis eum, qui alteri injriam intulerit, accusare permissum est* (2). » Il ne crut pas cependant devoir transformer ce droit en obligation, et se borna à encourager l'accusation en attribuant à celui qui l'intentait une partie des amendes prononcées. D'ailleurs, faire de la poursuite un devoir, était impossible avec une législation qui divisait les infractions en délits publics et en délits privés, et allait même, dans certains cas, jusqu'à reconnaitre au meurtre le caractère de ces derniers. La partie lésée, ses parents. son tuteur ou son maitre, pouvaient seuls en provoquer la répression, et aussi se désister moyennant le paiement d'une composition pécuniaire. Il fallait cependant, pour que cette transaction fût possible, au cas de meurtre considéré comme délit privé, l'assentiment unanime de la famille, ou, à défaut de parents, celui de dix membres de la Phratrie (3).

Le droit de mettre l'action publique en œuvre appartenait aussi aux femmes même contre leurs maris, et aux enfants contre leur père, mais il était refusé aux esclaves, et aux citoyens notes d'infamie. Le nombre de ceux qui étaient frappés de cette peine qui a joué un rôle considérable dans la législation romaine, fut déjà très considérable à Athènes. Elle pouvait être encourue, entre autres causes, pour violation du serment de soutenir jusqu'au bout la poursuite entreprise, et pour avoir succombé dans une accusation (4). L'infamie n'était pas le seul frein opposé par Solon à la licence des accusations, et à la calomnie qui devait en résulter souvent. Une amende de mille drachmes était prononcée contre l'accusateur qui n'obtenait pas le

(1) Plutarque, *Vie de Solon.*
(2) Samuel Petit, *Leges Atticæ*, livre VIII, tit. II (*De accusat.*), p. 631. Rollin, *Histoire ancienne*, tit. II, liv. V, art. VIII, p. 50.
(3) Samuel Petit, *ibid.*, livre VII, tit. I, p. 610. *Sigonius*, liv. III, chapitre XIX (*De Rep. Ath.*) Eschines contre Timarque; Demosthênes contre Macortatos.
(4) Eschine contre Timarque.

cinquième des suffrages émis par le tribunal, et la mort était le châtiment de la calomnie dans les procès où la religion était en cause (1).

Malgré les précautions prises par le législateur athénien pour remédier à l'incurie et à la négligence des citoyens, empêcher de scandaleuses compositions, et réprimer sévèrement les accusations peu fondées ou calomnieuses, ces inconvénients de son système se firent vivement sentir. Pour obvier à ces vices, on songea alors à créer des institutions qui rappellent de bien loin, il est vrai, le Ministère public, mais indiquent néanmoins une tendance marquée vers son établissement, et deviennent une nécessité, dès qu'une société s'organise et se police.

L'Aréopage, qui avait le droit de faire réviser par le peuple plus calme et mieux informé les sentences qui lui paraissaient iniques (2), pouvait encore provoquer une nouvelle accusation, si un acquittement lui paraissait scandaleux. Il pouvait, en outre, se saisir lui-même, en l'absence de tout accusateur des affaires qui venaient à sa connaissance. Les Archontes eux aussi traînaient devant les tribunaux dont ils avaient la direction les criminels que personne ne se décidait à poursuivre. Le peuple, en matière politique et religieuse, eut des droits identiques, et, lorsqu'il ne voulait pas juger lui-même, il renvoyait le procès à la juridiction compétente en désignant, comme les Archontes, l'Aréopage et peut-être aussi le Sénat, car tous les pouvoirs publics devaient s'intéresser au bon fonctionnement de la justice, un orateur de son choix pour soutenir l'accusation.

Ces orateurs, élus chaque année par le peuple, au nombre de dix, semblaient désignés pour devenir dans ces cas exceptionnels les vengeurs de l'ordre social (3). Le carac-

---

(1) Plutarque (*Apol., Socrate.*) Démosthènes (*De corona*) Isocrates (*in orat de Antidosi.*) Bien entendu, ces peines n'atteignaient pas les orateurs spécialement désignés pour soutenir une accusation dans une affaire déterminée, dont nous allons maintenant parler.

(2) Plutarque, *Vie de Phocion.*

(3) A. du Boys, *op. cit.*, p. 154.

tère de partie publique ne saurait leur être refusé, puisque
devant leur existence à l'élection, ils étaient en outre
désignés pour chaque affaire, par le peuple lui-même ou
par les magistratures dépositaires du pouvoir suprême qui
résidait entre ses mains. Il est, de plus, très probable que
ces orateurs publics n'attendaient pas toujours ces désignations d'office dont Plutarque (1) nous a conservé des
exemples, et mettaient « *proprio motu* » l'action publique
en mouvement au nom de l'intérêt général. Le même auteur
nous en fournit une preuve dans la vie de Lycurgue, en
disant à la louange de cet orateur que, « chargé de veiller
« à la sécurité d'Athènes et d'arrêter les malfaiteurs, il
« en purgea entièrement la ville (2) ».

Terminons cette étude de l'accusation dans la législation
de l'Attique, en indiquant à grands traits les formalités
nécessaires à son fonctionnement. Le fonds de cette procédure était le même devant les diverses juridictions, sauf
peut-être une solennité plus grande dans les formes, pour
les procès venant devant l'Aréopage.

Le premier acte était la dénonciation de l'accusé et du
fait incriminé au magistrat compétent, c'est-à-dire à l'Ar-
chonte-roi ou à l'un des thesmotètes. Celui-ci examinait
la recevabilité de l'accusation, s'informait auprès de l'accusateur des preuves qu'il pouvait fournir et des témoins
qu'il désirait faire entendre (3). Il empêchait la poursuite
d'aboutir si elle ne lui paraissait pas sérieuse; au cas
contraire, il faisait prêter au poursuivant le serment de
ne pas se désister avant le jugement, et l'obligeait à
fournir caution. Ces premières formalités accomplies, le
magistrat, pour éviter à l'accusateur des frais inutiles
encourus en s'adressant à un juge incompétent, lui désignait la juridiction devant laquelle il devait traduire l'ac-

(1) Plut., *Vie d'Antephon*, traduct. Ricard, vol. IV, p. 140, et *Vie d'Eschine*, ibid.

(2) Plutarque, *Vie de Lycurgue*, ibid. Barthélemy, *Voyage d'Anacharsis*, chap. XIV et XXIII, partage notre manière de voir sur le rôle des
orateurs.

(3) Eschines contre Timarque. Sigonius, liv. III, chap. XIV.

cusé (1). Le thesmothète convoquait ensuite les membres
du tribunal, autre que l'Aréopage, qui devait connaître
de l'affaire. Il recevait leur serment de juger conformément à la loi et à la justice, et les renvoyait ensuite
jusqu'au jour du jugement, ordinairement fixé à un
mois. Durant ce délai, un exposé de la cause était affi-
ché près du lieu des séances du tribunal. Il avait pour but
de provoquer la production des preuves ou témoignages
pour ou contre l'accusé. L'auteur de l'accusation devait, de
son côté, s'occuper à recueillir tous les documents nécessaires à la démonstration de la vérité de ses allégations (2).

Dans le même intervalle, le magistrat faisait sommer, par
des officiers publics ou par l'accusateur assisté de deux
témoins, l'accusé, d'avoir à se présenter devant lui, pour
s'expliquer sur les faits qui lui étaient reprochés. On ne se
saisissait de sa personne que s'il refusait d'obéir, s'il ne
trouvait pas trois citoyens qui voulussent répondre de sa
comparution, ou s'il s'agissait de crimes contre l'Etat ou la
religion. Au cours de cette audience, obligatoire pour les
deux parties, l'Archonte qui jouait un rôle assez semblable à celui de nos chambres des mises en accusation (3), demandait à l'accusateur s'il était prêt à se présenter devant
les juges. Si la réponse était négative, il pouvait lui accorder un nouveau délai. L'accusé pouvait profiter aussi
de sa présence devant le magistrat pour repousser l'accusation par toute espèce d'exceptions. Si celles-ci étaient
fondées, il était acquitté et le procès fini. Quand rien de
semblable ne se produisait, l'affaire était alors en état.
Les parties prêtaient un nouveau serment... le poursuivant,
affirmant sa bonne foi et promettant de soutenir énergique-
ment l'accusation jusqu'au bout, le prévenu jurant de se
défendre loyalement. Les formules de ces serments signées
par les parties étaient enfermées dans une urne d'airain
et transmises aux magistrats qui devaient connaitre du

(1) Demosthènes, *in Theocrin.* Samuel Petit, *op. cit.*
(2) Samuel Petit. Térence : *Phormion*, acte V, scène 17. Eschines contre Timarque.
(3) A. du Boys, *op. cit.*, p. 156.

procès, puis les plaideurs étaient renvoyés devant le tribunal. Mais, avant ce moment, ceux-ci devaient justifier de la consignation d'une somme d'argent destinée à solder les honoraires des juges (1).

Nous ne franchirons pas le seuil des juridictions de l'Attique. Observons seulement que le système accusatoire y était appliqué dans son entier développement. L'accusateur et l'accusé, eux-mêmes ou réprésentés par leurs avocats, prenaient seuls part aux débats. Les juges n'étaient que les spectateurs de ces luttes oratoires, qui nous ont légué les plus beaux monuments de l'éloquence grecque. L'archonte ou le thesmothète qui présidait le tribunal n'avait que le droit de veiller au maintien du bon ordre et à la stricte observation des règles établies pour le prononcé du jugement. Nous avons signalé au passage les imperfections de la procédure pénale des Athéniens inhérentes aux règles adoptées pour l'attribution du droit de mettre l'action publique en mouvement. Elle a eu du moins le mérite d'appliquer, dans une large mesure, les deux grands principes de notre droit moderne : la participation des citoyens aux jugements criminels et la publicité des débats.

(1) Couret, *De l'organisation judiciaire chez les Athéniens.* (*Revue de législation*, septembre 1844).

II. — ROME

Dans cette division, la plus importante de notre première partie, nous resterons fidèles à la méthode historique que nous avons adoptée et suivie autant qu'il était en notre pouvoir dans l'examen de la mise en mouvement de l'action publique chez les principaux peuples de l'antiquité.

Dans un *premier chapitre*, nous essaierons de mettre un peu d'ordre méthodique dans l'espèce de chaos politique et juridique que nous rencontrons durant la *période royale* de l'histoire des Romains. Ce n'est pas faire œuvre d'imagination, nous semble-t-il, et mériter le reproche de faire le roman législatif de la vieille Rome que d'essayer de dégager l'étude des juridictions pénales de celle des personnes à qui était confié le droit d'accusation (1).

Dans un *deuxième chapitre*, nous étudierons notre sujet durant la *période républicaine*. Il comprendra deux sections, dont l'une sera consacrée à l'examen de *la législation antérieure à l'établissement des « Quæstiones perpetuæ » ou Commissions permanentes*, et la deuxième, à l'étude *des lois en vigueur depuis la création de ces juridictions jusqu'à l'institution du régime impérial.*

Enfin, la *législation de l'Empire romain*, touchant à notre sujet, fera l'objet d'un *troisième et dernier chapitre.*

Conformément au plan que nous nous sommes imposé, nous étudierons d'abord sommairement *l'organisation de la justice criminelle.* Cela nous parait indispensable pour l'intelligence des réponses à faire aux deux questions que nous nous poserons ensuite successivement : *A qui appartient le droit de mettre l'action publique en mouvement? Quelle est la procédure à suivre pour son exercice?*

Nous donnerons un développement assez long à la solution que nous apporterons à la première de ces deux inter-

(1) Cf. A. du Boys, *op. cit.*, chap. XII, p. 308.

rogations lorsque nous serons parvenus à la période qui commence avec l'établissement des « *Quæstiones perpetuæ* » et finit avec la République. Car nous nous proposons de faire, à ce moment, l'exposé théorique du droit public d'accusation. C'est, en effet, à cette époque que ce système a atteint son plus haut degré de perfection. Sans doute, son existence n'est pas étroitement enfermée dans les bornes que nous venons d'assigner à l'époque au cours de laquelle nous nous proposons de l'étudier. Bon nombre des règles que nous rencontrerons étaient déjà en vigueur avant la création des commissions permanentes et furent suivies encore sous l'Empire, durant lequel elles se modifièrent peu à peu. Pour éviter les redites, nous n'aurons, pour les époques antérieures, qu'à renvoyer à l'étude détaillée que nous en ferons plus loin, et, dans le droit impérial, qu'à indiquer les transformations qu'elles auront subies.

Ce plan a été suivi par la plupart des auteurs qui ont traité du droit criminel des Romains. Nous éviterons, en nous l'appropriant, le reproche de confondre les temps d'une façon regrettable, adressé par M. Laboulaye à M. Walter, qui a usé d'une méthode différente (1).

(1) Laboulaye, *op. cit.*, p. XII. Ferdinand Walter, *Histoire du droit criminel chez les Romains.*

CHAPITRE PREMIER

Les institutions de ce mystérieux Orient, dont l'étude serait si intéressante, si la patine du temps n'en avait dérobé les détails à nos yeux, sont encore plus profondément empreintes dans le droit de Rome naissante, que dans celui de la Grèce, car l'Italie fut le commun asile de tous les fugitifs de l'ancien monde (1). Aussi, trouvons-nous, au début de l'histoire des Romains, des vestiges du droit de vengeance privée, et des exemples d'application du talion qui en a toujours été la conséquence (2). Une première atteinte fut portée à ce droit par la juridiction du père de la famille romaine, à laquelle le genre de vie menée par les Etrusques qui étaient un peuple de pasteurs, dut assurer une forte constitution. La religion vint compléter cette œuvre de moralisation, en faisant juger par le collège de ses prêtres les actes considérés comme un outrage direct à la divinité, et qui devaient, dans la plupart des cas, échapper à la répression familiale.

Mais, quand la poussée des besoins sociaux amena les familles à se grouper en corps de nation, quand les murs de la cité romaine commencèrent à s'élever, une organisation politique plus savante succéda au régime patriarcal. Le Roi que s'était donné le peuple devint alors, conformément à la tradition orientale qui faisait de l'administration de la justice un attribut du pouvoir suprême, le juge absolu de ces infractions graves, connues à Rome sous les noms génériques et souvent synonymes de « *Parricidium* » et de « *Perduellio* ». Au début, le Roi ayant en

---

(1) Duruy, *Hist. des Romains.*
(2) A. du Boys, *op. cit.*

ses mains toutes les rênes du gouvernement, rendit seul la justice à un peuple peu étendu. Plus tard, celui-ci, devenu plus nombreux, exigea des garanties, et le souverain alors s'entoura d'un conseil de sénateurs qui eut bien le caractère que nous lui attribuons. En effet, la cause de la chute de la royauté fut précisément le reproche suivant adressé à Tarquin le Superbe : « *Cognitiones capitales rerum, sine consiliis per se solus exercebat* (1). » Enfin, quand le prince délégua ses pouvoirs à des magistrats temporaires, le peuple (c'est-à-dire les curies, composées par l'aristocratie de race des Quirites) voulut avoir le dernier mot en matière judiciaire et le droit d'appel au peuple ou de « *provocatio ad populum,* » fut établi. L'histoire de Rome à ses débuts a donc été la même que celle des peuples que nous venons de passer en revue. La famille et la religion ont cédé le pas au pouvoir absolu du souverain, qu'une aristocratie turbulente renversera bientôt. Au cours de la période suivante, nous verrons les Quirites perdre à la fois leur influence et le droit de juger dont s'empareront tour à tour les chevaliers et la plèbe.

Dans ce qui précède, nous avons supposé résolu un des problèmes les plus controversés du droit pénal romain, dont la solution doit avoir une influence considérable sur la détermination des personnes à qui incombait le soin de mouvoir l'action publique; il importe donc de l'examiner avec quelque détail. On peut le formuler ainsi ; l'appel au peuple des jugements des duumvirs ou du Roi lui-même, dont l'histoire ne nous a conservé qu'un exemple à propos du jugement d'Horace, était-il un droit régulièrement exercé, ou bien au contraire une concession exceptionnelle du pouvoir royal ? En d'autres termes, la souveraine juridiction criminelle appartenait-elle au prince ou à la nation? Nous avons fait pressentir plus haut quelle serait notre réponse, en accordant au Roi le pouvoir de juger comme un attribut de la toute-puissance. Nous devons maintenant essayer de la justifier.

(1) Tite Live, I, 29.

A Rome, comme ailleurs, sans doute,

Le premier qui fut roi fut un soldat heureux,

à qui le premier rang fut décerné par ses concitoyens en récompense des services rendus. Mais, de ce principe, que *« la dignité royale vient de l'élection, »* (vrai non seulement du premier souverain, mais encore de ses successeurs (1),) il ne faut pas conclure que *« le pouvoir royal émane de la délégation que la nation lui en a faite (2), »* et soit soumise au contrôle des assemblées populaires; ce serait contraire à la vérité historique. En effet, bien que la religion ait cédé le pas à la royauté, elle remplit encore la cité tout entière, et c'est d'elle, c'est-à-dire des dieux dont ils étaient les pontifes suprêmes, que les Rois, simplement désignés par le suffrage des Quirites, recevaient l'investiture du droit de juger comme de tous les autres. De nombreux textes (3) qu'on ne saurait écarter sans repousser le témoignage de l'histoire, confirment entièrement cette manière de voir. Qu'un pareil système ait engendré l'arbitraire, et que l'aristocratie quiritaire ait, pour s'en préserver, arraché au Roi le pouvoir de réviser les procès qui n'étaient pas directement jugés par lui, cela est certain; c'est ainsi d'ailleurs que les choses se passèrent, à propos du procès d'Horace, dont Corneille a immortalisé le souvenir.

Dans cette affaire, ce fut le Roi, non le peuple, qui chargea les duumvirs de juger le coupable. « Duumviros « inquit, qui Horatio perduellionem judicent, *secundum* « *legen facio*, » et cette loi, mentionnée par le texte, dictée le jour où le Prince ne put suffire seul à rendre la justice, ne saisissait pas de plein droit l'assemblée populaire. En effet, devant les récriminations du vieil Horace et les

____

(1) Aucun roi, en effet, n'a eu pour successeur son descendant ou son héritier civil. Denys d'Halicarnasse, IV, 34.

(2) Maynz, n° 3, p. 10.

(3) Frag. 2, § 1, D. 1, II (*De origine juris*), frag. 2, § 6, *ibid.* Cicéron (*De republica*). Maynz, *op. cit.*, n° 4, note 48.

murmures du peuple, à l'annonce d'une condamnation capitale, le souverain, heureux sans doute d'avoir la main forcée, et aussi de se décharger de la responsabilité d'une telle sentence, conseille au Père d'appeler au peuple du jugement des duumvirs, et réunit les curies. Ce n'est donc pas la nation qui reprend au Roi le pouvoir de juger qu'elle lui a délégué, tout au contraire. L'acquittement prononcé par l'assemblée n'est pas, en effet, définitif. La religion a été lésée par le crime commis et le collège des pontifes, présidé par le Roi, reprenant ses droits, condamne le Père à des réparations pécuniaires envers les dieux, le fils à une peine infamante et rétablit ainsi l'équilibre entre la gravité de l'infraction et les services rendus à la cité par son auteur (1).

Tout, dans ce procès, vient confirmer la vérité de notre système, que Cicéron vient encore appuyer de son autorité, en se félicitant de l'obtention du droit d'appel, sous les consuls, après la chute de la royauté, comme une conquête difficile qui ne put être maintenue qu'après un triple renouvellement de la loi Valéria (2). Il est vrai que ce grand orateur n'hésite pas, quelques lignes plus loin. à se contredire, en adoptant, avec quelques auteurs, l'opinion contraire soutenue par Ulpien. Mais tous ces jurisconsultes sont d'accord pour reconnaître que leurs notions, sur ces temps reculés, sont incomplètes et incertaines (3), et nous ne pouvons faire plus de cas qu'eux-mêmes des renseignements qu'ils nous donnent. Après les arguments que nous venons de présenter, on a mauvaise grâce à invoquer, contre notre théorie, l'assemblée qui décréta la chute de Tarquin le Superbe (4), et n'eut certes pas besoin d'être convoquée. — Il s'agit ici d'un acte révolutionnaire, et il est difficile

----

(1) Voir, sur ce procès, Tite-Live, I, XXVI, et Cf. A. du Boys, *op. cit.*, chap. IX, p. 250.

(2) Cic., *De Rep.*, II, 31. Voir aussi Tite-Live, II, 8. Cf. Niebuhr, I, 234.

(3) Cic., *De Rep.*, II, 31, et II, 2. Ulpien, frag. I, pr. D. I, XIII (*De officio quæstoris.*) Tite-Live, VI, I.

(4) Maynz, *op. cit.*, n° 3, p. 11, note 42.

d'admettre qu'il fût licite sous le gouvernement auquel il a mis fin (1).

Maintenant que nous savons que le pouvoir suprême appartenait au Roi et nullement à la nation, il nous sera plus aisé de déterminer à quelles personnes dut être confié le soin de mettre l'action publique en mouvement. Devant le tribunal familial et le collège des Pontifes qui offrent un caractère tout intime, il est à peu près certain que le rôle d'accusateur fut rempli par la victime ou ses proches, devenant ainsi parties au procès. Il en fut probablement de même alors que la cité était encore plutôt une grande famille qu'un état véritablement constitué. Mais quand le gouvernement royal devint tel que nous venons de le montrer, et quand le souverain fut obligé de déléguer une partie des fonctions judiciaires qu'il ne pouvait remplir lui-même, au Sénat et dans certains cas au peuple, il dut, s'il ne voulait pas abdiquer une partie de sa puissance et renoncer à l'un des attributs les plus importants de sa dignité, conserver la direction de la justice, et, par conséquent, se réserver le droit de mettre l'action publique en mouvement. Il l'exerça quelquefois lui-même, en poursuivant l'accusé devant le sénat ou le peuple (2); mais, le plus souvent les « *Duumvirs,* » ou « *Quæstores* » id est « *Quæsitores*(3) », dont le pouvoir de juger n'était que transitoire, étaient chargés par lui de la poursuite, et soutenaient l'accusation devant les curies.

A ce moment donc l'action publique était tout entière concentrée entre les mains du Roi, et le droit de poursuivre n'appartenait pas encore au simple citoyen qui ne pouvait être qu'un dénonciateur ou « *index* ». Mais cette tendance vers l'établissement d'une partie publique s'affaiblit à mesure que le règne de la démocratie s'affirma dans Rome, et il semble que c'est seulement dans les temps mo-

(1) De nombreux auteurs ont adopté notre système; citons Laboulaye, Walter, F. Hélie, Du Boys, etc.

(2) Denys d'Halic., IV, 5.

(3) Cic., *De Rep.*, II, 35. Tite-Live, II, 41, III, 21, 25. Den. d'Halic., VIII, 27, Frag. 1, § 1, 1, XIII, D., *De officio quæstoris.*

dernes que l'on a compris que l'exercice de l'action publique par un corps de magistrats établis à cet effet, convient également à toute forme de gouvernement.

Sur la procédure de mise en mouvement de l'action publique, nous ne dirons rien, parce que les textes sont muets à cet égard. Nous devons d'ailleurs peu regretter cette lacune, car ainsi que l'affirme Pomponius : « Cœpit popolus « romanus, incerto magis jure et consuetudine ali, quam « per latam legem (1). » En conséquence, les formalités observées à cette époque ne furent que l'embryon de celles qui furent adoptées au cours de la période républicaine. Nous pourrons à ce moment les étudier dans leur plein épanouissement. Un seul principe se dégage nettement de l'examen des lois criminelles de la monarchie, c'est celui de la publicité des débats. Le procès d'Horace, au cours duquel tout se passe au grand jour et en présence du peuple entier, en est une preuve évidente. Mais la participation des citoyens à l'administration de la justice, soit comme accusateurs soit comme juges de droit, qui est le fonds de la procédure pénale de la plupart des peuples de l'antiquité, n'apparaîtra que lorsque le gouvernement républicain sera rétabli.

S'il est vrai que « Justice gist en formalités (2), » l'absence de ces dernières est peut-être la justification du reproche d'arbitraire, si souvent adressé par les écrivains de la république aux Rois de Rome. Ils paraissent avoir violé les régles établies, alors qu'elles n'existaient pas encore, et les excès qu'on leur impute sont moins leur propre faute que celle du temps ou ils vivaient.

(1) Frag. 1, § 3, D. I, II (*De origine juris*).
(2) Ayrault, *Organ. formal. et instruct. judiciaires*, I, première partie, 2.

CHAPITRE II

PÉRIODE RÉPUBLICAINE

SECTION PREMIÈRE

*§ Ier. — A qui appartient le droit de mettre l'action publique
en mouvement?*

L'acte révolutionnaire qui amena la chute de la royauté,
déplaça le sceptre de la souveraineté, dont s'empara l'aristocratie patricienne des Quirites. Ceux-ci conflèrent à des Consuls, élus tous les ans, les pouvoirs qu'ils avaient enlevés à la
monarchie, et parmi eux celui de juger, dont l'exercice
bien que délégué ne fut ni moins absolu ni moins arbitraire
qu'auparavant. Ces excès qui pesèrent lourdement sur la
plèbe qu'ils maintenaient dans la sujétion et l'abaissement
furent la cause de la première loi Valeria rendue en l'an
245 de Rome, par laquelle le peuple obtint le droit de réviser dans les comices les jugements rendus par les consuls.
C'était la fin du pouvoir judiciaire de ces derniers; aussi
Valerius, sous la magistrature duquel elle fut rendue, fit
immédiatement enlever des faisceaux de ses licteurs la
hache, signe de l'imperium (1).

L'Assemblée populaire qui s'empara ainsi de la suprême
juridiction de Rome et mérita le titre de « *comitialus maxi-*

______
(1) Tite-Live, III, 30.

mus » ne fut pas la réunion des comices par curies, qui avait déjà perdu de son influence, mais celle des comices par centuries organisée par Servius Tullius, en incorporant l'aristocratie plébéienne dans l'aristocratie de race, qui conservait encore sa prépondérance (1). Mais les Tribus, organisées peu après ne tardèrent pas à empiéter sur leurs attributions et, dès l'an 263, les tribuns n'hésitèrent pas à poursuivre devant elles les crimes d'offense envers le peuple. En même temps, le Sénat connaissait, soit d'office, soit en vertu d'une délégation des comices, de certaines infractions graves justifiant une procédure extraordinaire. Nous retrouvons encore, au cours de cette période, des exemples de jugements rendus par des magistrats temporaires nommés « *Quæstores* », dans lesquels il faut voir sans doute le germe des juridictions permanentes de la seconde partie de cette période républicaine.

Nous venons de voir quelle influence avait eu sur l'organisation de la juridiction criminelle durant la première partie de la période républicaine de Rome, cette longue évolution sociale qui peu à peu placera l'autorité suprême entre les mains de la plèbe, au détriment du Patriciat et de la fortune. L'empreinte de cette influence nous apparaît non moins fortement accusée, à propos de la détermination des personnes à qui appartenait le droit de mettre en mouvement l'action publique. Il y a un parallélisme absolu entre ces deux parties de l'administration de la justice pénale des Romains.

Après la chute de la royauté, le droit pour tous les citoyens de participer aux jugements criminels, soit comme juges, soit comme accusateurs, fut admis en principe comme un produit naturel de la révolution qui venait de s'accomplir. Nous avons vu comment ce droit fut exercé par eux en tant que juges ; nous allons voir maintenant comment ils l'exercèrent en tant qu'accusateurs.

En vertu d'un autre principe admis par la Constitution romaine, les grands corps de l'Etat, Comices et Sénat, qui

____

(1) Géraud, *Hist. du droit romain*, p. 51. Cicéron, *De legibus*, III, 44.

avaient en même temps que leur autorité politique, les attributions judiciaires que nous connaissons, ne pouvaient
être convoqués que par les magistrats supérieurs. Il s'ensuit que ceux-ci avaient seuls le droit d'y prendre la parole
pour les saisir d'une affaire quelconque, et par conséquent,
seuls aussi, pouvaient soutenir une accusation devant eux.
Ce second principe, on le voit, était de nature à amoindrir
beaucoup, en fait comme en droit, la prérogative populaire
sur cet objet, et il peut sembler avec juste raison que le
droit d'accusation n'était pas un droit véritable et général
qui appartînt à tous les citoyens. Leur rôle se bornait à
dénoncer les faits coupables aux magistrats qui, eux, remplissaient les fonctions d'accusateurs et agissaient comme
parties au procès (1). Quels étaient donc ces magistrats
ayant pouvoir de convoquer les comices et le Sénat, d'agir
« *cum populo* », c'est-à-dire comme représentants du peuple et qui devenaient ainsi les maîtres de l'accusation
qu'ils pouvaient à leur gré poursuivre ou abandonner, suivant que la dénonciation faite par un citoyen, victime ou
témoin du crime, leur paraissait digne ou non d'être prise
en considération ?

Après la première loi Valeria, alors que les centuries
étaient la seule juridiction criminelle de Rome avec le Sénat, ce pouvoir appartint exclusivement aux consuls ou au
Préteur « collega consulibus, atque iisdem auspiciis crea-
« tus (2), » qui avait les mêmes pouvoirs que le Consul en
son absence (3). On conçoit que ce pouvoir des Consuls et
du Préteur dut être le pivot de la résistance de l'aristocratie contre les envahissements de la Plèbe, et fut l'un des
plus puissants moyens employés pour rendre inutile la loi
Valeria. Une scandaleuse impunité devait être fort souvent assurée aux membres de l'aristocratie, surtout
quand ils n'étaient coupables que de cruautés et d'exac-

---

(1) M. Fabre, dont nous adoptons ici le système. (*De l'accusation publique*, thèse pour le doctorat, p. 55).

(2) Tite-Live, VII, 1. Aulu-Gelle, XIII, 15.

(3) Tite-Live, XXIV, 9. Cic., *Ad fam.*, X, 12. Dion-Cassius, XLVI, 41.
Aulu-Gelle, XIII, 15.

tions envers les petits et les faibles, c'est-à-dire les membres de la Plèbe. Aussi, dès que le Tribunal fut créé, les magistrats de la Plèbe, les Tribuns et les Ediles jouirent non seulement en vertu de leur droit propre, du privilège exclusif d'exercer les fonctions d'accusateurs devant les Tribus, mais encore portèrent très souvent des accusations devant les Comices par centuries (1). Sans doute, lorsqu'ils agissaient ainsi, ils durent, n'ayant pas le droit de réunir eux-mêmes le *comitiatus maximus*, s'assurer du concours des magistrats compétents, c'est-à-dire du Consul ou du Préteur. Tite-Live nous en donne un exemple quand il dit : « Tum Sempronius *perduellionis se judicare Cn. Fulvio* di- « xit diemque comitiis a C. Calpurnio prætore Urbis pe- « tiit (2). » Sans doute encore, ils durent éprouver souvent des refus de la part de ces magistrats; ce dut être néan- moins une garantie bien grande pour le peuple, que l'inter- vention toute-puissante de ces magistrats populaires, qui pouvaient parler haut, savaient se faire écouter, et, au cas de résistance, qui durent certainement provoquer le renou- vellement des lois Valeria, tournaient fort bien la difficulté, comme nous l'avons vu, en déférant la connaissance des crimes de Perduellion aux Tribus qui les jugèrent directe- ment. Devant cet envahissement des magistrats de la Plèbe et leur main-mise sur l'accusation, les Consuls s'effacèrent comme accusateurs, de même qu'ils s'étaient effacés, en tant que juges, après la première loi Valeria ; aussi, après la loi des XII Tables, nous ne les retrouvons plus poursui- vant une accusation (3), sauf les cas ou une « *quæstio* » leur imposait cet obligation par une délégation spéciale et expresse. Il en fut de même pour les Préteurs. A partir de ce moment, ce sont les Tribuns et les Ediles, qui, agissant au nom du peuple « *cum populo* », avons-nous dit, peuvent sans doute se passer de l'assentiment des autres magistrats,

(1) Cic., *Pro domo*, 32. Tite-Live, III, 56-58. VI, 20. XXVI, 34. Cic., *De divin.*, III, 33. Denys d'Hal., XI, 46.

(2) Tite-Live, XXVI, 3. XLIII, 16. Aulu-Gelle, VII, 9.

(3) Le dernier exemple d'accusation exercé directement par les consuls est de l'année 254, Denys d'Hal., V, 57.

et deviennent les accusateurs publics par excellence. Ce rôle semble même avoir été plus particulièrement celui des Ediles. Cicéron le revendique hautement : « Hoc mihi su- « mo, dit-il, hoc mihi deposco, quod agam in magistratu, « quod agam ex eo loco ex quo me populus romanus ex kal. « Januariis secum agere de republica ac de hominibus im- « probis voluit : hoc munus ædilitatis meæ populo romano « amplissimum pulcherrimumque polliceor (1). »

Telles étaient ordinairement les personnes à qui appartenait le droit d'exercer l'accusation devant les juridictions répressives. Mais il arrivait aussi, parfois, que la poursuite des crimes était exceptionnellement confiée, comme sous la période royale, à « *des questores* » particulièrement chargés de ce soin dans telle ou telle affaire déterminée. Ces nominations de « *questores* », étant donnée la marche ordinaire des procès criminels devant les assemblées populaires ou le Sénat, qui étaient en quelque sorte subordonnés aux magistratures dont nous venons de parler, ne pouvaient être effectuées que durant le temps où, régulièrement convoqués, les centuries et les Tribus, ainsi que le Sénat, étaient réunis. Le crime était porté à leur connaissance par la rumeur publique ou par une dénonciation, et si les magistrats à qui ce soin était habituellement réservé, se refusaient à poursuivre, un autre magistrat, souvent même un simple citoyen, était chargé d'instruire le procès et de soutenir l'accusation devant celle des assemblées qui l'avait désigné à cet effet. Nous avons des exemples nombreux de délégations de ce genre durant la période dont nous nous occupons. Tite Live (2) nous raconte qu'en 311, le meurtre du tribun Postumius par ses soldats était resté impuni, par suite de l'opposition des tribuns. Le Sénat, l'année snivante, rendit un décret ordonnant « ut de quæstione Posthumianæ cœdis tribuni.... ad plebem ferrent, plebes-

____

(1) Cic., *In verrem*. I, 12. Voir Maynz, § 9, note 12. Voir aussi M. Creissels, *Des édiles et de leurs attributions en matière de police* (thèse), p. 60. Mais nous ne saurions admettre avec lui qu'ils aient eu des attributions judiciaires; ils étaient simplement accusateurs.

(2) Tite-Live, IV, 51.

que proficerent quæstioni quem vellent, » et la Plèbe confia
ce soin aux consuls (1).

Comme on peut s'en rendre compte par ce qui précède,
le principe accordant à tout citoyen le droit d'intervenir
comme accusateur dans les jugements criminels, se rédui-
sit en fait à bien peu de chose. Ce droit ne fut vraisembla-
blement exercé et encore d'une manière indirecte, que devant les « quæstiones » spéciales, lorsque au pouvoir d'instruire l'affaire et d'exercer l'action publique, le corps politique qui les avait créés joignait celui de juger définitivement le procès. Le « Quæstor » qui présidait la commission
jouait en effet le principal rôle dans l'instruction de là
cause; il réunissait les preuves et dirigeait les débats. Mais
il est probable que l'accusation était soutenue devant la
« Quæstia » par le citoyen qui avait porté le fait coupable
à la connaissance de la juridiction criminelle compétente,
laquelle en déléguant son pouvoir de juger devait réserver
au dénonciateur le droit de soutenir l'accusation (2). Le
champ abandonné aux simples citoyens, pour y faire l'ap-
prentissage de ce rôle d'accusateurs publics, qui sera la
principale de leurs prérogatives et celle dont ils seront le
plus jaloux, était encore, comme on le voit, bien restreint.

Nous serions incomplets si avant de clore ce paragraphe nous ne disions pas que le rôle d'accusateur qui a été
pendant cette période plus particulièrement exercé par les
magistrats, ne se bornait pas pour eux à intenter l'action
publique soit sur la dénonciation des « indices » soit par
délégation des comices et du Sénat. Rome, il est vrai, ne
connut pas le ministère public tel qu'on l'entend de nos
jours, et ce vice était d'autant plus sensible que personne
n'était obligé d'accuser. Mais si le Ministère public n'existait pas en tant qu'institution d'une magistrature spécialement désignée pour prendre en main l'intérêt de la société,
et obligée par son titre même de la défendre contre les attentats des particuliers, il n'en est pas moins vrai qu'on

(1) Cicéron, *De finibus*, II, 16, *In fine*. Voir nombreux exemples dans
Maynz, §7, note 35.

(2) M. Fabre, *De l'accusation publique*, thèse, p. 85.

sut fort bien, dans une certaine mesure, parer à cet inconvénient.

Les fonctionnaires chargés d'intenter l'action publique, et nous parlons surtout ici des magistrats populaires par excellence, les Tribuns, durent agir souvent en vertu de leur propre autorité, *proprio motu*, sans attendre une dénonciation. Cela n'est pas douteux, puisque nous savons qu'ils étaient chargés de déférer aux Tribus les attentats commis envers la Plèbe, et la violation de ses prérogatives, ainsi que les magistrats ou simples citoyens coupables de manœuvres envers la sûreté de l'Etat. Le peuple lui-même, comme juge souverain, avait le droit dont il usa jusqu'à la fin de la République, d'évoquer, au cas de silence des accusateurs ordinaires, les affaires devant lui, et de désigner quelqu'un pour instruire le procès et soutenir l'accusation. Le Sénat, à son tour, avait, au cas de crimes graves commis par un citoyen romain, un pouvoir d'initiative aussi large que possible. Il dénonçait le criminel, faisait les enquêtes et saisissait la juridiction compétente. Il n'hésitait même pas, comme nous l'avons vu plus haut, en jugeant lui-même, à violer les formes ordinaires de la justice quand un danger pour la République rendait un exemple nécessaire.

L'ensemble de ces règles suivies, pour assurer la répression des actes coupables commis dans la cité romaine, n'avaient certes pas l'efficacité du Ministère public des temps modernes. Elles avaient cependant le même but, et constituaient un système de répression tel, que si les crimes de moindre importance échappaient quelquefois au châtiment, les grands crimes du moins restaient rarement impunis.

§ II. — *Procédure de cette mise en mouvement.*

Les formes de la procédure d'accusation qu'il ne nous a pas été possible de démêler au cours de la période précédente, à cause du silence de l'histoire, se sont dégagées peu à peu du chaos juridique de l'époque royale, et, à l'aide de la coutume, ont fini par prendre corps. En sorte que nous pouvons, avec assurance, dire ce qu'elles étaient durant cette première partie de l'histoire républicaine de Rome. Les documents qui les relatent sont certains et nous pouvons en montrer le développement sans crainte de nous tromper.

Les formalités que devait accomplir l'accusateur public dans les procès déférés au Sénat et aux comices, centuries ou Tribus (nous ne parlons pas ici de celles suivies devant les « *Quæstiones* » temporaires, car les règles qui furent adoptées devant les commissions permanentes et que nous étudierons plus loin nous en montreront le parfait épanouissement), étaient sensiblement les mêmes. Les détails seuls varient, mais le fonds est commun. Il nous suffira donc en disant ce qu'elles étaient en général devant les comices, de signaler en passant les modifications qu'elles subirent dans l'une ou l'autre de ces assemblées ou devant le Sénat (1).

Lorsque le procès devait se dérouler devant les centuries, les formes étaient plus solennelles; les Auspices étaient consultés avec soin; un drapeau rouge flottait sur le Janicule (2), mais, en réalité, la procédure était la même que devant les Tribus. Avant d'entrer dans le détail de ces formalités nous nous reprocherions de ne pas citer un passage de Cicéron (3) qui les résume en son langage élégant et concis. « ... Cum tam moderata judicia populi sint ma-
« joribus constituta : primum, ut ne pœna capitis cum pe-
« cunia conjungatur ; deinde ne, nisi prodicta die, quis
« accusetur; ut ter ante magistratus accuset, intermissa
« die, quam multam inroget aut judicet; quarta sit accusa-
« tio trinum nundinum prodicta die, qua die judicium sit
« futurum. Tum multa etiam ad placandum atque ad mise-
« ricordiam reis concessa sunt ; deinde exorabilis populus,
« facilis suffragatio pro salute ; denique etiam si qua res
« illum diem, aut auspiciis aut excusatione, sustulit, tota
« causa judiciumque sublatum est. Hæc cum ita sint
« in re, ubi crimen est, ubi accusator, ubi testes ? quid in-

(1) Voir Laboulaye, liv. I, section 3, chap. 2. Maynz, § 9, p. 30. Faustin-Hélie, etc.
(2) Tite-Live, XXXIX, 15.
(3) Cicéron, *Pro domo*, 17, 18.

« dignius, quam, qui neque adesse sit jussus, neque citatus,
« neque accusatus, de ejus capite, literis, fortunis omni-
« bus... suffragium ferri et eam legem putari ».

Le premier acte de la procédure criminelle était la *diei
dictio (1)*. Le magistrat qui voulait se porter accusateur
se rendait au Forum, montait à la Tribune aux harangues
et dénonçait publiquement l'accusation. Il sommait en
même temps l'accusé d'avoir à comparaître au jour fixé par
lui. Le jour désigné pour cette comparution n'était pas le
même que celui du jugement. qu'aucun délai légal, semble-t-il, ne séparait de celui où le magistrat *diem dicebat*.
Il suffisait qu'il y eût entre eux un intervalle suffisant pour
permettre à l'accusé de se reconnaître et de réunir les preuves de son innocence (2). Cette première réunion était précédée d'une nouvelle sommation à l'accusé d'avoir à comparaître. Elle s'accomplissait par les soins d'un héraut qui
l'annonçait à son de trompe du haut du Capitole, le long des
murs de la ville et devant la porte de l'accusé (3). Si celui-ci ne paraissait pas, il était condamné à une amende,
à moins qu'il n'invoquât un juste motif d'excuse; dans ce
cas on renvoyait l'affaire (4). S'il comparaissait, il prenait
place au pied de la tribune pendant que l'accusateur formulait l'accusation, *accusationem instituebat*, établissait
la preuve, et indiquait la peine encourue (5). A ce moment,
si le procès devait être jugé par le Sénat, la cause était en
état et l'affaire pouvait s'engager immédiatement sur le
rapport du magistrat accusateur (6). Il n'en était pas encore
ainsi, quand les débats devaient se dérouler devant les
comices. Au cours de cette première réunion, le jour du
jugement était fixé, et l'accusé qui dans la rigueur du droit
aurait dû être mis en état de prison préventive, pouvait, à

(1) Tite-Live, II, 35, 61. Denys, VII, 26. Sigonius, *De judiciu*, III, c 6.
(2) « ... ne nisi prodicta die quis accusetur. » (Cicéron, voir plus haut.)
(3) Tite-Live, XXXVIII, 51. Varron, *De lingua latina*, VI, 90, 91, 92.
Plutarque, C. Gracchus, 3.
(4) Tite-Live, XXXVIII, 52.
(5) Tite-Live, XXVI, 5. XXVIII, § 2. Denys d'Hal., VII, 4.
(6) Tite-Live, XLII, 3.

moins qu'on ne se trouvât en présence d'un cas exceptionnel, obtenir d'être laissé en liberté, en fournissant des citoyens décidés à se porter caution pour lui. On les désignait
sous le nom de « *vades publici* (1) ». A défaut de répondants
on pouvait confier sa garde à un citoyen qui le recevait
dans sa maison et se bornait à empêcher sa fuite. Ce procédé désigné sous le nom de « *custodia libera* (2) », est une
preuve du respect de la loi Romaine pour les droits des citoyens, et ne s'appliquait très probablement qu'à eux. Les
affranchis et les étrangers ne devaient pas en bénéficier.
Cela fait, tout n'était pas encore fini. Avant d'en venir au
jugement, le magistrat accusateur devait à trois reprises
différentes, dans des réunions dont la date était sans doute
convenue d'avance entre les parties (3), renouveler l'accusation devant le peuple assemblé dans la forme des « *con-
ciones* » (4). Au cours de chacune de ces séances qui devaient être employées à l'instruction de l'affaire (audition
des témoins, défense du prévenu assisté, s'il le voulait, d'un
« *Patronus* » ami ou salarié, etc...) et dont la dernière devait précéder d'au moins trois jours de marché : « *Trinuin
dinum* » celui du jugement, il avait l'obligation de publier
la formule de l'accusation, ou mieux la question qui devait
être soumise au grand *jury* populaire qui devait y répondre
par oui ou par non. Cette question qui une fois formulée
ne pouvait plus être modifiée jusqu'à la fin du procès, était
désignée sous le nom de « *pænæ multæve irrogatio* (5) ».
Elle devait également durant les trois jours de marché
qui précédaient le jugement, rester affichée dans le
Forum (6). Cette partie de la procédure qui avait pour

---

(1) Tite-Live, III, 13, 58. VI, 16, etc. Cicéron, *In Verrem*, II, 5, 7.
Niebuhr, t. 5, p. 52, conteste à tort, pensons-nous, la possibilité de cette
liberté sous caution.

(2) Tite-Live, XXIV, 45. XXXIX, 14. Salluste, Catilina, 47.

(3) Maynz, p. 32, note 22.

(4) Walter, liv. V, chap. 8, n° 848.

(5) Laboulaye, p. 138. Sigonius, *De judiciis*, III, 9, 11. Le jugement
s'appelait : « *Pænæ multæve certatio.* » Cic., *De legibus*, III, 6.

(6) Cicéron, *De legibus*, III, 3.

objet la publication de la formule, se nommait « *Auqui-sitio* » (1).

Enfin, quand tous ces délais étaient expirés, et toutes les formalités remplies, on passait immédiatement à cette «*quarta accusatio*» dont parle Cicéron qui constituait véritablement la première partie du jugement. L'accusation était soutenue, les preuves émises, les témoins entendus, la défense présentée, devant les comices, qui n'avaient plus ensuite qu'à prononcer la sentence en répondant oui ou non à la question posée par le magistrat qui avait poursuivi l'accusation. Nous n'avons pas à exposer les règles de cette partie de la procédure pénale des Romains, cela nous ferait sortir du cadre de notre travail; disons seulement que jusqu'au moment du vote, tout s'était accompli dans le forum aux yeux du peuple tout entier qui n'avait qu'à écouter pour se faire une opinion, et non à faire acte de souveraineté. Mais quand l'heure d'émettre les suffrages avait sonné, chacune des deux assemblées populaires se rendait pour remplir ce dernier acte du procès, dans le lieu ordinaire où se faisaient les rogations de toute espèce (lois ou jugements) : les Centuries au lieu appelé « Comices », et les Tribus au Champ-de-Mars (2).

Telle était la marche ordinaire et régulière de la procédure usitée pour mettre en mouvement l'action publique. Mais il n'arrivait pas toujours que l'accusation aboutit à un jugement. Plusieurs évènements pouvaient faire avorter une poursuite criminelle. Nous allons les passer en revue.

En premier lieu, nous trouvons l'amnistie. Il est bien évident qu'une loi décrétée par le peuple et enlevant au fait son caractère délictueux ou criminel devait s'opposer à l'accusation, ou la faire tomber, quand elle était votée durant le cours de la procédure (3). Mais ce fait n'est point spécial au droit Romain et encore moins à la période dont nous nous occupons; aussi n'insisterons-nous point. Il n'en est pas de même de la deuxième cause d'intèrruption, qui

(1) Sigonius, *De judiciis*, III, 10.
(2) Charles Desobry, *Rome au siècle d'Auguste.*
(3) Tite-Live, VI, 41.

est bien romaine celle-là, et de plus particulière aux poursuites exercées devant les Comices. Nous voulons parler
de l'intercession des Tribuns (1). Ces infatigables défenseurs
de la Plèbe n'hésitèrent pas, grâce à la confusion qui existait à cette époque, entre l'administration et la justice, à
transporter de la première dans la seconde, le droit de *veto*
qu'ils possédaient en matière politique. A l'aide de ce moyen,
ils pouvaient, à tout instant, arrêter la marche du procès et
l'empêcher d'aboutir. Les exemples démontrant l'existence
de ce droit sont trop nombreux pour qu'il soit utile de les
indiquer. Qu'il nous suffise de dire, pour prouver la vérité
de l'explication que nous avons donnée de son origine, que
ce veto « fut toujours dicté par l'esprit politique, et qu'on se
« décida par la raison d'Etat bien plus que par des motifs
« d'équité (2). » Le désistement de l'accusateur en troisième lieu arrêtait aussi toute procédure ultérieure, et
rendait inutiles les formalités déjà accomplies (3). Cela était
une conséquence du principe qui permettait à tout citoyen
de se porter accusateur en agissant à ses risques et périls.
Bien que non appliqué devant les Comices, ce principe ne
fut pas contesté. Le magistrat qui accusait devant les Centuries ou les Tribus, ne représentait pas plus l'Etat qu'un
simple cityen. Aussi était-il absolument maitre de son action, et pouvait-il se désister sans que perronne eût le droit
de lui demander compte du mobile de sa conduite. Soit qu'il
agit ainsi par déférence pour l'opinion publique favorable
à l'accusé, ou par obéissance à sa pression, et par crainte
des conséquences qu'il aurait à supporter s'il passait outre ;
soit encore qu'il fût de connivence avec le coupable qui
pouvait, ce qui n'était pas rare, acheter son silence à prix
d'or : soit aussi qu'il fût obligé de s'incliner devant les
preuves irréfutables et manifestes de l'innocence du pré-

(1) Ce droit, semble-t-il, ne s'exerça pas après l'institution des « *Quæstiones perpetuæ*, » et ne vint pas paralyser leurs procédures. Cicéron,
In vatinium, c. 14. Plutarque, *In Cicer.*, c. 9. Contrà Suétone, *In Julio*, 23.

(2) Tite-Live, XXVI, 3. XXXVIII, 52. Aulu-Gelle, VII, 19. Laboulaye,
op. cit., p. 143.

(3) Tite-Live, IV, 42. XXXVII, 57, 58. XLIII, 16. Cicéron, *De officiis*,
III, 31.

venu. Enfin, l'accusé pouvait, jusqu'au dernier moment, même pendant le vote des Comices, se soustraire aux conséquences de l'accusation, s'il en redoutait l'issue, en sortant de la ville par un exil volontaire (1). Ce moyen rendu facile grâce à l'absence presque complète de mesures préventives ainsi que nous l'avons vu plus haut, en mettant fin à la poursuite, rendit bien rare l'application de la peine de mort. « En abdiquant sa patrie (le Romain) était censé ôter « à ses concitoyens tout droit de juridiction sur sa per- « sonne (2). » Les condamnations par contumace étaient en effet inconnues à Rome. Les Comices sanctionnèrent quelquefois cet exil volontaire, mais ne l'imposèrent jamais. A Rome pas plus qu'à Athènes, d'ailleurs, l'exil n'était une peine, mais un moyen au contraire d'éviter une condamnation. La mort seule pouvait enlever au citoyen ce titre si envié. « Qui si in civitate legis vim subire vellent, non prius « civitatem quam vitam amitterent (3). »

Après avoir exposé la marche régulière de la procédure de mise en mouvement de l'action publique, et indiqué les événements qui pouvaient venir l'entraver, nous n'ajouterons plus qu'un mot avant de clôturer ce paragraphe. On pourrait s'étonner qu'aucune mesure spéciale n'ait été prise pour garantir la tranquillité des citoyens et prévenir les poursuites téméraires ou calomnieuses. On sera moins surpris, si on songe que l'accusation devant être intentée par un magistrat, celui-ci pouvait se refuser à donner suite aux plaintes qui ne lui paraissaient pas fondées, ou qui lui semblaient dictées par la haine ou la vengeance. Ajoutons que le droit « d'*intercession* » ou de « *velo* » des Tribuns préservait les citoyens contre l'arbitraire du magistrat accusateur, comme celui-ci les préservait contre les mensonges et la calomnie de leurs concitoyens.

(1) Tite-Live, III, 13, 58, XXV, 4, XXVI, 3. XLIII, 2. Cic., *Pro domo*, 30,
(2) A. du Boys, *op. cit.*, p. 328.
(3) Cicéron, *Pro domo*, 31.

SECTION II

Depuis l'établissement des « Quæstiones perpetuæ » jusqu'à la période impériale

§ Ier. — A qui appartient le droit de mettre l'action publique en mouvement ?

N° 1. — Généralités.

Jusqu'à la période dont nous allons nous occuper maintenant, c'est-à-dire jusqu'au début du septième siècle de l'ère romaine, il n'y avait pas eu, à proprement parler, de droit criminel. La société, comme autrefois l'individu, se vengeait, en la forme d'une loi, d'un sénatus-consulte ou d'un plébiscite et suivant des règles qui se formaient peu à peu par la coutume, des forfaits de nature à troubler l'ordre public. Un pareil système devint impraticable dès que les immenses conquêtes faites au cours du sixième siècle vinrent augmenter la corruption des mœurs en même temps que la prospérité publique. Déjà le sénat ainsi que les comices déléguaient à des commissions temporaires le soin de juger les affaires difficiles et compliquées. Cette pratique se généralisa et, pour éviter l'arbitraire qui résultait de l'indétermination de la criminalité, de la précarité et du mode de formation de ces juridictions, la législation les rendit permanentes, en ce sens que, organisées pour toujours, elles étaient seulement annuelles quant au personnel de leur composition et n'étaient pas nommées pour une affaire spéciale. Chacune de ces « *Quæstiones perpetuæ* », dont le nombre s'accrut rapidement, fut chargé d'un crime déterminé par une loi qui édictait en même temps la peine et réglait la procédure à suivre. Nous n'avons pas à faire l'histoire de la célèbre lutte des ordres dont cette institution nouvelle fut la cause, au cours de laquelle les diverses classes de la nation se disputèrent le droit de recruter ces juridictions et furent tour à tour victorieuses ou vaincues; disons seulement que si, à partir de leur création, le droit civil resta sous l'empire de la coutume, c'est par la législation que se forma et s'organisa le droit criminel (1). Le pouvoir judiciaire du Sénat et des comices ne s'exerça plus dès lors que d'une façon tout à fait exceptionnelle, et leurs jugements prirent, en conséquence, le nom de « *Cognitiones extraordinariæ* ».

Ces progrès du droit criminel influèrent, comme on le pense bien, sur la mise en mouvement de l'action pénale; aussi est-il intéressant d'en étudier avec soin les règles, au moment où elles atteignirent leur plus haut degré de perfection.

Tout fait illicite ne donnait pas toujours et forcément naissance à l'action publique. Pour qu'il en fût ainsi, il fallait que l'acte coupable fût rangé dans la catégorie des « *crimina* » ou « *delicta publica* » et pût être l'objet d'un « *judicium publicum* ». A cet effet, il devait être prévu par une loi particulière, établissant une juridiction permanente et déterminant une procédure et une peine spéciales. « Non omnia judicia in quibus crimen vertitur publica sunt, « sed ea tantum quæ ex legibus judiciorum publicorum ve- « niunt, ut Julia majestatis, Julia de adulteriis, Cornelia « de Sicariis et veneficiis, etc... (2). » L'action publique naissait aussi à l'occasion des crimes qui étaient passibles d'une « *cognitio extraordinaria* » et jugés suivant les anciens usages exposés par nous dans la section précédente et sur lesquels nous n'aurons pas à autrement insister ici. Si l'acte coupable rentrait, au contraire, dans la catégorie des *délits privés* ou des *délits populaires*, l'action qui en découlait prenait, elle aussi, le nom *d'action privée* ou *d'action populaire*. Il importe de bien distinguer ces diverses actions avant de répondre à la question que nous nous posons en tête de ce paragraphe.

(1) Laboulaye, *op. cit.*, p. 183.
(2) Frag. I, D. X LVIII. I (*De publicis judiciis*). Frag 3, § IXLVII. IV (*De Prævaricatione*).

4

Les *actions privées* qui naissaient « *retuli ex furto, aut rapina, aut damno, aut injuria* (1) », et les *actions populaires* « *de Albo corrupto, d'apertis Tabulis, de termino moto* », etc. (2), étaient purement civiles. Elles ne pouvaient être portées que devant les tribunaux ordinaires et les règles de leur exercice étaient toutes du domaine de la procédure civile. Les formalités, le jugement, la condamnation étaient semblables. Une seule différence permettait de distinguer ces deux actions l'une de l'autre. Tandis que l'action *simplement privée*, qu'elle eût uniquement pour but la réparation du dommage causé ou qu'elle tendît à faire prononcer contre le défendeur une peine pécuniaire dont profitait le demandeur, ne pouvait être exercée que par la partie lésée ou par ses héritiers, *l'action populaire*, au contraire, appartenait au premier citoyen venu, avec cette précision, cependant, que lorsque la victime du délit avait une réparation civile à obtenir, il était juste qu'elle fût préférée à un accusateur désintéressé : « In popularibus « actionibus is, cujus interest, præfertur (3). »

Ce caractère distinctif des *actions populaires* leur était commun avec les *actions publiques* : « Publica autem dicta « sunt, quod cuivis ex populo executio eorum, plerumque « datur (4). » — « C'était, nous dit, en effet, M. de Savigny (5), « l'ancienne règle romaine. Elle s'appliquait aux pour- « suites relatives aux délits et aux peines publiques et « considérées comme un devoir civique commun ; de ma- « nière que, dans la plupart des cas, un accusateur intéressé « au délit pouvait réclamer la priorité sur toute autre per- « sonne non intéressée, quand tous deux poursuivaient « l'accusation en même temps... Mais elle s'appliquait « aussi même aux actions populaires ; dans ce cas, la « poursuite était encore acquise au demandeur intéressé

(1) Justin. *Inst.* livre IV, tit. I (*principium*), D. liv. XLVII, I-X.

(2) Frag. 7, p. D. II, I (*De Jurisdictione*), frag. 25, § 2, XXIX, V, (*De Senatus consulto Silaniano*), frag. 1, 2 et 3, D. LVII, XXI (*De Termino- moto*).

(3) Frag 3, § I, D. XLVII, XXIII (*De popularibus actionibus*).

(4) Justin. *Inst.* liv. IV, titre XVIII, § 1.

(5) Le droit des obligations, titre 2, p. 454 et 455.

« sur le demandeur non intéressé. » La similitude qui existait à cet égard entre les actions publiques et les actions populaires pourrait, à première vue, les faire confondre, d'autant plus que ces dernières étaient plutôt organisées en vue d'un intérêt général que d'un intérêt particulier : « Eam popularem actionem dicimus quæ jus suum populi « tuetur (1). » Mais là se bornait toute la ressemblance. Tandis que les actions populaires étaient exercées, avonsnous dit, suivant les règles de la procédure civile, les actions publiques étaient soumises à une procédure essentiellement différente et poursuivies devant des juridictions criminelles spécialement organisées à cet effet. « Publica « judicia neque per actiones ordinantur, neque omnino « quidquam simile habent cum cæteris judiciis... magna- « que diversitas est eorum et in instituendis et in exer- « cendis (2). » — « Capitalia habent suam formam, suos « judices, numerum suum, Quæstorem suum (3). »

Plus tard, quand, sous le gouvernement impérial, le système des peines privées eut beaucoup perdu de son autorité répressive, une règle nouvelle s'établit. La partie lésée put à son gré poursuivre comme précédemment la peine privée, ou mieux la réparation civile du dommage éprouvé devant les tribunaux ordinaires; ou au contraire porter une accusation devant la juridiction criminelle. « Si quis actionem « quæ ex maleficiis oritur velit exequi, nous dit Ulpien (4), « siquidem pecuniariter agere velit, ad jus ordinarium re- « mittendus erit, nec cogendus erit in crimen subscribere. « Enimvero si extra ordinem ejus rei pœnam exercere velit, « tunc subscribere eum in crimen opportebit. » Lorsque ces poursuites au criminel, qui prirent le nom de « crimina ex- « traordinaria » parce que la connaissance en était enlevée aux juges ordinaires, pour être attribuée à la « Quæstio perpetua » compétente, étaient exercées, la juridiction pénale devait se prononcer à la fois et sur la réparation civile et

(1) Frag. I, D, XLVII, XXIII (*De pop., act.*)
(2) Justin, *Inst.* livre IV, titre XVIII (*Principium.*)
(3) Quintilien : Declam., 331.
(4) Frag. 3, D. XLVII, I. (*De privatis delictis.*)

sur la peine. Aussi la voie de l'action pénale devant le juge
civil n'était plus ouverte. Le cumul des deux sortes d'actions, et par conséquent celui des deux sortes de peines,
n'était pas possible (1).

Cette faculté accordée à la victime, de criminaliser le
délit fut une nouvelle source d'actions publiques, mais elle
ne changea rien aux règles de leur exercice et de leur mise
en mouvement.

Le principe reconnaissant à tous les citoyens le droit de
participer aux jugements criminels comme accusateurs,
posé dès la fondation de la République romaine, resta à
peu près sans application, par suite de la main-mise sur
l'accusation exercée par les magistrats dont l'intervention
était nécessaire, pour rendre possible les « *judicia populi* ».
La situation resta la même, à l'époque dont nous nous occupons, en ce qui concerne les « *Cognitiones extraordinariæ* ». Mais il n'en fut plus ainsi pour les « *judicia publica* »
poursuivis devant les « *Questiones perpetuæ* », qui n'étaient
dignes de ce nom, au dire de Justinien (2), que parce que
le droit de les intenter appartenait à tous les citoyens. En
conséquence, chacun, à moins toutefois que, pour une des
causes que nous étudierons plus bas cette faculté ne lui eût
été enlevée, pût mettre directement l'action publique en
mouvement, sans que le ministère d'un magistrat quelconque fut indispensable, comme cela avait lieu devant les
assemblées populaires. « (Publico judicio) *cuilibet ex populo*
« experiri licet, nisi cui, lege aliqua, accusandi publico judi-
« cio non est potestas (3). » Cette règle est si générale qu'on
ne saurait attendre de nous l'énumération des personnes
à qui le droit d'accuser appartenait. Nous serons suffisamment renseignés à cet égard, quand, suivant l'expression
du jurisconsulte Macer, nous aurons étudié les exceptions

(1) Frag. 56, § 1 et 92, XLVII, II. (*De furtis.*) Le frag. 9, § 5, XXXIX,
IV. (*De publicanis*) pourrait faire concevoir quelques doutes sur la vérité
de notre affirmation, mais il n'y a pas ici double poursuite pour le même
délit. Il y a, au contraire, deux délits distincts et par conséquent deux
peines distinctes édictées.

(2) Just., *Inst.* livre IV, titre XVIII, § 1, déjà rapporté plus haut.

(3) Frag. 43, § 10, XXIII, II. (*De ritu nuptiarum.*)

qui confirmèrent ce principe : «Qui accusare possunt intel-
« ligemus, si scierimus qui non possunt (1). »

Mais avant de nous livrer à cette étude, nous voulons tâ-
cher d'expliquer brièvement la transformation complète
survenue dans cette partie du droit criminel romain. Deux
causes l'une purement juridique, l'autre politique, nous
rendront suffisamment raison de ce profond changement.

La cause juridique est, nous semble-t-il, la suivante : On
sait qu'à l'origine la « *Quæstio perpetua de repetundis,* » la
première en date, n'accordait aux citoyens lésés que des
réparations civiles, et laissait complètement de côté le fait
délictueux ou criminel. En prenant, peu à peu, puis par
une loi définitive, le caractère pénal, en devenant juridiction criminelle, cette commission perpétuelle n'en continua
pas moins, tout en appliquant une peine, d'indemniser la
victime du dommage subi par elle. C'était donc à celle-ci,
c'est-à-dire à un simple particulier, à un citoyen que devait être accordé le droit de mettre en jeu l'action publique ; cette règle si équitable et si conforme à la raison fut
tout naturellement admise pour les autres tribunaux permanents au fur et à mesure de leur création. De là à accorder
au cas de silence de la partie lésée et quand la répression
du crime importait à la société, le droit d'accusation à un
citoyen quelconque agissant uniquement dans l'intérêt de
la société, il n'y avait qu'un pas. Il fut vite franchi, et, dès
ce moment, le principe posé depuis longtemps de l'intervention directe des citoyens dans l'exercice de l'action publique, devint d'une application constante et générale. Cet
événement dut être d'ailleurs singulièrement favorisé par
les raisons politiques dont il nous reste à parler. Ces raisons ne sont autres que celles qui présidèrent à l'institution des « *Quæstiones perpetuæ* » elles-mêmes. La corruption qui envahit la société romaine à la fin du sixième siècle,
les exactions des gouverneurs des provinces, la vénalité
des juges et des magistrats de tous ordres, durent promptement inspirer au peuple, que ces vices atteignaient le plus
directement, une juste défiance vis-à-vis des fonctionnai-

(1) Frag. 8, XLVIII, II. (*De accusationibus et inscriptionibus.*)

res chargés d'exercer les poursuites, qui étaient souvent intimidés par la haute situation des accusés ou indulgents pour leurs faiblesses, quand leur silence n'était pas acheté à prix d'or. Le plus sûr moyen d'obvier à ces inconvénients, était d'accorder aux citoyens la faculté d'intenter eux-mêmes l'accusation, en les dispensant du concours de magistrats dont l'impartialité était à bon droit suspectée. Les raisons juridiques et les nécessités politiques et sociales furent donc d'accord pour faciliter cette révolution qui apporta à cette époque la plus grande somme possible de garanties pour le bon fonctionnement de la justice. Nous verrons ce qu'il en advint plus tard, quand nous nous occuperons de cette question durant la période du gouvernement impérial.

N° 2. — Limitations du droit d'accuser.

Pour être autorisé à mettre l'action publique en mouvement, il fallait être citoyen romain (1). Mais cete qualité n'était pas toujours suffisante pour l'exercice d'un droit qui mettait à la merci du premier venu la fortune, la liberté, la vie ou l'honneur des citoyens. Il importait encore que, à raison de l'âge, du sexe, d'une situation particulière ou d'une déchéance quelconque, la personne qui voulait accuser ne fût pas sous le coup d'une incapacité prévue par la législation romaine ou établie par la coutume. D'autre part, certaines fonctions constituaient pour ceux qui en étaient investis, à l'égard d'une accusation possible, une véritable immunité au moins temporaire. En outre, en vertu de leur condition sociale, ou pour d'autres motifs, certains prévenus ne pouvaient être l'objet d'un *judicium publicum*. Ces incapacités d'un côté, de l'autre l'existence

____

(1) Les Latins après la guerre sociale purent acquérir le droit de cité en triomphant dans une accusation de concussion, portée contre un magistrat. Mais ils n'accusaient pas eux-mêmes : c'était un citoyen pour eux. Par conséquent, ce fait ne va pas à l'encontre de la règle générale que nous posons.

de personnes exceptionnellement à l'abri d'une poursuite criminelle, étaient les deux modes suivant lesquels était limité ce droit général d'accuser, accordé en principe à tous les citoyens. Nous allons les passer en revue successivement.

A) *Des incapacités d'accuser.* — On conçoit que ceux que la loi civile déclarait incapables de gérer seuls leurs propres affaires, ne pouvaient être autorisés à prendre en main les intérêts de la société, et poursuivre en son nom une accusation criminelle. Aussi, au premier rang des incapables, rencontrons-nous dans l'énumération de Macer (1) : le pupille « propter ætatem » et la femme « propter sexum ».

Les pupilles *(impubères* ou *pubères)*, qui n'avaient pas encore l'âge de dix-sept ans, ne pouvaient mettre en mouvement l'action publique. Il est vrai que les lois romaines fixaient la majorité à douze ans pour les filles et quatorze ans pour les garçons, et les déclaraient capables, à ce moment, de faire, en général, tous les actes de la vie civile. Mais elles ne leur avaient permis, qu'à dix-sept ans accomplis, l'exercice personnel de quelques droits plus importants : tels que celui d'affranchir un esclave ou d'ester en justice (2). Ils ne pouvaient donc accuser, puisque l'accès des tribunaux leur était absolument interdit. Même après avoir dépassé cet âge, le mineur de vingt-cinq ans restait incapable d'exercer une accusation d'adultère, « nec « enim visus est idoneus accusator qui, mundum robustæ « ætatis est (3) ». Cette incapacité toutefois, d'après Pothier, citant Wissembach (4), se bornait à ce genre de crimes, et le mineur de vingt-cinq ans, ayant atteint sa dix-septième année, pouvait se porter accusateur, pourvu cependant qu'il fût dûment assisté de son curateur. « Om-

(1) Frag. 8, XLVIII, II. (*De accus. et inscrip.*) au digeste.
(2) Justin, *Inst.* VI, I, § *ult.* (*Quibus ex causis manum.*)
(3) Frag. 15, § 6, D, XLVIII, V. (*Ad legem Juliam de adult. coerc.*)
(4) Pothier (Pandectes de Justinien, mises dans un nouvel ordre, à notre titre XLVIII, II et notes), auquel nous avons beaucoup emprunté pour toute cette partie de notre thèse.

« nino debere, et agentibus et pulsatis in criminalibus
« causis minoribus vigintiquinque annis, adesse tutores vel
« curatores (1). » Il est pourtant infiniment probable que
cette « *auctoritas* » du tuteur ou du curateur ne fût pas
toujours exigée, puisque Justinien, par la constitution que
nous venons de rapporter, éprouve le besoin d'assurer,
pour l'avenir, leur intervention. Cette incapacité absolue
du mineur de dix-sept ans pouvait être très préjudiciable
aux intérêts particuliers, présents ou futurs, du pupille
« *sui juris* ». Pour parer à cet inconvénient, on autorisa
les tuteurs ou curateurs à souscrire *en leur propre nom*
« cum non liceat alieno (2) », les accusations, dont la poursuite importait au pupille. Cette manière de procéder est
une grave dérogation en matière criminelle au principe
que nul ne peut agir en justice pour autrui; le pupille, en
effet, malgré les précautions de langage, reste bien évidemment le « dominus litis », puisque les tuteurs ou curateurs bénéficient des faveurs qui lui sont accordées quand
il peut agir nommément, et n'ont pas à craindre, s'ils sont
de bonne foi, l'infamie résultant de la calomnie; elle constitue en outre une véritable exception à la règle qui établit
l'incapacité dont nous nous occupons. Cette incapacité,
comme d'ailleurs celles que nous allons rencontrer, cessait
encore quand le mineur avait à venger un injure personnelle ou la mort de ses proches. « Hi tamen omnes si suam
« injuriam exequuntur, mortemve propinquorum defen-
« dant, ab accusatione non excluduntur (3). »

Les femmes auxquelles les mœurs romaines interdisaient
de paraître en public, ne pouvaient, en principe, porter
une accusation. Cette prohibition est également motivée
par la faiblesse de leur sexe. Aussi, dans les cas exceptionnels où il est permis à une femme de mettre en jeu l'action

_____

(1) Loi 4, C, V, 50. (*De auctor. præst.*) voir aussi frag. 14, § 1 et 2,
XXXVIII, II. (*De bon. libert.*) et *Valere-Maxime*, V, 4.

(2) Loi 2, C, IX, 1. (*De his. qui acc. non pos.*)

(3) Frag. 11, D. XLVIII, II. (*De accus. et insc.*) est le texte général. Se
rapportent spécialement au mineur lui permettant d'agir : au cas d'injure
personnelle le frag. 15, § 6, XLVIII, V. (*ad leg. Jul. de adult. coerc.*) et
pour venger la mort des siens, le frag. 2, § 1, XLVIII, II. (*De acc. et insc.*)

publique, elle est dispensée de l'inscription (1). Du reste, le fondement de la permission qui leur est quelquefois accordée, est uniquement basée sur un motif d'affection, ou sur un intérêt particulier. C'est ainsi par exemple que « non « est permissum mulieri publico judicio quemquam reum « facere : nisi scilicet parentum liberorumque et patroni et « patronæ, et eorum filii, filio, nepotis, neptis mortem exe- « quatur (2) ». C'est ainsi, encore, que la loi Cornélia permettait à la femme de poursuivre une accusation de faux à propos du testament d'un affranchi paternel ou maternel, mais il fallait que l'affaire l'intéressât personnellement. « Senatus-consulto permissum non est mulieri legis Cor- « neliæ crimine reum facere, nisi res ad eam pertineat (3). » Ajoutons encore, pour montrer combien était étroitement limité ce pouvoir exceptionnel d'accuser, accordé à la femme, que, alors même qu'elle agissait, pour venger la mort des siens, elle devait prouver sa parenté avec la victime. « Non ignorat competens judex, eam quæ ultionem et mor- « tem filii, persequi allegat, non temere ad accusationem « esse admittendam, nisi prius matrem se esse probave- « rit (4). » Néanmoins, en l'absence de tout autre mobile, le femme pouvait, étant donnés la gravité du crime d'accaparement de vivres et l'intérêt qu'avait la société romaine à les découvrir et à les châtier, en poursuivre publiquement les auteurs. « Mulierem, propter publicam utilitatem ad « annonam pertinentem, audiri a præfecto annonæ defe- « rentem D. Severus et Antoninus rescripserunt (5). »

Ne peuvent non plus accuser à raison de leurs fonctions, nous dit ensuite Macer, les magistrats qui risqueraient de compromettre, dans une action criminelle, leur dignité et l'autorité dont ils sont revêtus. « Propter magistratum po- « testatemve in quá agentes, sine fraude, in jus evocari

(1) Loi 12, C, IX, 1. (*De his. qui acc. non poss.*).

(2) Frag. 1, D. XLVIII, II. (*De acc. et insc.*) frag. 2, *ibid.* complété par les frag. 4 et 5, XXII, V. (*De test.*)

(3) Loi 5. C, IX, 1. (*De his qui acc. non poss.*) Loi 19, C, IX, XXII. (*Ad. leg. Corn. de falsis.*)

(4) Loi 9, C, IX, 1. (*De his qui acc. non poss.*)

(5) Frag. 13, XLVIII, II. (*De acc. et insc.*)

« non possunt. » Les militaires « *propter sacramentum* », c'est-à-dire à cause de leurs engagements, contractés d'une manière solennelle, ne peuvent pas davantage porter une accusation. Mais des exceptions sont établies en faveur de ces deux catégories d'incapables. Ils peuvent, eux aussi, accuser, au cas d'injure personnelle ou faite à leurs proches, et poursuivre les accapareurs de vivres (1).

D'autres étaient privés, à raison de leur condition, du droit de poursuivre une accusation criminelle. Au premier rang, dans cet ordre d'idées, nous rencontrons les enfants nés libres, qui, pour des motifs de convenance, qu'il serait superflu de développer, ne pouvaient agir au criminel contre les auteurs de leurs jours. Ils n'avaient, toujours au dire de Macer (2), que l'action civile pour sauvegarder leurs intérêts pécuniaires. Non seulement, encore, un frère ne pouvait accuser son frère d'un crime capital ou grave, mais il devait être puni d'exil s'il dérogeait à cette règle (3). Cette incapacité ne s'étendait pas néanmoins aux accusations de moindre importance ; « Si, en effet, sororem tuam « leviorum commissorum ream facis, accusationem non « prohiberis exercere judicio præsidali ; quo temerarie « commissa, congrua ultione plectantur (4). » Cette raison d'affinité, fondée sur le respect, était même poussée très loin. Elle allait jusqu'à interdire à un ingénu d'accuser celui chez qui il avait été élevé et à un questeur d'intenter une accusation contre son préteur : « Ne libido violandæ « necessitudinis, auctoritate judicantum comprobare- « tur (5). » Le père, au contraire, grâce à la forte organisation de la puissance paternelle que le temps n'avait pu détruire entièrement, put toujours accuser son fils coupable d'injure envers lui, « si pietas et ratio naturalis animi « *(sui)* non revocat », ajoutent les empereurs Dioclétien et Maximien, à la loi 14 au Code, *de his qui accusare non*

---

(1) Frag. 11 et 13 à not. tit. loi 8, c. IX, 1. (*De his. qui acc. non poss.*)
(2) Frag. 11, à notre titre.
(3) Loi 13, c. IX, 1. (*De his qui acc. non poss.*)
(4) Loi 18, *ibid.*
(5) Loi 17, *ibid. Cicer. divin, In verrem,* Pothier, *op. cit.* à notre titre.

possunt. Pour des motifs semblables, l'affranchi ne pouvait intenter une action infâmante contre son patron, sous peine d'encourir le supplice réservé en pareil cas aux esclaves (1). Il pouvait cependant poursuivre, à l'encontre de son patron, une accusation d'adultère (2), fait qui rentre d'ailleurs dans la règle commune à l'affranchi, comme à presque tous les autres incapables, et leur permet de venger leurs propres injures et la mort de leurs proches. On comprend que la capacité refusée aux affranchis, pouvait encore moins appartenir aux esclaves ou aux autres personnes soumises à la sujétion domestique, considérés par les lois comme n'existant pas. Et pourtant, en vertu d'un rescrit des empereurs Marc et Commode (3), ils pouvaient introduire une accusation, s'ils se plaignaient de la suppression d'un testament qui leur accordait la liberté. En dehors de ce cas, l'esclave devait être mis à mort quand il accusait son maitre d'un crime pouvant compromettre sa réputation. « Majestatis crimen tantum excepimus. » Il pouvait, en effet, comme la femme et les autres incapables que nous avons rencontrés, comme ceux que nous allons énumérer encore, se porter accusateur, même contre son maitre, de crimes dont la société a un intérêt capital à connaitre et punir les auteurs, tels que celui d'accaparement de vivres et celui de lèse Majesté (4). Bien plus, la liberté était la récompense de l'esclave qui dénonçait de pareils forfaits.

Etaient encore privés du droit d'accuser, sous réserve des mêmes exceptions, ceux dont la fortune n'atteignait pas cinquante pièces d'or (5). On craignait que n'ayant rien à perdre, ces personnes fussent tentées de porter des

---

(1) Loi 1, c. VI, VI (*De obsequiis patrono præstandis.*) et loi 21, c. IX, 1. (*De his qui acc. non poss.*)

(2) Frag. 38, § 9, XLVIII, V. (*Ad leg. Jul. de adult.*)

(3) Frag. 7, XLVIII, S., X. (*Ad leg. corn. de falsis.*)

(4) Loi 20, c. à notre titre, frag. 13, D. à notre titre.

(5) Frag. 10. D. à notre titre.

accusations à la légère. C'est, du reste, ce que fait pressentir Juvénal.

> Quantum quisque sua nummorum servat in arca
> Tantum habet et fidéi .. (Satyr. 3).

Enfin étaient déchus de la faculté de poursuivre un *«judicium publicum »*, les personnes suspectes de calomnie « propter suspicionem calumniæ », celles qui par un honteux trafic, « propter turpem quæstum », se désistaient à prix d'argent d'une accusation, et en général toutes celles qui étaient notées d'infamie (1). Peu importait du reste que cette infamie résultât d'un crime donnant lieu à une action publique, ou simplement d'un délit poursuivi par une action privée, comme le vol, l'injure et la rapine, ou encore de l'une des causes énumérées par Ulpien (2). Ajoutons toutefois que : « famosi quoque accusantes (ad annonam) « sine ulla dubitatione admittuntur » et qu'aussi « si suam « injuriam exequantur mortemve proprinquorum défen- « dant, ab accusatione non excluduntur (3) ».

Signalons, en terminant cette énumération, une incapacité d'une nature spéciale, qui atteignait celui qui était « *in realu* », c'est-à-dire en prévention. Il ne pouvait en particulier accuser son propre accusateur «*recriminare*». Mais cette incapacité n'était pas absolue, elle cédait devant l'intérêt du prévenu ou celui de ses proches, et encore quand la récrimination portait sur un crime plus grave que celui dont lui-même était accusé. Dans les autres cas, il avait toujours la faculté de déposer son inscription, sauf à poursuivre l'accusation après avoir établi son innocence, ou subi sa peine, pourvu toutefois que sa condamnation ne l'eût pas privé du droit de cité et de la liberté (4).

B) *De ceux qui ne peuvent pas être accusés.* — Ce droit

---

(1) Frag. 8, 9, 10 et 4, *ibid.*
(2) Frag. 4, *ibid.*
(3) Frag. 11 et 13, *ibid.*
(4) Frag. 5, D. XLVIII, I. (*De public. jud.*)

de mettre l'action publique en mouvement, dont tous les citoyens, sauf les incapables dont nous venons de parler, pouvaient revendiquer l'usage, serait facilement devenu une
entrave au bon fonctionnement de la chose publique, si
certaines personnes n'avaient pu, au moins momentanément, se soustraire à une poursuite criminelle.

Aussi, au premier rang de ceux qui ne peuvent pas être
accusés, citerons-nous avec Venuleius : les lieutenants de
l'Empereur ou présidents de provinces, les députés de ces
provinces, mais seulement pour crimes commis avant leur
entrée en fonctions, enfin les magistrats du peuple romain
ou ceux dont le service de la République motive l'absence
en dehors de toute espèce de dol : « Hos accusare non licet :
« Legatum Imperatoris, id est, præsidem provinciæ....
« Item legatum provincialem ejus duntaxat criminis, quod
« ante commiserit, quam in legationem venerit. Item magis-
« tratum populi romani : eum ve, qui reipublicæ causa ab-
« fuerit, dum non retractandæ legis causa abest (1) ». Mais
cette immunité nécessaire pour la sauvegarde des intérêts
généraux de la société n'est pas synonyme d'impunité. Si
en effet en s'absentant pour le service de la République,
on n'a d'autre but que celui d'échapper à une accusation,
cette fraude serait inutile (2). De plus, on n'excuse que ceux
qui à raison de leurs fonctions se trouvent dans une autre
province que celle où ils sont accusés. Ainsi, celui qui s'est
rendu coupable d'un adultère dans la province où se trouve
le siège de son emploi, peut y être poursuivi, « nisi sit ea
« persona, quæ ad præsidis cognitionem non pertinet (3). »
D'ailleurs, les titulaires de ces fonctions retombent dans le
droit commun, en revenant à Rome ou en rentrant dans
la vie privée. « Si quis in honore ministeriove publico sit,
« reus quidem postulatur, sed differtur ejus accusatio, et
« cautione judicio sistendi causa promittitur in finem ho
« noris ; et hoc ita Tibérius Cæsar rescripsit (4). » Seule, au

---

(1) Frag. 12, D. XLVIII, II (*De acc. et insc.*)
(2) Frag. 15, § 2, D. XLVIII, V. *Ad. leg. Jul. de adult.*)
(3) § 4, *ibid.*
(4) Frag. 38, § ult. XLVIII, V. (*Ad. leg. Jul. de adult.*)

dire de Cujas, l'accusation de concussion n'était jamais différée.

Une *abolition* intervenue en faveur d'un accusé mettait celui qui en avait bénéficié à l'abri d'une accusation nouvelle, à propos du même crime. « Hoc beneficio in reos re-« cepti uti possunt, si abolitione interveniente repeti se « non debere contendunt », affirme Venuleius. à la suite de l'énumération que nous avons déjà rapportée. Nous nous occuperons plus loin des abolitions; nous ne rappelons donc ici cette cause d'exemption que pour mémoire et afin d'être complet.

L'absent, et nous entendons ici par ce mot celui qu'aucun service public n'appelait au dehors, pouvait-il être l'objet d'un « *judicium publicum* »? A l'époque où florissait le système des « *Quæstiones perpetuæ* », l'affirmative ne nous paraît pas douteuse. Il suffit de relire les textes que nous avons déjà cités (1), pour nous convaincre que ceux-là seuls étaient à l'abri d'une accusation qui, à raison de leurs fonctions, étaient obligés de s'expatrier. Valère Maxime (2), nous montrant Marc-Antoine revenant de Brindes à Rome, pour répondre à une accusation d'inceste, alors qu'il aurait pu s'en dispenser en vertu de la loi Memmia, qui défendait d'accuser ceux qui étaient absents pour le service de la république, achève de porter, à cet égard, la conviction dans notre esprit. On pouvait donc régulièrement faire inscrire parmi les accusés celui dont l'absence n'était pas légitimement motivée, poursuivre l'instance, et obtenir contre lui une condamnation, et cela, quand bien même il n'aurait pas eu connaissance de la poursuite. Peu importait par conséquent qu'il n'y eut pas eu entre l'accusateur et l'accusé ce qu'on appelait la « *litis-contestatio* » qui se produisait, comme nous le verrons plus loin, « *in jure* », au moment où les deux parties se trouvaient en présence devant le préteur, et où celui-ci, après avoir entendu leurs dires, fixait le jour où l'affaire devait se continuer « *in judicio* ». Sous l'empire, la règle changea. La procédure de

(1) Frag. 15, § 1, 2 et 4, et frag. 38, § ult. *ibid.*
(2) Valère-Maxime, livre 5.

contumace fut adoptée, et il ne fut plus possible d'entamer
une poursuite contre des absents. On ne put que les faire
noter pour être recherchés. « Si quondam uxor tua, ante-
« quam crimine adulterii accusaretur provinciam excessit,
« neque absens accusari potest (1)... » Le prévenu absent
avait un an pour comparaitre après la publication des Edits
de comparution. S'il revenait où s'il était appréhendé durant ce délai, l'affaire suivait son cours régulièrement et
ses biens mis sous séquestre lui étaient rendus. Au cas contraire, la confiscation devenait irrévocable, alors même
que l'absent triompherait dans l'accusation poursuivie contre lui après ce laps de temps (2). Mais si l'instance était
liée par la « *litis contestatio* », la fuite de celui qui était
inscrit « *inter reos* » n'arrêtait pas le procès, et après
avoir fait sommer trois fois l'accusé suivant l'usage on passait outre. « Inter accusatorem et reum cognitione sus-
« cepta, excusatio pro absente justis rationibus admittitur :
« nec per triduum per singulos dies citatus reus damne-
tur (3). » Un autre exemple de l'existence de cette règle,
nous est donné par l'empereur Alexandre affirmant qu'il
est de droit acquis qu'une femme adultère peut être ins-
crite au rôle des accusations, malgré son absence, si l'instance était introduite avant sa fuite (4).

L'esclave relevait tout comme un homme libre, pour
les crimes dont il se rendait coupable, de la justice publique, et rien n'était changé à son égard aux formalités
que nécessitait la mise en mouvement de l'action publique contre un ingénu. Venuleius l'affirme : « Si servus
« reus postulabitur, eadem observanda sunt, quæ si liber
« esset, ex senatus consulto Cotta et Messala consulibus (5) »,
et avec lui, de nombreuses constitutions impériales (6). Il
y avait pourtant des cas où un « *judicium publicum* » n'é-

---

(1) Loi 15, c. IX, IX. (*Ad leg. Jul. de adult.*)
(2) Titre XVII, livre XLVIII, D. (*De requir. vel absent. damn.*, liv. IX,
tit. XL, c. (*De requir. reis.*)
(3) Frag. 10, XLVIII, I. (*De publicis Jud.*)
(4) Loi 13, c. IX, IX. (*Ad leg. Jul. de adult.*)
(5) Frag. 12, § 3 et 4, D. XLVIII, II. (*De acc. et Insc.*)
(6) Entr'autres loi 13, c. IX, II. (*De acc. et insc.*)

tait pas possible contre l'esclave. Ainsi, par exemple, en vertu de la loi « *Julia de vi privata,* » dont la sanction était la confiscation du tiers des biens de l'accusé, et aussi pour tous les crimes qui entraînaient une peine capitale au sens large du mot : telle la rélégation, qui ne saurait l'atteindre. Il en était de même pour la loi » *Pompeia parricidii* ». Mais il ne faudrait pas se méprendre sur la nature de ces exceptions. Il ne s'agit pas d'une faveur accordée à l'esclave, bien au contraire. En effet, toujours d'après Venuleius au même endroit, Cornélius Sylla en ne permettant pas d'accuser un esclave du crime de la loi « *Cornelia injuriarum* », édicte contre lui une peine extraordinaire plus rigoureuse.

Enfin, les soldats, à raison de la discipline et du caractère particulier des délits qu'ils commettaient habituellement, étaient justiciables de leurs chefs, et on ne pouvait les accuser suivant le droit commun et dans les formes ordinaires.

N° III. — Peut-on accuser par procureur?

On sait qu'un principe de droit romain qui fut rigoureusement appliqué, et n'admit pendant longtemps aucune espèce d'exception, s'opposait à ce qu'une personne jouât dans une cause quelconque le rôle d'une autre. Les rares dérogations qui furent, avec le temps apportées à cette règle, furent limitées avec un soin scrupuleux aux affaires pour lesquelles elles avaient été admises. Les motifs qui justifièrent l'adoption de cette maxime par le droit civil sont bien plus puissants en matière pénale, à cause de la nature des affaires et de la gravité des intérêts en jeu. L'intervention d'un procureur dut, en conséquence, être vue avec encore plus de défaveur, s'il était possible, dans un procès criminel que dans une instance civile. On peut donc affirmer avec Ayrault que, « en droit pur et en s'arrêtant soit à l'antiquité, soit à la propriété du nom de procureur, le procureur ne pouvait intervenir ou inter-

« venait en vain ès accusations capitales ». Voët (1) est du même avis et soutient que les procureurs ne sont pas plus admissibles du côté de l'accusation que du côté de la défense. Il nous donne de ce fait une excellente raison : c'est afin que les instances ne deviennent pas illusoires, au cas où succombant dans son accusation, celui qui l'a intentée devrait subir la peine du talion, à laquelle il se soumet, en accomplissant la formalité de l'inscription.

Mais ce n'est pas seulement dans les vieux commentateurs du droit romain que nous trouvons des traces de l'existence de cette règle. Nous la voyons encore expressément formulée dans plusieurs textes fort clairs du Digeste ou du Code. « Ad crimen judicii publici persequendum, nous dit « Papinien (2), frustra procurator intervenit. » Ce principe s'étendait même à une catégorie d'actions qui, tout en restant purement civiles, intéressaient, à un certain point de vue, la société tout entière, sans avoir cependant le caractère criminel des « *judicia publica* » : nous voulons parler des actions populaires. La défense par procureur était possible à celui qui était poursuivi en vertu de l'une d'elles ; mais celui qui la mettait en mouvement ne pouvait se faire représenter. C'est le jurisconsulte Paul qui nous l'apprend : « Qui populari actione convenietur, ad defendendum pro- « curatorem dare potest, *is autem qui eam movet procu-* « *ratorem dare non potest* (3). » Cette extension de notre règle aux actions populaires est curieuse à constater. Elle montre bien, comme nous l'avons déjà fait remarquer, qu'elles ressemblaient beaucoup, quoique civiles, aux actions publiques qui naissaient d'un « *crimen publicum* » et tenaient le milieu entre ces dernières et celles, civiles aussi, auxquelles un délit simplement privé donnait naissance. L'exactitude de notre observation se trouve, d'autre part, puissamment confirmée par la distinction formulée par les textes romains, au point de vue tout spécial qui

____

(1) *Voët : ad pandectas*, liv. 3, titre 3. Commentaires sur les procurateurs et défenseurs des procès criminels, n° 14.

(2) Frag. 13, § 1. D, XLVIII, 1. (*De publicis judiciis.*)

(3) Frag. 5, D, XLVII, XXIII (*De popular action.*)

nous occupe en ce moment, entre les actions publiques
et les actions civiles nées d'un délit. Tandis que pour
les premières l'impossibilité d'agir par procureur était
absolue, l'intervention de ce personnage était, sinon
toujours possible, du moins facilement tolérée, pour les
dernières : « Si ab Æliano servum tuum susceptum, et
« aliquandiu occultatum, moxque eo suadente fugæ datum
« probare potes, *legis Fabiæ crimen per te vel actionem ad*
« *eam rem propositam id est servi corrupti, per procura-*
« *torem tuum* persequi potes (1). » La comparution personnelle de l'accusateur dans les poursuites criminelles était
exigée, quels que fussent le rang et la dignité des parties
en cause. « Il convient, disent les empereurs Dioclétien et
« Maximien (2), que les personnes les plus distinguées se
« présentent sur les actions publiques où l'inscription né-
« cessite leur présence, bien que dans les actions pécu-
« niaires il leur soit possible d'agir par procureur. » Enfin,
cette présence était exigée aussi bien en cause d'appel
qu'en cause principale : « Meritum appellationis causæ
« capitalis, et ipsam rationem status non nisi per nosmet-
« ipsos prosequi possumus. Nemo enim absens aut duci in
« servitutem potest, aut damnari (3). »

Tel fut le principe. La formule en était conçue en termes
aussi exprès et aussi généraux que possible. Mais, on le
sait, il n'y a pas de règle, si rigoureuse soit-elle, qui n'ad-
mette des exceptions; il s'en produisit donc contre celle
que nous venons d'établir. Mais, à vrai dire, elles furent
limitées à des espèces particulières et isolées et ne paraissent pas avoir été de nature à infirmer le principe. C'est
ainsi, par exemple, que nous avons vu, après les luttes sociales, les Latins poursuivre une accusation criminelle
contre des magistrats coupables de concussion, par l'intermédiaire d'un citoyen qui se chargeait de la plainte et

(3) Loi 2, c. IX, XX. (*Ad leg. Fabiam de Plagiar.*)
(2) Loi 15, c. IX, II. (*De accus. et inscrip.*)
(3) Paul, sentences, liv. V, tit. XXXV, § 1.

accusait à leur place (1), et nous sommes bien sûrs que le provincial restait le maitre du procès, puisque nous savons que l'admission aux droits de cité était sa récompense quand il triomphait dans ces sortes d'instances. Nous avons montré aussi, en étudiant les incapacités d'accuser, que les tuteurs ou curateurs pouvaient intenter en leur propre nom, mais en réalité pour le pupille, les actions pénales dont la poursuite était nécessaire pour la sauvegarde des intérêts matériels du pupille « *sui juris* ». Mais dans ces deux cas que nous venons de rappeler, l'intervention d'autrui était en quelque sorte forcée, puisque, par eux-mêmes, le latin ou le pupille ne pouvaient accuser ; elle n'est que facultative dans les textes dont nous allons parler maintenant. Un patron pouvait accuser son affranchi d'ingratitude par lui-même ou par procureur. « Patronus liber- « tum et per procuratorem, ut ingratum, accusare, po- « test (2) ». Paul dit dans le même sens : « Neque accu- « sator per alium accusare, neque reus per alium defendi « potest, nisi ingratum libertum accuset aut rei absentia « defendatur. » Cette faculté fut expressément confirmée au dire du jurisconsulte Marcien (3) par les empereurs Sévère et Antonin ; « Per procuratorem, ingratum liber- « tum posse argui, divus Severus et Antoninus rescripse- « runt. » Une constitution de l'empereur Zénon vint enfin, mais fort tard, dispenser de la comparution personnelle dans le cas particulier d'un procès d'injure, les personnages illustres, et eux vivants, leurs femmes et leurs enfants (4).

En recherchant si l'intervention d'un procureur était permise dans les procès criminels, nous ne nous sommes occupés que de l'accusation, laissant à dessein, dans l'ombre, l'autre face de la question, c'est-à-dire la défense. Ce n'est

(1) Voir à ce sujet Laboulaye p. 340 et le passage de la loi Servilia cité par lui.

(2) Frag. 33, § 10, III, III. (*De procurat. et defensor.*)

(3) Frag. 4, D, XXXVVII, XV. (*De obseq. parent et patron. præst.*)

(4) Loi 11. c. IX, XXXV (*De injuriis*), rapportée par Just., inst., liv. IV, tit. IV, § 10.

point que nous ayons voulu indiquer, par là, que la solution du problème qui se pose de savoir si on pouvait répondre à une poursuite criminelle par l'intermédiaire d'autrui fût sans intérêt. C'est le contraire qui est vrai, et nous aurions, si nous entamions cette discussion, à trancher une vive controverse qui passionna Cujas et nos anciens auteurs, pour établir si cette défense par procureur était possible au cas d'absence de l'accusé, et dans quelles conditions. Mais cette question ne rentre pas directement dans l'étude de la mise en mouvement de l'action publique et nous avons dû la laisser de côté.

N° 4. — Le même crime peut-il donner lieu à deux accusations ?

L'expression « *non bis in idem* » n'est pas romaine, mais la règle dont elle est la formule était parfaitement connue et appliquée dans la cité qui fut si longtemps maîtresse de l'univers. Aussi, « régulièrement, d'après Pothier, on ne « peut pas être accusé deux fois du même crime, *surtout* « *par le même accusateur* ». L'affirmation contenue dans le dernier membre de la phrase que nous venons de rapporter, nous amène tout naturellement à diviser l'étude de cette question en deux parties. Nous nous occuperons, dans un premier alinéa, des cas où la deuxième accusation est intentée par celui-là même qui avait exercé les premières poursuites. Dans le second, nous examinerons, au contraire, les espèces dans lesquelles c'est un accusateur étranger au précédent procès qui voudrait le renouveler pour son propre compte.

On conçoit qu'il serait parfaitement inique de permettre à un accusateur de traduire de nouveau un citoyen devant une juridiction criminelle, alors que la première poursuite n'aurait eu d'autre résultat que l'absolution de l'accusé. Une pareille faculté serait de nature à troubler profondément la société où elle serait admise, et enlèverait à ses membres toute garantie d'ordre et de sécurité. Aussi le jurisconsulte Paul affirme-t-il hautement l'impossibilité d'une pareille mesure. « De his criminibus quibus quis ab-

« solutus est, ab eo qui accusavit, refricari accusatio non
« potest (1). » Il faut, toutefois, pour que la règle conserve
toute sa force, pour que l'accusé puisse invoquer l'exception formelle de la chose jugée, que l'instance au cours de
laquelle il a été absous offre des garanties sérieuses de
bien jugé. C'est là sans doute l'explication d'une décision
en apparence contradictoire avec la règle que nous venons
d'établir, et contenue dans un rescrit de l'Empereur Gordien (2) que nous traduisons : « Si les accusateurs font dé-
« faut sur une instance, sans qu'il y ait contumace de leur
« part, et si le président de la province sur une simple re-
« quête rend, sans prendre connaissance de la cause, une
« sentence absolvant celui au sujet duquel vous avez déféré
« votre plainte (il s'agit ici probablement de l'un des accu
« sateurs défaillants auquel s'adresse le rescrit), l'instance
« pourra être reprise, suivant les règles d'usage, devant
« le même magistrat ou son successeur, car l'état d'incul-
« pation persiste pour l'accusé, la contumace ou mieux le
« défaut des accusateurs n'ayant pu le réduire à néant » Il
reste donc acquis qu'on ne peut intenter une nouvelle accusation quand celle qui l'a précédée a été régulièrement
suivie d'une absolution. Cela est, à bien plus forte raison,
interdit à celui qui s'est désisté une première fois. « Accusationem à qua discedere te professus es, repetere non
debes, » dit un rescrit de l'Empereur Alexandre (3), et les
empereurs Valérien et Gallien accordent à l'accusé, dans
ces conditions, le droit d'invoquer une prescription dite *de
la chose abandonnée* « si is de quo supplicas, contra paren-
« tes vestros desertam (ut dicis) accusationem cœperit per-
« sequi : *præscriptio* illi in judicio prœsidis *destitutæ rei* po-
« terit opponi (4) ». La défense d'exercer une deuxième fois,
à propos du même crime, des poursuites criminelles, s'étend
encore au cas où l'accusateur a cédé à une abolition privée
qui n'est autre chose, comme nous le verrons plus tard,

(1) Paul, sentences, livre I, tit. VI, § 1.
(2) Loi 4, c. IX, II. (*De acc. et inscrip.*)
(3) Loi 6, c. IX, I. (*De h. qui acc. non poss.*)
(4) Loi 4, c. IX, XLV. (*Ad S.-C. Turpellcanum.*)

qu'une faveur justement motivée permettant à un citoyen d'abandonner une accusation, sans redouter les conséquences qu'un tel acte, accompli sans autorisation, lui aurait fait encourir. « Post abolitionem idem crimen ab eodem in « eumdem instaurari non potest (1), » affirme Papinien en termes aussi clairs qu'élégamment concis. La mauvaise foi de l'accusé violant les conventions par lesquelles il s'engageait à faire quelque chose en retour de l'abolition demandée et obtenue, n'est pas une raison suffisante pour faire échec à la règle posée si nettement par Papinien. Cela résulte du rescrit suivant des Empereurs Valérien et Gallien dans lequel le mot « *scriptura* » doit recevoir d'après Cujas la signification que nous venons de lui donner : « Quamvis « cum ordinem *scriptura* contineat, ut primo abolitio cri- « minis posceretur et tunc dehinc omnibus placitis obtem- « peraretur, non observantibus tamen adversariis pactorum « fidem, instaurare accusationem minime potes, a qua ipse « destitisti (2). » Cette règle d'ordre public est considérée comme si importante, que le magistrat qui a accordé l'abolition doit veiller lui-même à son exécution, et interposer son autorité pour que les particuliers ne la puissent violer aisément. Par un rescrit, les Empereurs Dioclétien et Maximien (3) le lui enjoignent : « Præses provinciæ si perspexe- « rit abolitionem ad omnia crimina, quæ nota sunt, perti- « nentem a se impetratam : ne semel finita instaurentur, « intercessione auctoritatis suæ prospiciet. »

Seule l'intervention du magistrat « abolissant », suivant l'expression de Pothier, l'abolition qu'il avait accordée, pouvait, dans des cas évidemment fort rares et à raison de circonstances tout à fait exceptionnelles, permettre à l'auteur d'une accusation de renouveler les poursuites. C'est ce qu'indique la fin du texte dont nous venons de reproduire la première partie : « Supplicatione vero porrecta nutui « principali, præfata abolitione sopitum crimen ab eadem « persona revocari potest. »

---

(1) Frag. 4. §1, D. XLVVIII, XVI. (*Eod. tit.*)
(2) Loi 3, c. IX, XLV. (*Eod. tit.*)
(3) Loi 1, c. IX, XLIII. (*De abolutionibus.*)

Demandons-nous maintenant quel était l'accueil réservé à la deuxième accusation, quand celui qui l'intentait était autre que le premier accusateur? La réponse est certaine quand c'est le fils du plaignant sur la première instance qui veut recommencer le procès au cours duquel l'accusé a été absous. Paul (1) affirme qu'il doit être écarté. « Filius accu- « satoris, si hoc crimen quod pater intendit, post liberatum « reum persequi velit, ab accusatione removendus est ». La solution est-elle la même quand il s'agit d'un accusateur étranger à la précédente procédure? Ulpien a examiné cette question (2). Il commence d'abord par rappeler le principe général que nous avons déjà formulé à plusieurs reprises : « Hisdem criminibus quibus quis liberatus est, non debet « præses pati eumdem accusari. » Il se demande ensuite si cette prohibition s'adresse, avec une égale force, à celui qui n'a point participé aux premières poursuites, et à celui qui les a intentées, puis il ajoute : « Et putem, quoniam res « inter alios judicatæ alii non præjudiciant, si is, qui nunc « accusator exstitit, suum dolorem persequatur, doceatque « ignorasse se accusationem ab alio institutam : magna ex « causa admitti eum ad accusationem debere. » Il admet donc une dérogation à la règle qu'il vient de poser. Mais il exige, pour que cela soit possible, le concours de trois cir- constances, qu'il dût être bien difficile de trouver souvent réunies dans la même affaire. Il faut d'abord que le procès soit d'une nature tout particulièrement grave, ensuite, que celui qui veut se porter accusateur pour la deuxième fois prouve qu'il ignorait l'existence du premier procès ; enfin, que ce dernier soit poussé à agir par un intérêt personnel qui serait gravement compromis si on pouvait lui opposer l'exception de la chose jugée. Cette dernière condition n'est qu'une application à notre cas particulier de la disposition qui permettait aux incapables d'accuser, quand ils agis- saient pour venger leur propre injure. On peut conserver encore quelques doutes sur le point de savoir si cette opinion du jurisconsulte fut consacrée par une jurispru-

(1) Paul, *Sentences*, liv. I, tit. VI, § 2.
(2) Frag. 7, § 2 D. (*De acc. et insc.*)

dence constante. Ulpien semble en effet émettre une opinion personnelle plutôt que rapporter une règle absolument acquise. Cette première exception au principe ne nous parait donc pas établie sans réplique. Il n'en est pas de même de celle qui est constatée dans une constitution formelle des Empereurs Dioclétien et Maximien permettant à un tiers de reprendre une accusation terminée par le relaxe de l'accusé, sous la condition, toutefois, de convaincre celui qui l'a intentée de prévarication. « Si quis homicidii crimen « existinat persequendum, secundum juris publici for- « mam debebit eum qui in primordio homicidii porsulave- « rit reum, neque probaverit, ideoque reus absolutus est « prævaricationis arguere (1). »

Jusqu'ici, en examinant si une accusation est possible de la part d'un tiers, nous ne nous sommes occupé que des espèces où le premier procès s'est terminé par un jugement. Les solutions que nous avons indiquées s'appliquent-elles également aux instances sur lesquelles il n'est pas intervenu de sentence ? Le principe est le même; Macer l'indique en disant : « Ab alio delatum alius deferre « non potest (2). » Mais il semble que les exceptions aient été vues ici avec moins de défaveur que dans les cas que nous avons précédemment étudiés. C'est ainsi que le même jurisconsulte permet à un tiers de mettre pour la seconde fois l'action publique en mouvement, quand le premier accusateur, ou s'est simplement désisté, ou a bénéficié d'une abolition : « Sed eum, dit-il, qui abolitione « publica, vel privata interveniente, aut desistente accusa- « tore, de reis exemptus est, alius deferre non prohibetur. » Et Paul ajoute dans un texte qui, pris à la lettre, par la généralité de ses termes, réduirait à néant tout ce que nous avons dit sur la matière qui nous occupe maintenant, qu'une nouvelle poursuite est possible quand le premier accusateur s'est désisté ou a succombé dans l'administration de la preuve. « Crimen in quo alius destitit, vel victus

(1) Loi 11, c. IX, II. (*De acc. et insc.*)
(2) Frag. 11, § 2, D. XLVIII, II. (*De acc. et insc.*)

recessit, alius objicere non prohibetur (1). » Mais Cujas nous avertit que la portée de ces textes doit être restreinte au cas où celui qui veut intenter la deuxième accusation est poussé à le faire par un intérêt particulier. Ils ne sont en somme que la confirmation de la faveur faite aux incapables d'accuser, dont nous parlions tout à l'heure (2).

Disons enfin, pour terminer sur cette question, que si plusieurs crimes naissent du même fait, et si l'accusation n'a été introduite que sur l'un d'eux, un tiers pourra déférer celui qui est déjà accusé du chef d'un autre. Il y a bien ici double poursuite, mais, comme il y a double crime, la chose est parfaitement naturelle. Cette décision s'imposait sans qu'il fût besoin de l'exprimer; elle fut néanmoins l'objet d'une constitution des Empereurs Dioclétien et Maximien (3), qui ordonnent en même temps que les deux instances soient liées, car le juge ne peut se prononcer utilement sur l'une sans connaitre parfaitement l'autre.

Nº IV. — Moyens employés pour favoriser la recherche et la punition des crimes.

Dans les quatre premières divisions de ce paragraphe, en recherchant à qui et sous quelles conditions appartenait le droit de mettre en mouvement l'action publique devant les juridictions nouvellement créées, nous avons volontairement oublié que nous étions parvenus au septième siècle de l'existence de Rome, et au point de vue qui nous préoccupe, à la deuxième partie de son histoire républicaine. Nous avons groupé ensemble, et nous le ferons encore quand nous étudierons, à propos de la procédure, les moyens employés pour assurer l'exercice équitable et régulier du droit d'accusation, au moment où le nouveau système était dans toute sa force, les règles qui, formulées à notre époque, avaient très probablement une existence antérieure

----

(1) Paul, *Sentences*, liv. I, tit. VI, § 3.

(2) Cette manière de voir est du reste pleinement confirmée par le frag. 4, § ult. D. XLVIII, V, *Ad leg. Jul. De adult.*

(3) Loi 9, c. IX, II. (*De acc. et insc.*)

due à la coutume, et celles qui, rendues nécessaires par le progrès du droit ou les exigences d'un autre régime politique, furent établies après la chute de la république. Cela rendra inutile le rappel de ces dispositions, quand nous nous livrerons à l'étude de notre sujet, dans la période impériale. Nous n'aurons plus alors qu'à faire l'exposé des vicissitudes par lesquelles eut à passer ce droit d'accuser, accessible à tous les citoyens, jusqu'au moment où un principe nouveau le fit sortir des mains des simples particuliers, pour le placer dans celles des agents directs du pouvoir impérial.

Mais en ce qui concerne l'examen des moyens usités pour favoriser la recherche et la punition des crimes, nous ne voulons nous souvenir que de ce qui avait lieu au cours de la période historique qui fait l'objet de cette section.

Cette possibilité de participer à l'administration de la justice criminelle comme accusateur, l'un des plus précieux privilèges attachés à la qualité du citoyen, ne fut pas seulement envisagée comme un droit, elle fut aussi « considérée comme un devoir civique » suivant l'expression de M. de Savigny, dans un passage de ses œuvres, que nous avons déjà cité (1). La poursuite des criminels fut d'ailleurs regardée pendant longtemps comme un puissant moyen de succès dans la carrière politique. C'est, comme le dit fort justement M. Laboulaye (2), « en se faisant l'in- « terprète des antipathies populaires, l'organe des pro- « vinces souffrantes, qu'un Caton, un Crassus, un Cicéron, « s'élevèrent aux premières dignités de l'Etat. » Mais, et c'est là un des vices du système des accusations populaires, ce devoir, dont la rigoureuse observation eût été si utile à la société, n'était pas et ne pouvait pas être sanctionné. Aussi, quand l'intérêt politique venait à manquer, on ne trouvait plus, surtout vers la fin de la république, d'hommes sérieux consentant à remplir cette pénible fonction

(1) De Savigny, *Le Droit des obligations*, tit. II, §§ 454 et 455. Cette manière de voir est partagée par Maynz, *Op. cit.*, p. 67.

(2) Laboulaye, op. cit., p. 340. Cicér., *In verrem*, V, 180. Suét., *in Julio*, 5.

d'accusateur, et en affronter les périls (1). L'accusation tombait alors entre les mains de jeunes gens inexpérimentés (2), qui ne voyaient, dans un procès criminel, que l'occasion d'un exercice oratoire. Ceux-là même n'étaient pas toujours disposés à encourir les risques d'un « *judicium publicum* » que nous examinerons bientôt.

La législation romaine se trouvait acculée à une véritable impasse. Elle avait dû pour garantir les citoyens contre des accusations mal fondées ou calomnieuses réglementer sévèrement le droit qu'avait chacun de mettre l'action publique en mouvement. Et les rigueurs qu'elle avait édictées étaient telles, qu'elles enlevaient aux personnes vraiment dignes d'accuser l'envie de le faire si un intérêt politique ou privé n'était assez puissant pour les leur faire braver. C'est pour essayer sans doute de parer à cet inconvénient absolument inhérent à ce système judiciaire qui ne faisait pas de la poursuite une fonction publique et spéciale, qu'elle permit, ainsi que nous l'avons vu à un provincial de se porter accusateur par l'intermédiaire d'un citoyen, des crimes de concussion. C'est probablement aussi pour le même motif, que de la même façon un esclave put intervenir dans un « *judicium publicum* » pour faire condamner les coupables de certains crimes graves de nature à troubler profondément l'ordre public, tels que ceux d'accaparement de vivres, de fabrication de fausse monnaie et de lèse-majesté. Aux uns, elle accordait le titre de citoyen, à l'autre la liberté, pour les encourager à cette œuvre de défense sociale. Ceux qui ne pouvaient accuser furent également relevés de leur incapacité quand ils voulaient eux aussi concourir à cette œuvre.

Mais ces mesures qui n'avaient du reste pour but que de faciliter la recherche et l'accusation d'une catégorie déterminée de forfaits, furent complètement insuffisantes. Il fallut bientôt substituer un intérêt pécuniaire à un intérêt moral devenu impuissant à secouer l'apathie des accusateurs. Déjà, de bonne heure, la déla-

<hr>

(1) Cicéron, *De officiis*, II, 14. *Divin.*, 1-3.
(2) Cicér., *In Cæcil. divin.*, § VII.

tion fut érigée en principe et des récompenses pécuniaires ou honorifiques furent accordées à des citoyens ou esclaves qui furent désignés sous le nom « *d'indices* (1) ». Nous avons, peu après la chute de la royauté, l'exemple de l'esclave Vinder dénonçant les partisans des Tarquin, et en l'an 566 celui de l'affranchie Hispale Fecenia et de P. Œbutius son amant révélant les horreurs des bacchanales (2). A l'époque de la création des « *Quæstiones perpetuæ* », cet état de choses fut non seulement toléré, mais encore s'aggrava. Le nombre des accusateurs mercenaires se multiplia et parmi eux on put en distinguer tout une catégorie sous le nom de « *Quadruplatores* ». Quel était le sens de ce mot ? Il est bien difficile de le savoir, au moins d'une façon précise. Ce mot désigne-t-il les accusateurs salariés qui se bornaient à poursuivre les crimes dont la peine devait être portée au quadruble de la valeur de l'objet du litige, ou bien ce nom indiquait-il qu'ils percevaient le quart du montant des condamnations pécuniaires ? Nous ne saurions nous prononcer (3). Peu nous importe d'ailleurs. Ce dont nous sommes sûrs, c'est que, quel que fût leur nom, ces « *pirates du forum* (4) », comme les appelle un auteur, étaient de véritables entrepreneurs de causes criminelles, trafiquant de l'honneur et de la fortune de leurs concitoyens. Ils étaient, comme on peut le penser, fort mal vus et très décriés dans l'opinion publique. Cicéron les compare, dans un passage de son discours pour Surcius, à des *oies* et à des *chiens*. La désinvolture avec laquelle il les traite suffit à nous convaincre qu'ils ne furent pas comme le veut Alexandre Adam des magistrats spécialement chargés de la « poursuite des crimes publics (5) ».

Le remède était donc pire que le mal qu'il était chargé de guérir. Aussi Cicéron qui ne fit jamais des accusations criminelles une vile spéculation, peut-il se plaindre à bon droit de ce que déjà, de son temps, la justice pénale

(1) Voir Maynz, *op. cit.*, p. 67.
(2) Tite-Live, II, 4, 5. Denys, V, 7, 13. Tite-Live, XXXIX, 9, 12, 19.
(3) Voir Maynz, p. 68 et note 44.
(4) Albert du Boys, *op. cit.*, p. 400.
(5) Alexandre Adam, *Antiquités romaines*. Cicéron, *Pro Surcio*, § 20.

était devenue la proie d'une présomptueuse inexpérience ou de spéculations éhontées. « Videt enim, » dit-il en s'adressant aux juges dans son discours contre Cecilius, « si a « pueris nobilibus quos adhuc elusit, si a quadruplatoribus « quos non sine causâ contempsit, semper ac pro nihilo « putavit, accusandi voluntas ad viros fortes spectatosque « homines translata sit, se in judiciis dominari non « posse (1). » Il ne faut pas néanmoins, à cette époque où le système accusatoire brilla de tout son éclat, s'exagérer le mal. Il se trouva encore assez d'hommes puissants et remarqués, Cicéron en est lui-même une preuve, pour que la délation ne devînt pas de sitôt un véritable fléau. D'autre part, grâce au zèle des principaux citoyens pour la chose publique, et à l'intérêt qu'avaient les particuliers à venger leurs propres offenses et celles faites à leurs proches, grâce aussi aux mesures que nous venons d'indiquer, il est probable que peu de forfaits restèrent sans châtiment.

Il dut pourtant se présenter des cas où aucun accusateur ne songeait à poursuivre. Quand il en était ainsi, le crime restait-il impuni ?

Nous répondrons négativement à cette question en rappelant, sans cependant revenir sur les explications que nous avons données au § 1er de la précédente section, le rôle joué en matière pénale par les magistrats tels que les Tribuns et les Ediles, par le Sénat et aussi par les assemblées populaires. Leurs attributions restèrent, après la création des commissions permanentes, ce qu'elles étaient avant. Leur intervention dans l administration de la justice répressive devint de moins en moins fréquente, à mesure qu'en se développant le nouveau système la rendit moins nécessaire. Mais leur droit de mettre en mouvement l'action publique ne fut pas contesté, encore moins supprimé. Les « *Triumviri capitales* » dont les fonctions se bornaient, à l'origine de cette magistrature inférieure, à l'inspection des prisons, à l'exécution des sentences capitales, et au châtiment des crimes commis par les esclaves et les membres de cette lie impure qui grouille toujours dans les bas-fonds d'une so-

____

(1) Cicéron, *In Cæcil divin.*, 7.

ciété civilisée, placés en dehors du droit commun, vinrent compléter ce système d'accusation. Vers la fin de la République en effet, au dire de Varron (1), ils recherchaient et poursuivaient tous les coupables.

§ II. — *Procédure de cette mise en mouvement.*

Les différents tribunaux permanents furent créés par des lois distinctes. Il en résulta, comme conséquence, que la procédure suivie devant chacun d'eux ne fut pas absolument identique dans tous ses détails. Ces différences ne sont pourtant pas assez sensibles, pour que nous ne puissions donner une vue d'ensemble de ces règles dont le fonds est commun, et dans lesquelles on sent aisément le lien de filiation qui les rattache à celles qui furent suivies devant les comices auxquelles vinrent se joindre des éléments nouveaux empruntés pour la plupart au droit civil. Pour donner plus de clarté à l'étude que nous allons faire de cette procédure, nous la diviserons en deux numéros. Dans le premier, nous exposerons sa marche régulière en l'absence de tout incident ; dans le deuxième, nous examinerons les mesures prises pour assurer l'exercice équitable et régulier du droit de mettre l'action publique en mouvement.

1° Marche régulière de la Procédure.

Celui qui voulait saisir de la connaissance d'un crime la « *Quæstio perpetua* » compétente, et jouer devant elle le rôle d'accusateur, devait s'adresser tout d'abord au Préteur chargé de la présider. Après avoir obtenu de lui un édit d'évocation qu'il faisait apposer en présence de témoins sur la porte de l'accusé, il présentait à ce magistrat une requête « *postulatio* » à fin de dénonciation, par laquelle il lui demandait le droit de révéler le nom du cou-

(1) Varron, v. 14.

pable « Postulabat nominis delationem. » « Subinde eum
« ad Prætorem voco, dit Sénèque (1), et postulavi ut præ-
« tor nomen ejus reciperet, lege inscripti maleficii. » En
même temps, l'accusateur affirmait, sous serment, sa bonne
foi, et jurait qu'il n'accusait pas avec l'intention de nuire
méchamment à son adversaire (2). Cicéron nous prouve que
cette prestation de serment avait lieu dès le premier moment de la procédure. « Nam, dit-il, de divinatione Appius,
« quum calumniam jurasset, contendere ausus non est (3). »

Après l'accomplissement de ces premières formalités,
constituant la « *postulatio* » qui pouvait avoir lieu hors de
la présence de l'accusé (4), le Préteur fixait le jour de la
deuxième comparution des parties, au cours de laquelle
devait être accompli le second acte de la procédure préparatoire, c'est-à-dire la « *nominis delatio* ». Le Préteur devait sans doute mettre à profit le délai qui séparait à l'origine (5) ces deux opérations qui se confondirent bientôt en
un seul et même acte (6), pour examiner si les conditions
requises pour rendre possible l'exercice du droit d'accusation étaient remplies. Celui qui voulait intenter les poursuites était-il capable ? Le prévenu pouvait-il être accusé ?
Quelles étaient la nature et les circonstances du crime ?
Voilà tout autant de points qui devaient appeler l'attention
du magistrat. En outre, plusieurs accusateurs pouvaient se
présenter pour suivre la même affaire. Ce concours donnait
lieu, suivant l'expression de M. Laboulaye, à un procès
singulier se déroulant devant la même « *Quæstio* » et aussi,
sans que cela fut pourtant nécessaire, devant les mêmes
juges (7), mais insermentés « *injurati* », qui devaient juger

(1) Sénèque, *Controv.*, livre IV.
(2) *Lex Servil.*, cap. 8 : « *Nomen ejus deferto, si dejuraverit calom-
« niæ causa non postulare.* »
(3) Cicér.. *Ad famil.*, VIII, 8.
(4) *Valère-Maxime*, livre V.
(5) Cicéron, *Ad famil.*, VIII, 6 : « *Inter postulationem et nominis delationem uxor a Dolabella discessit.* »
(6) Frag. 3, D. XLVIII, II. (*De acc. et insc.*).
(7) Cicéron, *In verrem*, I, 6 : « *Quo in numero e vobis plures fue-
runt.* »

l'affaire principale. Il avait pour but de choisir celui qui, seul, devait figurer en nom dans le « *judicium publicum* », et se nommait « *divinatio* » parce qu'il s'agissait, d'après Aulu-Gelle (1), de deviner en quelque sorte à qui resterait le titre d'accusateur. Asconius (2) donne de ce mot plusieurs explications différentes qui n'infirment pas toutefois celle qui précède : « Divinatio dicitur hæc oratio quia non de facto « quæritur... sed de futuro, quæ est divinatio, uter debeat « accusare. Alii ideo putant divinationem dici, quod inju- « rati judices in hâc causa sedeant et quod velint præsen- « tire de utroque possint, alii quod res agatur sine testi- « bus, et sine tabulis, et his remotis argumenta sola « sequantur judices, et quasi divinent. » Quel que soit le sens précis de ce mot, le résultat de la procédure ainsi appelée, dont Cicéron, dans son discours contre Cæcilius, soupçonné de connivence avec Verrès, nous a laissé un éloquent exemple, était la désignation parmi ceux qui se présen- taient pour mettre en jeu l'action publique, de celui qui en était le plus digne, et, en tant que cette qualité était compatible avec la première, de celui qui avait un intérêt réel à le faire. « Si plurer existant, dit Ulpien, qui eum in « publicis judiciis accusare volunt : judex eligere debet « eum, qui accuset causa scilicet cognita, estimatis accu- « satorum personis, vel de dignitate, vel ex eo quod inte- « rest, vel, ætate, vel moribus, vel alia justa causa (3). » Lorsque l'accusateur était choisi parmi les prétendants à ce titre, les autres lui étaient adjoints sous le nom de « *subs- criptores* ». Ils avaient pour mission de soutenir l'accusa- tion par les mêmes moyens que l'accusateur principal dont ils étaient en quelque sorte les doublures. Ils devaient, en outre, le surveiller et s'opposer à toute collision de sa part avec l'accusé. On les nommait quelquefois « *custo- des* (4) », à cause précisément de cette dernière obligation.

(1) Aulu-Gelle, II, 2.
(2) Ps. Asconius, *In Cicér. divin. Orell.*, p. 99.
(3) Frag. 16, D. XLVIII, II. (*De acc. et insc.*).
(4) Cicér., *Divin.*, 16 : « *Custodem inquit. C. (Cæcilius) Tullio me apponite.* » Ps. Asconius, h. l.

Lorsque ces difficultés préliminaires étaient tranchées, au jour indiqué, les parties se présentaient de nouveau devant le Préteur, et on procédait à la « *nominis delatio* ». L'accusateur révélait le nom de l'accusé, dénonçait le crime et désignait la loi en vertu de laquelle il exerçait les poursuites. Si le prévenu était présent, cela se passait sous la forme d'une altercation qui prenait le nom d' « *interrogatio* » et avait pour but de poser les questions sur lesquelles devait rouler le procès. D'après Sigonius, cette « *accusationis denunciatio* » ou « *interrogatio* » (car ces expressions sont synonymes), jouait, dans les jugements criminels, le même rôle que l' « *intentio in jure* » dans les instances civiles, et très probablement les formes observées devaient être les mêmes. Elle constituait donc une formalité nécessaire de laquelle résultait la « *litis contestatio* (1) ». Celui qui était cité, et avait promis le « *vadimonium* » ou garantie de comparution, s'adressait à l'accusateur et lui disait : « Ecce me, sisto me, et tu, siste te, quid « ais (2) ? » et celui-ci répondait avec toute l'autorité de Cicéron poursuivant le concussionnaire Verrès : « Aio te « in prætura siculos spoliasse contra legem Corneliam at- « que eo nomine sestertium millies a te repeto. » Si l'accusé ne répondait rien, ou avouait, le procès était fait, nous dit Pothier, comme à un coupable convaincu : on procédait à une estimation judiciaire, où on réclamait une peine. S'il niait, au contraire, et ne pouvait parvenir à se disculper, celui qui « *reum faciebat* » et « *legibus interrogabat* » demandait au Préteur d'inscrire son nom parmi ceux des prévenus et se faisait accorder un délai pour procéder à l'instruction.

A cet instant, la partie de la procédure désignée sous le

(1) Cette opinion est presque unanimement admise par les auteurs, Voyez : *Ps. Asc., In verrem all.*, I, c. 2. Orell., p. 123. Schol., Bobb. *Interrogatio de ære alieno Milonis.* Orell., p. 312. Cicér., *Pro domo*, 39., 77, etc. M. Maynz (p. 42, note 25), prétend cependant qu'il n'en était pas ainsi. Il admet bien que l'accusé ne pouvait être jugé sans avoir été entendu, mais il soutient que son interrogatoire ne jouait pas le rôle important que nous lui attribuons.

(2) Sigonius, *De Judiciis*, tome II, p. 550. Tite-Live, liv. 44.

nom de « *nominis delatio* » était terminée, et l'on passait aux formalités écrites qui prenaient le nom « *d'inscriptio* » et de « *subscriptio* ». « *L'inscriptio* » n'était autre chose que le procès-verbal de l'audience dressé par les soins du préteur quand la procédure interlocutoire était close. Au même moment, assure Pothier, l'auteur des poursuites présentait un « *libelle* » contenant ce qu'il avait dit de vive voix, par lequel il se soumettait à la peine du Talion, s'il succombait dans son accusation. Cet acte annexé au procès-verbal du Magistrat devait être signé « *ne varietur* (1) » par l'accusateur principal « vel alius pro eo si litteras nes- « ciat » et par les « *subscriptores* » qui lui avaient été adjoints : c'était la « *subscriptio* ». Le jurisconsulte Paul (2) nous a laissé, en matière d'adultère, une formule de libelle et l'énoncé des formes solennelles dans lesquelles il devait être conçu. « Libellorum inscriptionis conceptio talis est, « dit-il : Consul et dies ; apud illum prætorem, vel procon- « sulem, Lucius Titius professus, est se Mœviam lege Julia « de adulteriis ream deferre ; quod dicat eam cum Gaio « Seio in civitate illa, domo illius, mense illo, consulibus « illis, adulterium commisisse. »

L'accomplissement régulier de ces formalités dans la confection du procès-verbal ou du libelle était d'une importance capitale, et influait grandement sur l'issue du procès qui s'engageait uniquement sur les faits qui y étaient ramenés. A tel point que, si le crime commis n'était pas le même que celui qui était visé dans le libelle, l'absolution s'imposait nécessairement, et on ne pouvait que recourir à une accusation nouvelle. Ce résultat était dû évidemment à l'organisation des « *Quæs- tiones perpetuæ* » institués pour juger un seul crime (3), et au mode de votation des juges qui ne pouvaient répondre que par oui ou par non aux difficultés qui leur étaient soumises. Dans ces conditions on conçoit que l'oubli d'une

(1) Laboulaye, *op. cit.*, p. 345.
(2) Paul, frag. 3, D. XLVIII, II. (*De acc. et insc.*).
(3) Laboulaye, p. 340, et Quintilien, *Inst. or.*, III, 10. 1. Cicér., *In divin.*, VIII, 8.

seule de ces règles entraînât la nullité de la procédure tout entière. « Quod si, dit le même jurisconsulte Paul au même « endroit, libelli inscriptionum legitime ordinati non fue- « rint, rei nomen aboletur; et ex integro repetendi reum « potestas fiet ». On pouvait cependant corriger son erreur tant que le libelle n'était pas encore annexé et souscrit. C'est dans ce sens, nous le pensons du moins, qu'il faut entendre le passage suivant, emprunté aux œuvres de Modestin : « Accusaturus adulterii, si quid circa inscriptionem « erraverit, *si tempora largiantur*, emendare non prohi- « betur, ne causa aboleatur (1) ».

Quand on avait régulièrement procédé à « *l'inscriptio* » et à la « *subscriptio* », le préteur jouissant d'un pouvoir analogue à celui qu'exerce chez nous la chambre du conseil (2), pouvait encore déclarer qu'il n'y avait pas lieu à suivre, et refuser d'inscrire le nom de l'accusé. « Nec La- « teranensi, prætor, postulante Pausania quo ea pecunia « pervenisset, nomen recipere voluit (3) ». Ce magistrat avait aussi à décider si certaines accusations, à cause de la gravité ou de l'atrocité du crime commis, au cas d'homicide et de violence par exemple, intentées par le prévenu (« *recriminans* ») contre son accusateur, ne devaient pas être jugées les premières. Il devait, en outre, exiger une caution des poursuivants, garantissant la vérité de leurs allégations et leur persistance jusqu'au jugement. Cette exigence fut maintenue dans le droit de l'Empire. Ulpien nous dit en effet au livre 7, *de officio proconsulis* (4) : « Ca- « vent itaque singuli quod crimen objiciant, et præterea « perseveraturos se in crimine usque ad sententiam. » Cette garantie était donnée sous la forme d'un « *fidejussor* », et si on faisait défaut après avoir satisfait à cette obligation, on encourait une peine extraordinaire, et on était condamné à tous les frais et dépens exposés (5).

---

(1) Frag. 35, D. XLVIII, V (*Ad legem Juliam de adult.*).
(2) Albert du Boys, *op. cit.*, p. 488, note 1.
(3) Cicér., *Epist.*, 8, 8.
(4) Frag. 7, D. XLVIII, II, *De acc. et insc.*
(5) Loi 3, c. IX, 1 (*De h. qui acc. n. poss.*).

Quand tout cela était fait, et bien fait, si le magistrat jugeait l'accusation fondée, il inscrivait le nom du prévenu sur « *l'album* » ou registre des criminels. Cette opération qui comportait une certaine solennité, portait le nom de « *nominis receptio* (1) ». A ce moment, l'accusé était constitué « *in reatu* » en prévention, la procédure de mise en mouvement de l'action publique accomplie « *in jure* » était close, et la juridiction de jugement était saisie. Il ne restait plus qu'à fixer le jour où devaient avoir lieu les débats devant les juges (« *in judicio* »). Aucun délai fixe ne séparait la « *nominis receptio* » de la comparution devant la « *Quæstio perpetua* ». Cela dépendait du temps nécessaire à l'accusateur pour réunir les preuves indispensables pour convaincre les juges. Cicéron demanda cent dix jours pour recueillir les éléments de son accusation contre Verrès (2). L'Etat n'étant pas partie dans les procès criminels, c'était à celui qui exerçait les poursuites, à faire toutes les démarches nécessaires pour en démontrer le bien fondé. Il était aidé d'ailleurs dans cette mission par une « *lex* » ou commission du préteur, qui lui donnait le pouvoir de contraindre les témoins, et d'obtenir les pièces qui lui paraissaient utiles. Cette « *lex* » édictait en effet une peine contre ceux qui auraient refusé d'obéir à ses prescriptions (3). Ce droit excessif de l'accusateur avait un correctif dans le contrôle que pouvait exercer le prévenu sur tous les actes de son adversaire (4). Cette faculté est pour nous une preuve que la détention préventive n'était pas ordinairement employée. On n'y avait recours que lorsqu'une nécessité grave faisait considérer par le préteur cette mesure comme indispensable. L'accusé pouvait donc toujours se soustraire par l'exil volontaire à la peine qui le menaçait ; mais cette absence ne le mettait pas toujours, ainsi que

(1) Cicéron, *In Verrem*, II, 38. IV, 19. Frag. 12, § 1, D. XLVIII, II. (*De acc. et insc.*). Frag. 2, § 2, XLVIII, III, D. (*De Custodia reor.*) Quintilien, V, 13, 3, etc.

(2) Tacite, *Annales*, XIII, 43.

(3) Cicér., *In Verrem*, I, 2, 3. IV, 66. II, 26, V, 70.

(4) Plutarque, *Caton d'Utique*, c. 33. Filangieri, *Scienza della legislazione*, III, 2.

nous l'avons vu, à l'abri d'une condamnation. Il ne pouvait compter non plus sur l'intervention d'un Tribun complaisant pour échapper aux conséquences de l'accusation intentée contre lui. Le chapitre XXII de la loi « *(Acilia) repetundarum* (1) », disait que l'intercession d'un magistrat ne pouvait empêcher le cours d'une « *Quæstio repetundarum* ». Cette règle dut s'étendre aux autres commissions permanentes et les exemples de pareils errements étaient trop rares et trop mal vus pour inspirer une confiance quelconque à un accusé (2).

Le jour arrivé, où le procès devait venir devant les juges, on faisait l'appel des parties. On procédait ensuite au tirage au sort des citoyens qui devaient siéger dans l'affaire et prêtaient le serment exigé par la loi. Les parties elles-mêmes ou avec l'assistance de leurs avocats développaient leurs moyens, présentaient les preuves et faisaient entendre les témoins. Puis, quand les orateurs avaient terminé et prononcé le sacramentel « *dixi* », les juges se retiraient pour délibérer et émettre leur vote de condamnation, de relaxe ou de plus ample informé. Nous n'insistons pas : ceci n'est plus notre sujet ; disons cependant que les décisions d'une « *Quæstio perpetua* » n'étaient pas susceptibles d'appel devant le peuple. Un décret des comices pouvait seulement « *restituere in integrum* » le condamné.

2° Mesures prises pour assurer l'exercice équitable et régulier du Droit de mettre l'action publique en mouvement.

Ces mesures peuvent se diviser en deux groupes bien distincts. Les unes ont pour but de prévenir et punir l'abandon d'une accusation introduite ; les autres, au contraire, de châtier sévèrement les accusateurs téméraires qui poursuivant l'instance jusqu'au jugement n'ont pu prouver la vérité de leurs allégations. C'est dans cet ordre que nous nous proposons d'en faire l'examen.

(1) *Loi Acilia*, caput, 22, liv. 10.
(2) Cicér., *In ratinium*, 14.

A) — *Mesures prises pendant l'instance à l'égard d'une accusation introduite.* — « Accusatorum temeritas, tribus « modis detegitur et tribus pænis subjicitur, nous dit Mar- « cien (1), aut calumniantur, aut prævaricantur, aut tergi- « versantur. » Nous parlerons de la calomnie quand nous étudierons plus loin les peines établies contre ceux qui suc- combent dans leurs accusations; nous réservons ici toute notre at'ention à la tergiversation et à la prévarication.

On peut se rendre coupable de tergiversation de trois manières : 1° par un désistement pur et simple que la loi punit, s'il n'est motivé et accompli dans des formes solen- nelles : « Si quis autem ab accusatione citra abolitionem « destiterit, punitur (2) »; 2° En transigeant frauduleuse- ment avec l'accusé, ce qui est encore un mode de désiste- ment défendu : « ab accusatione destitit qui cum adversa- « rio suo de compositione ejus criminis, quo intendebat, « fuerit locutus (3) »; et 3° en laissant périmer l'instance, ce qui est un abandon indirect et déguisé que la loi prohibe également : « Destitisse videtur, qui intra præfinitum accu- « sationis a præside tempus reum suum non peregit (4) ». Quant à la peine de la prévarication, elle est encourue lorsque tout en poursuivant l'accusation jusqu'à la sentence on collude avec l'accusé pour faciliter sa défense : « Præ- « varicatorem eum esse intendimus, nous apprend encore « Marcien, qui colludit cum reis : et translatitio munere « accusandi defungitur : eo quod proprias quidem probatio- « nes dissimularet, falsas vero [rei] excusationes admitte- « ret (5). »

Occupons-nous d'abord *de la Tergiversation.*

Bien que, suivant l'expression de Filangieri (6), « pen- « dant toute la durée de la république et dans les beaux

---

(1) Frag. 1, pr. D. XLVIII, XVI (*Ad S.-C. Turpillianum*).
(2) Frag. 1 § 7. XLVIII, XVI. (*Ad S.-C. Turpillianum*).
(3) Frag., 6, pr. *ibib.*
(4) Frag. 6, § 2, *ibid.*
(5) Frag. § 6, *ibid.* Frag. 1, pr. et § 1. XLVII, XV. (*De Præraric.*).
(6) Filangieri, *op. cit.*, livre III, chap. 2.

« jours de l'empire, le Romain qui formait une accusation
« devait promettre de ne point la retirer avant que le juge
« eut rendu sa sentence, » il est probable que *le désistement pur et simple, qui est le premier des modes de tergiverser* « *tergiversari* » que nous venons d'établir, ne fut
pas prohibé à l'époque où les jugements populaires étaient
le droit commun en matière criminelle. Nous avons indiqué en étudiant cette période les motifs de cette affirmation : il serait superflu d'y revenir. Il faut en conclure que
la question de savoir si à ce moment ce désistement était
possible en tout état de cause, ou seulement avant la « *litis
contestatio* » est oiseuse. Nous estimons en conséquence
que ces paroles d'Ayrault, disant : « Il est certain qu'à
« Rome, soit avant soit après le S. C. Turpillien, jusqu'à la
« contestation et action, qui s'appelait proprement accusa-
« tion, on était libre de se désister. Mais après, *soit que le
« S. C. ait repris cela de l'antiquité* ou qu'il l'ait nouvelle-
« ment introduit, l'accusateur ne le pouvait sans infamie,
« sinon qu'il le fit avec les formalités et solennités requises,
« c'est-à-dire avec connaissance de cause », ne se rapportent qu'à l'époque ou les progrès du droit amenèrent l'établissement des tribunaux permanents. L'exposé de la procédure suivie à l'origine devant ces juridictions, nous a
appris que l'accusateur devait promettre « in jure », en
souscrivant son libellé de poursuivre l'accusation jusqu'au
bout. Cette formalité avait pour but de prévenir les accusations téméraires. « Si cui crimen objiciatur, præcedere
« debet in crimen subscriptio ; quæ res ad id inventa est,
« ne facile quis prosiliat ad accusationem, cum sciat inul-
« tam sibi accusationem non futuram. Cavent itaque singuli,
« quod crimen objiciant, *et præterea perseveraturos se in
« crimine usque ad sententiam* (1). » Nous avons vu aussi
que la peine du talion et l'infamie étaient le châtiment de
la calomnie et de la prévarication (2). Mais rien ne nous démontre que le désistement pur et simple fût puni des mêmes
peines. Il est probable cependant que cela eut lieu. A quoi

(1) Frag. 7, pr. et § 1, D. XLVIII, II. (*De acc. et insc.*).
(2) Frag. 1 D. III, II (*De h. qui not. inf.*).

bon, en effet, s'opposer à l'abandon d'une poursuite criminelle avant le jugement, si cette prohibition n'était pas
sanctionnée. Nous tirons un argument *à contrario* en faveur
de notre opinion, de ce fait que le désistement n'était possible que dans certaines circonstances et moyennant l'accomplissement de certaines formalités : c'est-à-dire la permission du Préteur « *pro tribunali* » qui n'était accordée
que si la demande qui en était faite était justement motivée
et l'accusé entendu. On doit décider, par conséquent, que
toutes les fois que l'abandon de la cause n'était pas entouré
de ces garanties, son auteur devait encourir les pénalités
signalées plus haut.

Durant une partie de la période impériale on se départit
de ces rigueurs. Mais la réaction se produisit bientôt, et
déjà sous Néron le S.-C. Turpillien intervint. Non seulement
l'accusateur dut promettre de ne pas se désister, mais il
dut fournir des « *fidejussores...* » « fidejussores de oxer-
« cenda lite praestito (1) » et quelquefois même dans les
affaires capitales graves se constituer prisonnier (2). Les
peines du désistement illégal furent alors l'infamie et une
amende extraordinaire de cinq livres d'or au profit du fisc;
elles étaient encourues, qu'il se produisit avant la « *litis
contestatio* » ou après, et même en cause d'Appel (3). Cette
peine pécuniaire de ce premier mode de tergiversation
tomba en désuétude, et fut abandonnée bientôt à l'arbitraire des juges, grâce à l'introduction du système des
« *cognitiones extraordinariæ* » dont nous parlerons au
chapitre suivant, mais le principe fut maintenu.

Remarquons que les pénalités édictées contre le « *tergi-
versator* » ou « *desertor* » n'empêchaient pas l'effet juridique de l'abandon du procès de se produire. L'extinction de
l'action criminelle en était la conséquence. C'était encore
là un des nombreux inconvénients du système accusatoire.

---

(1) Loi 1, c. IX, XLV (*Ad S.-C. Turpill.* Loi 3, c. *De h. qui acc. non
pot.*), IX, 1.
(2) Loi 2, c. IX, III (*De exhib. reis*). Loi 17, c. IX, II (*De acc. et insc.*).
(3) Frag. 31, § 6, XLVIII, V, *Ad leg. Jul. de adult.*, et 1, D. § 14,
XLVIII, XVI (*Ad S.-C. Turpill.*).

Certains événements, avons-nous dit, justifiaient la tergiversation et mettaient son auteur à l'abri des rigueurs de la loi : ces événements n'étaient autres que les divers modes d'abolitions.

Suivant la définition de Cujas, plus complète que celle de Voët, « l'abolition est la délivrance de l'accusation pour « l'accusé, ou bien la permission pour l'accusateur d'abandonner son accusation ». Elle peut être publique, privée ou légale. *L'abolition publique* est le pardon public ou général accordé à la suite d'un événement important, ou pour fêter un anniversaire glorieux (1). Les noms des accusés sont effacés de l'album. Elle dispense l'accusateur de continuer les poursuites sans s'exposer à une peine. Elle n'a pas toutefois le caractère d'une amnistie : c'est une simple suspension de l'accusation. Celle-ci peut être reprise en effet dans les trente jours utiles qui suivent les faits qui ont provoqué l'abolition, sans qu'on puisse lui opposer les prescriptions qui ne l'ont pas été avant (2). Le bénéfice d'une abolition publique ne s'étend pas aux esclaves, aux faussaires, aux calomniateurs, ni aux criminels non encore poursuivis au moment où elle était accordée. Elle remettait la peine, mais n'effaçait pas l'infamie qui s'attache naturellement au crime, bien au contraire : « Indulgentia... « quos liberat notat ; nec infamiam criminis tollit, sed pœnœ gratiam facit (3). » *L'abolition privée* était celle qu'accordait, sur la demande de l'accusateur, le magistrat, en personne, devant son tribunal et en connaissance de cause : « Abolitio privatim a prœsidibus postulari ac impetrari de- « bet : Item pro tribunali non de plano. Nec præsens hanc « cognitionem alteri demandare potest (4). » Elle n'est possible que sur la preuve d'une erreur excusable, et est toujours refusée quand elle a pour but de favoriser l'accusé (5). Celui qui exerce les poursuites, a 30 jours pour la deman-

(1) Frag. 8 et 9, D. XLVIII, XVI, *Ad S.-C. Turpill.*
(2) Frag. 10, § 2, et frag. 7, *ibid.*
(3) Loi 3, c. IX, XLIII (*De gen. abol.*).
(4) Frag. 1, § 8, D. XLVIII, XVI (*Ad S.-C. Turpill.*).
(5) Loi 2, c. IX, XLII (*De abolit.*).

dor, à partir du moment où l'accusé est placé sous la main
de la justice, et si les choses sont encore entières, il peut se
passer du consentement de l'adversaire. Mais si ce dernier
ou les témoins, après ce délai et aussi pendant ce délai,
ont été mis à la torture, l'assentiment du prévenu devient
indispensable, et n'est même pas suffisant quand il s'agit
d'un crime extrêmement grave (1). Nous savons déjà qu'a-
près cette abolition, qui met l'accusateur à l'abri de toute
conséquence fâcheuse, l'accusation ne peut plus être reprise
par le même accusateur, et rarement par un autre; nous
renvoyons sur ce sujet, à ce que nous avons dit au paragraphe précédent. *L'abolition légale enfin* se produit de
plein droit, sans décret et sans demande. Elle est causée,
par exemple, par la mort de l'accusateur, un empêchement
indépendant de sa volonté et aussi par la mort de l'accusé,
si l'on n'est pas dans un des cas où le procès se fait à la
mémoire du coupable (2).

Une abolition n'est pas la seule excuse du désistement
pur et simple. Certaines personnes à l'abri d'une accusation de calomnie tels que les magistrats accusant d'office,
les femmes, les mineurs, les tuteurs dans l'intérêt de leurs
pupilles, n'encouraient pas les peines du Senatus consulto
Turpillien quand ils abandonnaient une accusation, pourvu
qu'ils ne se rendissent pas coupables de transaction.

On se rend coupable du *deuxième mode de Tergiversation* quand on renonce à l'accusation, à la suite d'un accord
avec l'accusé, aboutissant à une *transaction ou composition*. Cela était interdit dans les « *judicia publica* » et aussi
dans les « *judicia privata* » quand l'infamie qui est, suivant l'expression de Voët, « l'indemnité publique », résultait d'un délit privé (3). La peine d'un semblable compromis atteignait les deux parties, et n'était autre que la
notation d'infamie : « de criminibus propter infamiam nemo

<hr>

(1) Frag. 18, D. XLVIII, XVI (*Ad S.-C. Turpill.*). Loi 3, c. IX, XLII
(*De abolit.*)

(2) Frag. 15, § 5 et 10, pr. XLVIII, XVI (*Ad S.-C. Turpill.*), 13, § 1,
XLVIII, I (*De publ. Jud.*), et 3, § 4, XLVIII, II (*De acc. et insc.*).

(3) Frag. 6, § 3, 4, § 5 et 5, III, II (*De h. qui not. inf.*).

« cum adversario pacisci potest (1) ». Cujas va plus loin
et assure que la peine du talion était encourue par l'accusateur. Il se fonde sur la loi 10 au Code (ad legem Juliam
de adulteriis), qui assimile le tergiversateur au prévaricateur, et conclut de ce rapprochement que le même châtiment devait leur être réservé. Nous nous rallions à cette
manière de voir (2). Tergiverser par transaction était pourtant permis dans toute accusation qui avait pour résultat
la mort du coupable, sauf en matière d'adultère. « Tergiver-
« sari vel pacisci de crimine capitali, excepto adulterio, pro-
« hibitum non est, in aliis autem publicis criminibus quæ
« sanguinis pœnam non ingerunt, transigere non licet, ci-
« tra falsi accusationem (3). » Et Ulpien (4) nous en donne
la raison quand il dit : « Nam ignoscendum censuerunt ei qui
« sanguinem suum qualiter qualiter redemptum volet. » Doneau en conclut que pas plus que l'accusé l'accusateur en transigeant sur une poursuite criminelle entrainant la peine de
mort n'était passible des peines du Senatus Consulte Turpillien. Il serait absurde en effet de permettre au prévenu de
chercher à sauver sa vie, s'il était défendu sous des peines
très sévères, à celui qui l'accuse de lui en faciliter les
moyens.

C'est en laissant périmer l'instance qu'indirectement et
d'une façon détournée était commise *la troisième et dernière manière de tergiverser*. On devait sous Auguste
poursuivre un procès criminel jusqu'à la sentence inclusi-
vement, dans le délai d'un an. Si cette condition n'était pas
remplie, l'accusateur d'une condition élevée était noté d'infamie et le quart de ses biens étaient confisqués. Celui qui
était d'une condition infime était puni de la rélégation. Ces
dispositions furent longtemps observées, puisque l'empereur Théodose les confirma (5), en permettant aux parties

<hr>

(1) Paul, *Sentences,* liv. I, tit. 1, § 7.
(2) Nous pensons, toutefois, qu'il n'était pas nécessaire, pour arriver à
ce résultat, de torturer le texte de la loi et de mettre « rei *fugientis* » à la
place de « *defugientis.* »
(3) Loi 18, c. II, III (*De transactionibus*).
(4) Frag. 1. D. XLVIII, XXI (*De bonis eorum qui ante sentent.*).
(5) Lois 1 et 2, c. IX, XLIV (*Ut intra certum tempus*).

autorisées du juge, et pour de justes motifs, de reculer ce terme fatal. Justinien (1) accorde deux ans à l'accusateur, et ajoute que le temps de la prescription court à partir de la « litis contestatio ». Il s'agit bien ici en effet d'une véritable prescription, quoiqu'on ait voulu soutenir, en se fondant sur la loi 9 au Code (VII, XXXIX. *De præscr. XXX vel XL annorum*) que l'instance seule était périmée, et que l'action publique n'était éteinte qu'au bout de quarante ans. Nous pensons avec Cujas et Voët que ces longues prescriptions ne s'appliquent qu'aux actions civiles et que les termes de la constitution de Justinien sont trop formels pour faire admettre une semblable opinion : « Criminales causas « y est-il dit, *unimodo* intra duos annos... finiri cense- « mus, » et plus loin.. « post biennii excessum, minime ulte- « rius lite durante, *accusatum absolvi*. » Il suffit de lire pour se convaincre que Justinien n'a modifié le droit ancien qu'en ce qui concerne le temps nécessaire pour que la prescription s'accomplisse.

Les explications qu'il nous reste à fournir sur la *prévarication*, nous retiendront moins longtemps que les divers modes de se désister que nous venons d'examiner.

Nous savons déjà, en effet, quelle est la collusion de l'accusateur avec l'accusé, le premier sans abandonner la poursuite affaiblissant ses moyens de preuves, et acceptant les fausses allégations du second. Le nom de *« prevaricator »*, en droit, ne s'applique, dit Ulpien, qu'à celui qui intente une accusation publique : « Is autem prævaricator « proprie dicitur, qui publico judicio accusaverit (2). » Prévariquer, c'était donc trahir les intérêts de la société ; on s'explique ainsi la gravité des peines qui atteignaient cet acte : c'étaient encore l'infamie et le talion (3). Cependant, quand la prévarication était moins grave, son auteur était simplement noté d'infamie (4). L'accusation pouvait être reprise contre un accusé absous par prévarication,

(1) Loi 3, c. *ibid.*
(2) Frag. 1, D., § 1, XLVII, XV (*De prævaric.*).
(3) Frag. 6, *ibid.*
(4) Frag. 4, *ibid.*, et 10, D., III, II (*De his qui not. inf.*).

mais il fallait, avant, que cette dernière fût établie et châ-
tiée. C'est le jurisconsulte Macer qui l'affirme (1). Il ajoute,
détail curieux, que l'avocat prévaricateur ne peut être l'objet d'un « *judicium publicum* ». Il n'est pas un accusateur
et par conséquent l'acte qu'il commet ne tombe pas sous le
coup des lois que nous venons de rapporter.

B) *Peines établies contre ceux qui succombent dans leurs
accusations.* — Les mesures que nous venons de passer en
revue avaient un double but. On voulait, par leur moyen,
garantir les citoyens contre les accusations téméraires et
mal fondées. On espérait, en obligeant l'accusateur à per-
sévérer jusqu'au jugement et en l'empêchant, sous des peines très sévères, de se soustraire aux conséquences de sa
légèreté, ne laisser s'engager que des poursuites sérieuses
et ayant chance d'aboutir à la preuve de la culpabilité et
au châtiment de l'accusé. Grâce à elles encore, on protégeait la société contre un danger redoutable : l'impunité,
que la négligence ou la vénalité des accusateurs n'aurait
pas manqué d'assurer à bon nombre de coupables, si on
n'y avait pris garde. Les peines qui font l'objet de cette
division n'avaient au contraire qu'un objet : s'opposer à ce
que le droit public d'accuser devint le prétexte, à l'abri
duquel pourraient impunément s'exercer la haine et la calomnie.

Car il ne faudrait pas se laisser induire en erreur par
notre titre; ce n'étaient pas, en effet, tous ceux qui suc-
combaient dans leur accusation qui étaient punis, mais
seulement ceux qui avaient calomnié. L'intention mauvaise,
qui est un élément essentiel de la calomnie, était seule réprimée, et non l'insuccès causé par une erreur excusable (2). L'accusateur, nous le savons, se soumettait au
même châtiment qu'il réclamait contre l'accusé. Il s'écriait
en remettant son libellé : C'est moi qui me présente comme
ton adversaire au nom des intérêts publics; si je t'ai in-

(1) Frag. 3, D. XLVII, XV (*De prævaric.*).
(2) Frag. 1, § 3, D. XLVIII, XVI (*Ad S.-C. Turpillianum*).

justement attaqué et que je sorte vaincu du procès, je
m'engage à souffrir la même peine que je cherche à faire
prononcer contre toi, et je consens à être condamné à ta
place, et pour confirmer tout ceci, je le souscris, de ma propre main, promettant de l'appuyer encore par le témoignage de bonnes cautions (1). En conséquence de cet en-
gagement, si le préteur, après avoir prononcé la sentence
d'absolution, se retournant vers l'accusé, prononçait le mot
sacramentel : « *calumniatus es* », la peine de la calomnie
était encourue ; si, au contraire, il se bornait à lui dire :
« *non probasti* », il pardonnait à sa témérité en ne laissant
peser sur lui d'autre conséquence que celle de payer les
frais du procès (2). « Nam si quidem ita pronunciaverit
« (praetor), *non probasti*, pepercit ei. Sin autem pronuncia-
« verit, *calumniatus es*, condemnavit eum (3). »

La peine de la calomnie, comme celle de la tergiversation et de la prévarication, était encore le talion. Nous nous
souvenons d'avoir constaté l'existence de cette peine pour
le même crime dans le Droit égyptien et dans celui des
Hébreux. Rome, ayant admis aussi à l'origine la vengeance privée, qui se transforma en vengeance publique,
et en un système de compositions pécuniaires, ne pouvait
pas ne pas admettre le talion comme châtiment de ceux
qui attentent à la vie et à l'honneur de leurs concitoyens,
et s'efforcent d'obtenir contre eux une condamnation ne
reposant que sur de fausses allégations (4). En conséquence, la loi des XII Tables, le premier des documents législatifs connus en notre matière, le mentionne. A la peine
du talion vint aussi se joindre la notation d'infamie (5),
avec tout le cortège d'incapacités qu'elle entraine après
elle, et en particulier en ce qui concerne notre sujet, celle
d'accuser de nouveau : « Sed et calumnia notatis jus accu-

---

(1) Ce langage est traduit d'une vieille formule rapportée par Filangieri
op. cit., tome I, chapitre II), citant Brisson. (*Formules*, livre 5.)

(2) Argument tiré de la loi 3 au code IX, 1. (*De h. qui acc. non poss.*)

(3) Frag. 2, § 4, D. XLVIII, XVI. (*Ad S.-C. Turpillianum.*)

(4) Denys d'Halycarnasse (*Antiquités romaines, livre IV*) nous assure
qu'il en fut ainsi dès le début, à Rome et chez les autres peuples du Latium.

(5) Frag. 1, D. III, II. (*De his qui not. inf.*)

« sandi ademptum est (1). » Il semble, en outre, que, en
vertu d'une loi Memmia ou Rhemnia, assez ancienne, le
calomniateur convaincu devait subir la flétrissure de la
lettre K (la première du mot *Kalumniator*), imprimée au
fer rouge sur son front. Cette loi était-elle tombée en désuétude au temps de Cicéron ? Faut-il donner à ses paroles
un sens figuré quand il dit : « Si hos judices bene novi,
« litteram illam ita vehementer ad caput affligent, ut pos-
« tea neminem accusare possitis (2) ? » Nous serions assez
porté à le croire avec M. Maynz (3), tout en reconnaissant qu'il y a là une allusion à une pratique réelle disparue.
Mais le doute nait dans notre esprit, de ce que le frag. 1,
§ 2, au Digeste (ad S. C^{tum} Turpellcanum), rappelle les
dispositions de cette loi, et aussi parce qu'une constitution
de l'empereur Constantin (4), en ordonnant que la marque
qui doit flétrir les condamnés aux mines ne soit plus imprimée sur le visage, façonné à l'image de la beauté cé-
leste, mais sur une autre partie du corps, pourrait bien
nous amener à penser que l'infamie qui punissait les calomniateurs n'était pas seulement morale, mais laissait
encore son empreinte matérielle sur les traits du condamné.
La peine de la marque, d'ailleurs, a été assez longtemps
admise dans notre droit, pour qu'on ne puisse s'étonner
qu'elle le fût aussi dans le Droit romain du temps de Cicéron.

Quoiqu'il en soit, nous devons observer que ce système
de répression ne trouvait son application que dans les crimes publics. Dans les délits privés et les crimes poursuivis
« extraordinem, » la calomnie était frappée d'une peine
extraordinaire. « Et in privatis, et in extraordinariis cri-
« minibus, omnes calumniosi extra ordinem pro qualitate
« admissi plectuntur (5). »

Ces garanties, indispensables à la tranquillité publique,
sombrèrent sous le flot montant de la délation, mais ce ne

(1) Frag. 4, D. XLVIII, II. (*De acc. et insc*) et aussi frag. 0, *ibid.*
(2) Cicéron, *pro Roscio*, 19.
(3) Maynz, *op. cit.*, page 47, note 48.
(4) Loi 17, c. IX, XLVII (*De pœnis*).
(5) Frag. 3 et 7, § 1, D. XLVIII, XVI. (*Ad S.-C. Turpillianum.*)

fut que pour peu de temps. Le Senatus-Consulte Turpillien, dont nous venons d'analyser les dispositions qui se rapportent à la matière de la calomnie, les rétablit, et les lois qui furent édictées après lui ne firent que les confirmer en les aggravant. C'est ainsi que la peine du talion fut maintenue contre le calomniateur dans les « *judicia publica* (1)». La calomnie fut toujours déclarée inexcusable (2), alors même que son auteur essaierait de se couvrir en disant qu'il a voulu poursuivre un crime de lèse-majesté, ou défendre les intérêts du fisc. Le calomniateur est encore frappé, qu'il accuse pour son propre compte, ou pour celui d'autrui (3), et une loi Julia le condamne à payer à l'accusé le double de la valeur des esclaves qu'il a fait soumettre à la torture : « Dominus servorum per accusatoris « calumniam tortorum, adversus eum pœna dupli lege Julia « providetur (4). » Nous avons établi plus haut que l'accusation ne pouvait plus être reprise par l'accusateur après un jugement de relaxe (5). Il est évident que la raison de décider est bien plus forte quand il s'agit d'un calomniateur manifeste qui ne pouvait non plus, en aucune façon, invoquer le bénéfice d'une abolition, surtout après l'exhibition du prévenu.

Nous serons au bout de nos explications sur les peines encourues par ceux qui succombent dans leurs poursuites, quand nous aurons ajouté aux personnes qui sont à l'abri d'une accusation de calomnie, et que nous connaissons déjà : telles que les magistrats qui accusent d'office, les femmes, les pupilles et leurs tuteurs, dans leur intérêt l'énumération de ceux qui dans des cas particuliers et spécialement déterminés, ne peuvent être déclarés calomniateurs. Ce sont : 1° L'héritier que le testament oblige à pour-

(1) Lois 10 et 5, c. IX, XLVI (*De calomniatoribus*).
(2) Loi 9, *ibid.*
(3) Loi 8, *ibid.*
(4) Loi 6, *ibid.*
(5) Loi 9, *ibid.*

suivre le meurtre du testateur (1); 2° le fils qui cherche à
venger la mort de son père (2); 3° enfin, le père qui croit
atteindre, par son accusation, les assassins de sa fille (3).

(1) Loi 2, c. IX, XLVI. (*De calumniatoribus.*)
(2) Loi 4, *ibid.*
(3) Frag 14, D. XLVIII, 1. (*De publicis judiciis.*)

CHAPITRE III

PÉRIODE IMPÉRIALE

§ Ier. — *A qui appartient le droit de mettre l'action publique en mouvement ?*

La chute du gouvernement républicain n'entraîna pas immédiatement la supression des « *Quæstiones perpetuæ* » qui avaient rendu de très réels services à la cause du droit. Mais l'Empire dut chercher bientôt à s'emparer du « *merum imperium* » qui leur appartenait. Pour cela il usa d'un stratagème bien conforme aux traditions du droit romain, qui, loin de créer une institution de toutes pièces, avait coutume de procéder, en développant et généralisant une pratique exceptionnelle et déjà ancienne. Les procédures extraordinaires par lesquelles le peuple ou le Sénat jugeaient les crimes dont la connaissance n'avait pas été expressément déléguée aux *Quæstiones* se multiplièrent, et la compétence du Sénat tout entier dans la main du prince devint ordinaire en matière criminelle grave. Le pouvoir judiciaire des commissions permanentes devint dès lors peu important, et ces juridictions ne tardèrent pas à disparaitre. Quelques empereurs allèrent plus loin, et s'arrogèrent le droit de juger. « Nuls règnes, dit Montes-« quieu (1), n'étonnèrent plus l'univers par leurs injus-« tices. »

Mais dans ce qui précède, on ne s'était préoccupé que des crimes politiques, ou de droit commun d'une excessive gravité, et entr'autres du « *crimen majestatis* ». Les attentats de moindre importance restaient soumis au préteur

---

(1) Montesquieu, *Esprit des lois*, VI, 5.

seul survivant, après la suppression des « *quæstiones pcr-
pctuæ* » de l'ancien ordre judiciaire.

A partir du règne de Dioclétien une nouvelle organisation se fit jour. La plénitité de juridiction criminelle appartint au tribunal du préfet de la ville, qui fut secondé
par le préfet des gardes de nuit, ou « *Præfectus Vigilum* »
dont le droit de juger s'exerçait sur les crimes moins importants. Le conseil du prince n'eut plus dès lors qu'une
compétence exceptionnelle et resta seulement le juge d'appel des sentences rendues par les autres tribunaux. Il veil-
lait à l'application des lois et fixait la jurisprudence. Son autorité s'étendait, aussi bien sur les juridictions provinciales
présidées par les gouverneurs investis du « *jus gladii* » et
par les magistrats des villes ne possédant guère qu'un droit
de coercition, que sur celles de la métropole. Ainsi donc le
droit de juger était devenu un attribut du pouvoir impérial ;
il s'en fallut probablement de bien peu qu'il n'en fût de
même de celui d'éxercer les poursuites criminelles.

Plus heureux que les commissions permanentes dont la
création avait amené son complet épanouissement, le droit
d'accusation accordé en principe à tous les citoyens ne disparut pas avec elles. Il suffit de parcourir les textes des
titres *de accusationibus et inscriptionibus* au digeste et au
Code pour s'en convaincre. L'Empereur Constantin l'affirme
quand il dit dans une loi, à propos de l'adultère : « Crimen
inter publica quorum delatio in commune omnibus conce-
ditur (1). » Justinien lui-même nous révèle son existence
quand il définit les jugements publics de la manière suivante : « Publica autem dicta sunt quod cuivis ex populo
executio eorum plerumque datur (2). » En droit par conséquent, la faculté d'accuser fut toujours accordée au premier venu et cela jusqu'à la fin de l'Empire. Mais en fait,
il n'en fut pas de même. Le droit d'accusation cessa bientôt d'être considéré comme le plus beau des privilèges du
citoyen, et comme le plus noble attribut de la liberté, pour
devenir, au service du pouvoir, un instrument d'oppression

---

(1) Livre II au code Théodosien (*Ad legem Juliani de adulteriis*).
(2) Just. Inst., livre IV, titre XVIII, § 1. (*De Publicis, judiciis.*)

et de tyrannie. Le mépris qui s'attacha alors au nom d'accusateur fut tel, que bientôt personne ne voulut en remplir les fonctions, et qu'il fallut chercher à remplacer cette institution déchue par une autre mieux appropriée aux exigences d'une situation nouvelle. Quelles furent les causes qui amenèrent cet abandon d'une prérogative que se disputaient aux beaux jours de la République les Crassus et les Cicéron, et rendirent inutiles les dispositions législatives qui en règlementaient l'exercice ? Par quelles mesures sut-on éviter les inconvénients de cette désertion ? C'est là ce que nous allons nous efforcer de rechercher, renvoyant toutes les fois que cela sera nécessaire à l'étude que nous avons faite plus haut du droit d'accusation.

Nous avons vu que la législation avait entouré de garanties nombreuses l'exercice du droit d'accusation, et s'était efforcée d'en restreindre l'usage, toutes les fois qu'il s'agissait des intérêts particuliers. Incapacités, procédure compliquée, répression sévère et énergique de la tergiversation de la prévarication et de la calomnie, prohibition d'exercer plusieurs poursuites en même temps (1), défense d'accuser plusieurs fois un prévenu du même crime (2), preuve rendue plus difficile et par conséquent plus sérieuse (3) rien ne fut oublié pour mettre un frein, salutaire, il faut le reconnaitre, à ces accusations multipliées que les luttes politiques des derniers jours de la République avaient suscitées, et pour ramener la pacification dans les esprits.

En même temps que ces mesures étaient édictées, le caractère du droit d'accuser se modifia profondément, grâce au nouveau régime politique. Il ne fut plus regardé comme un moyen honnête de se pousser aux honneurs, et d'assurer la liberté de tous contre les entreprises de quelques-uns. Il devint une sorte de Ministère public confié encore aux particuliers, mais exercé au nom de l'Etat. La preuve nous en est fournie par une disposition législative relatée par

----

(1) Frag. 12, § 2, D. XLVIII, 11. (*De acc. et inscrip.*)
(2) Frag. 3, D, XLVII, IV. (*De prævaricatione.*)
(3) Frag. 10, D. XXXVIII, X. (*De gradibus et affinibus*) et 4, D. XXII, V. (*De testibus.*)

Papinien, permettant à un nouveau poursuivant de continuer l'œuvre utile à la société, commencée par un accusateur décédé (1). Cette faculté, qui n'est pas démentie par le jurisconsulte Paul (2), prétendant que la « *lex Julia de Vi* » prohibe une subrogation de ce genre, puisque cette loi est antérieure à l'époque où le « *Præses* » eut le pouvoir de l'autoriser, et de s'opposer ainsi à ce qu'un cas purement fortuit mette fin à la poursuite, indique bien la tendance de l'Etat à diriger l'accusation en vue de l'intérêt général. Cette tendance est encore accusée par la surveillance exercée sur les parties en cause. La loi « *Julia de Ambitu* » en effet, ne punissait-elle pas comme coupables du crime d'ambition, l'accusateur et l'accusé qui visitaient leur juge pour le solliciter à agir contrairement aux exigences de l'ordre public.

Ces dispositions, bonnes en soi, puisqu'elles avaient pour but de ramener le droit d'accusation à ses limites naturelles, et de l'enfermer dans une réglementation favorable aux intérêts de tous, dépassèrent ainsi que nous l'avons fait pressentir au chapitre précédent le but qu'on se proposait d'atteindre par leur moyen. Elles lui porteront les premiers coups, en éloignant de lui les hommes qu'on aurait voulu voir l'exercer. Ceux-ci n'accusèrent plus que quand ils eurent un intérêt personnel assez puissant pour les décider à le faire.

Les mesures que nous venons de rappeler n'avaient fait que rendre plus difficile l'exercice du droit qu'avait chacun de mettre l'action publique en mouvement; la délation le déshonora.

Par une contradiction bizarre, mais facilement explicable par les nécessités politiques, nous avons vu que toutes les entraves disparaissaient quand l'accusation était exercée dans l'intérêt du Prince, et pouvait servir son autorité, sa cupidité ou ses haines. Aucune incapacité ne subsistait quand il s'agissait de poursuivre un acte susceptible d'être qualifié crime de lèse-majesté. Le mineur et la femme, le « *famosus* » et l'homme de basse condition,

(1) Frag. 13, D. XLVIII, 1. (*De publicis judiciis.*)
(2) Frag. 3, D. § 4, XLVIII, II. (*De acc. et inscrip.*)

l'affranchi et l'esclave ne furent plus écartés, s'ils pouvaient justifier, par une incrimination de ce genre, l'usurpation du droit d'accuser. La qualité du prévenu devint indifférente. Le fils put trainer son père devant les tribunaux, l'esclave son maître et l'affranchi son patron : « Servi deferentes « audiuntur et quidem dominos suos, et liberti patro- « nos (1). » Ce fut un naufrage complet de toutes les règles protectrices : rien ne surnagea. Le mot « majestatis cri- « men excipimus », se reproduit comme un refrain à la fin d'un bon nombre de textes tendant à rassurer les honnêtes gens, et est sous-entendu dans les autres. La calomnie elle-même n'est plus réprimée ; la maxime de Sylla disant qu'il faut pardonner aux calomniateurs, fut appliquée dans la plus large mesure. Ajoutons encore que ces sortes d'accusations étaient encouragées par des récompenses pécuniaires et honorifiques. Les « *Quadruplatores* », réprouvés déjà par Cicéron, avaient fait école. Leurs successeurs prirent le nom de *délateurs*, et la loi « *Julia majestatis* » leur accorda le quart des biens des condamnés. « Tout, « dit Monsieur Laboulaye, fut calculé pour favoriser cette race maudite (2) ». Il serait aisé de faire un lugubre tableau de cette époque à propos de laquelle Montesquieu (3) a pu écrire ces énergiques paroles : « Quiconque avait bien « des vices et bien des talents, une âme bien basse et un « esprit ambitieux, cherchait un criminel dont la condam- « nation pût plaire au Prince. C'était la voie pour aller aux « honneurs et à la fortune... » Mais cela serait sans utilité pour nous. Nous préférons, d'ailleurs, laisser ce soin à Tacite dont les sombres peintures ne pourraient que perdre à notre traduction. Qu'il nous suffise de dire que nul n'était à l'abri des criminelles tentatives des délateurs, et que la vie des meilleurs citoyens s'écoulait dans l'angoisse et la terreur ; Pline ne dit-il pas en effet à l'empereur Trajan :

---

(1) Frag. 7, § 2, D. XLVIII, IV. (*Ad legem Juliam majestatis.*)
(2) Laboulaye, *op. cit.*, page 435, *in fine.* Voir aussi Tacite, *Annales* IV, 20, 30; II, 32, etc.
(3) Montesquieu, *Esprit des lois*, livre 6, chap. 8.

« Vixisti nobiscum, periclitatus es, timuisti, quæ tunc erat
« innocèntium vita (1). »

L'excès de ces maux était tel, que, lorsque l'empereur
Trajan prit des mesures énergiques pour enrayer ce fléau
qui désolait depuis plus d'un siècle la société romaine, cela
lui valut le surnom glorieux de *délices du genre humain.*
On put enfin respirer librement. La répression des délateurs est chantée comme une délivrance : « Hujus tu me-
« tum penitus sustulisti,... « s'écrie Pline dans son panégy-
rique de l'Empereur Trajan », reddita est amicis fides,
« liberis pietas, obsquium servis... omnes accusatore do-
« mestico liberasti (2). » Des lois sévères furent à plusieurs
reprises édictées contre les délateurs; elles sont insérées
au Code de Justinien sous le titre : « *de delatoribus* ». C'est
pour eux surtout que fut établie l'obligation de se soumettre aux mêmes mesures de précaution que l'accusé, et de
s'exposer comme lui à la prison préventive (3); le tout
sans préjudice des formalités protectrices dont l'observation était imposée aux accusateurs honnêtes par le Senatus-Consulte Turpillien et les autres lois dont nous avons
étudié les dispositions, et dont ils avaient si longtemps
éludé les obligations.

« Toutefois, et malgré ces punitions exemplaires, dit
« M. Laboulaye, le droit d'accusation avait été trop dé-
« gradé et trop souillé, pour que des mains pures se servis-
« sent de cette arme déshonorée (4). » Quand le gouvernement redevint régulier, personne ne voulut consentir à
se porter volontairement accusateur. Il fallut la volonté du
Sénat ou du Prince, une désignation d'office, et souvent la
menace de la peine de mort, pour décider un citoyen à remplir ce ministère de défense sociale. Ce fut toujours sur
les ordres formels de l'Empereur ou du Sénat que Pline ou

(1) Pline, panégyr. 44.
(2) Pline, *ibid.*, 42.
(3) Loi 8 au code Théod. *de accusatoribus,* et loi 10 *ibid. de accusationibus.*
(4) Laboulaye, *op. cit.*, p. 437.

Tacite, ils nous l'apprennent eux-mêmes (1), se firent les vengeurs de l'ordre public en matière de concussion. La révolution juridique, on le voit, est complète. L'accusateur volontaire repoussé, rebuté par le mépris public qui s'attache à ce nom, encore plus que par les entraves apportées à l'exercice de la fonction, s'efface et disparaît.

Préparé à ce nouveau rôle par la délation qui avait placé l'accusation dans sa main, en mettant l'accusateur à sa dévotion, le Prince, qui représente la nation, va s'emparer de la seule fonction judiciaire qui ne lui appartenait pas encore : la recherche des criminels. C'est en son nom que seront désormais, en fait, exercées les poursuites. Si quelquefois encore, nous voyons un particulier mettre l'action publique en mouvement, c'est que cette tâche lui sera imposée par la société, et il ne l'accomplira que sous la surveillance et très probablement sous la responsabilité de ses représentants.

Lancé sur cette voie, on ne pouvait s'arrêter à moitié de la route; il fallait aller jusqu'au bout. Les désignations d'accusateurs d'office étaient un moyen absolument impuissant à suffire aux exigences de la répression. On dut éluder sinon détruire le principe qui s'opposait à ce qu'une poursuite fût exercée sans accusateur, les paroles suivantes du Jurisconsulte Ulpien en font foi : « Si quis accusatorem « non habeat, non debeat honoribus prohiberi, quemad- « modum non debet, is cujus accusator destiterit (2). » Comme conséquence de cette maxime nouvelle, il devint d'usage d'arrêter les criminels sans formalités préliminaires. Paul (3) témoigne de l'existence à son époque de cette pratique; il ajoute seulement que cette façon de procéder obligeait à plus de ménagements dans l'instruction de l'affaire. Mais ce droit pour les magistrats d'arrêter les malfaiteurs avant toute espèce de procédure ne resta pas longtemps une simple faculté; il devint bientôt une obligation.

(1) Tacite, annales IV, 19, XV, 21, 35 Histoire IV, 42, Agricola, c. 4, Pline, épitre VI, 39,81, II, III, 4, etc...
(2) Frag. 6, §2, D. L, IV. (*De muneribus et honoribus.*)
(3) Frag. 22, D. XLVIII, XVIII. (*De questionibus.*)

C'est encore Ulpien qui l'affirme. « Congruit bono et gravi
« præsidi curare ut pacata atque quieta provincia sit; quod
« non difficile obtinebit, si sollicite agat, ut malis homini-
« bus provincia careat, eosque conquirat ; nam et sacrile-
« gos, latrones, plagiarios, fúres conquirere debet, et prout
« quisque deliquerit, in eum animadvertere (1). » Cette poursuite d'office des criminels, débarrassée des formalités et
des entraves de l'accusation est encore constatée par Gordien : « Ea quidem quæ per officium præsidibus denuncian-
« tur, et citra solemnia accusationum posse perpendi, inco-
« gnitum non est (2). » Nous rencontrons une constatation
semblable dans une loi de l'Empereur Constantin que nous
croyons utile de rapporter encore : « In quacumque causa
« reo adhibito, sive accusator extat, sive eum publicæ sol-
« licitudinis curà perduxerit, statim debet quæstio fieri, ut
« noxius puniatur, innocens absolvatur (3). »

Il est impossible de ne pas voir dans ces textes que le
germe de l'idée du ministère public était bien près d'é-
clore. C'était l'opinion de Duaren (4), quand il affirme
qu'à Rome il y avait deux moyens pour provoquer la garde
des accusés : « Vel accusatore, libellum inscriptionis dante
« et subscribente, dit-il, vel nuntiatore crimen magistra-
« tibus denuntiante, confecto elogio vel notario, quam in-
« formationem vocamus cui posteriori majis accedit praxis
« Franciæ. » Sans doute, le pouvoir du magistrat de
poursuivre d'office n'était qu'une sorte de droit bâtard se
confondant avec celui de juger qu'il devait à la toute-puissance de l'empereur. Ce droit se complétait cependant par
la création de certaines magistratures inférieures, dont
les titulaires portaient le nom de « *curiosi,* » de « *statio-*

(1) Frag. 13, 3, D. 1, XVIII, *d'officio præsidis*, frag. 4, § 2, D. XLVIII,
XIII. (*Ad leg. Juliam peculatus.*)
(2) Loi 7, c. IX, II (*De acc. et inscrip*).
(3) Loi 1, c. IX, IV (*De custodia reorum*).
(4) *Duaren : in titulo de custodia reorum*, cap. 1, p. 825. Cette manière
de voir est confirmée par un grand nombre d'auteurs. Voir Jousse:
Explications préliminaires sur le tit. 3 de l'ordonnance de 1671 ; Faustin
Hélie, *op. cit.*, p. 80; Criolet, de l'autorité de la chose jugée, p. 197 ; Becol,
organisation de la justice répressive, p. 105 ; Laboulaye, *op. cit.*, p. 418.

narii, » d' « *Irenarchœ,* » ou de « *nunciatores,* » et dont
les fonctions se rapprochent beaucoup de celles de notre
Ministère public. Ces fonctionnaires n'étaient pas de véritables accusateurs, mais ils étaient les auxiliaires de
l'accusateur public. C'étaient de véritables officiers de
police judiciaire, chargés de rechercher et dénoncer (1)
les crimes et délits au magistrat qui devait à la fois accuser
et juger.

Il ne restait plus, on le voit, qu'un bien léger effort à
faire pour arriver à la notion exacte du Ministère public,
pour transformer ces agents, en faire les organes de l'accusation, et laisser au « *Præses,* » ou gouverneur, les
seules fonctions de juge. Le Bas-Empire n'eut pas le temps
ou l'énergie de le faire. Néanmoins, tous ces germes que
nous venons de constater ne furent pas perdus. Ils furent
précieusement recueillis par le droit canonique, après la
dissolution de l'Empire romain, et facilitèrent très certainement l'éclosion du Ministère public dans nos modernes
législations.

§ II. — *Procédure de cette mise en mouvement.*

La procédure d'accusation, telle que nous l'avons exposée à la fin du chapitre précédent, dut, on le pense bien,
ressentir le contre-coup des événements politiques qui amenèrent l'institution des nouvelles juridictions criminelles.
Ses destinées furent les mêmes que celles du droit d'accuser
accordé aux citoyens. A mesure que celui-ci perdait de son
importance, celle-là allait se simplifiant davantage. Lorsque l'Etat accentua sa main mise sur l'accusation en poursuivant d'office, sans accusateur, par l'intermédiaire de
ses représentants, les crimes que lui signalaient la commune renommée, la clameur populaire, ou la société, tenues comme demanderesses, il ne resta plus des formalités
protectrices édictées jadis et devenues inutiles, que ce qui

(1) Voir au code livre X, tit. LXXV (*De Irenarchis*), et XII, XXIII (de
curiosis et stationnariis).

était strictement nécessaire pour maintenir ces fonctionnaires dans l'exercice équitable et régulier de leurs redoutables fonctions. Tandis que l'édifice de la procédure accusatoire tombait ainsi lentement en ruines, un système nouveau s'élevait à sa place, grandissait rapidement, et finissait par le remplacer; nous voulons parler de la procédure inquisitoire. Mais, qu'on le remarque bien, cela eut lieu, en quelque sorte, sous la poussée des événements, et de même que le pouvoir d'accuser ne fut jamais enlevé en droit aux particuliers, de même les règles de la procédure d'accusation ne furent jamais l'objet d'une abrogation directe. Les deux systèmes vécurent longtemps côte à côte, et ce n'est que peu à peu que la procédure par inquisition prit le pas sur l'autre, et finit par l'annihiler tout en lui empruntant quelques-unes de ses formalités.

De ces observations préliminaires, il résulte que nous devons, pour connaitre les formes de la mise en mouvement de l'action publique à l'époque impériale, nous borner à étudier, d'une part, les transformations successives subies par la procédure d'accusation suivie au cours du septième siècle de l'ère romaine, et, de l'autre, à indiquer les règles de la procédure d'inquisition.

Durant la survie des « *Quæstiones perpetuæ,* » et devant ces juridictions, les règles de la mise en mouvement de l'action publique durent rester telles que nous les avons vues avant l'établissement du régime impérial. Tout au plus, la « *postulatio* » se confondit-elle avec la « *nominis delatio* » qu'elle devait précéder à l'origine (1). Mais cette confusion se produisit même avant la chute de la république (2); aussi nous ne croyons pas utile d'insister.

Il n'en fut pas de même devant les juridictions du Sénat et du Prince. C'est à leur barre surtout que les délateurs exercèrent leur industrie infâme. Cette constatation suffit

____

(1) Tacite, *Annales*, I, 74; III, 38. Pline, *Epître*, VII, 33. frag. 5, 11, § 4, 8, 10; 17, § 6; 20, § 8; 31; 38; 39; XLVIII, V. (*Ad legem Juliam de adulteriis au Digeste*).

(2) Cicéron confond souvent lui-même ces formalités : *In Vatin.*, 14 *Ad div.*, VIII, 12; *Ad Quint. fratr.*, III, 1, 5; *Ad Atticum*, IV, 16.

pour nous convaincre que les formalités de la procédure
d'accusation n'y furent pas mieux respectées que les règles
concernant la capacité et les conditions requises pour se
porter accusateur. C'est assez dire que tout s'y passait sous
l'empire de l'arbitraire le plus absolu. Qu'on ne croie pas,
cependant, que les anciennes formes furent abrogées, bien
loin de là ; mais elles furent réduites à l'état de lettre
morte et n'étaient appliquées que lorsqu'on voulait, suivant le mot de M. Laboulaye, « couvrir du manteau de
« l'antiquité, des injustices nouvelles ». C'est là, en effet,
le reproche adressé par Tacite à Tibère : « Proprium id Ti-
« berio fuit scelera nuper reperta priscis verbis obtegere (1).»
Devant le Sénat, les procédures avaient un caractère mi-
partie judiciaire et mi-partie législatif. Ce corps politique
rendait ses sentences non comme un juge, mais comme une
assemblée délibérante. L'accusation, toutefois, pouvait
être introduite devant lui, et y être suivie comme devant les
commissions permanentes, pourvu que l'Empereur qui
jouait dans ces instances des rôles fort divers, tantôt accusateur, tantôt défenseur de l'accusé, tantôt président et
tantôt simple juge (2), n'imposât au Sénat, dont il était le
maître, l'abandon de quelques formalités ou leur entière
suppression, en déférant lui-même une accusation et en la
faisant instruire et juger immédiatement (3). De ce fait que
la volonté du Prince était l'unique règle à laquelle le Sénat
était obligé de se plier, on doit conclure, à plus forte raison, que son bon plaisir était la seule base des décisions
qu'il rendait seul, ou assisté, pour la forme, d'un conseil ;
et que de son caprice dépendait l'application ou la suppression des formalités régulières que nous connaissons.

Aussi bien, n'est-ce pas à propos de ces juridictions qui
sont le reflet de cette période si troublée, où tout est confondu, que nous pouvons espérer une facile observation
des changements qui marquent le déclin de la procédure

(1) Tacite, *Annales*, IV, 19.
(2) Suétone, *Caligula*, 33 ; Tacite, *Annales*, II, 29, 50 ; III, 17, 22, 67 ;
Agricola, 45 ; Pline, *Ep.*, XI, 11.
(3) Pline, *Epître*, IX, 13 ; Tacite, *Annales*, III, 13 ; *Hist.*, II, 10.

accusatoire. Cette étude sera bien plus aisée, devant les juridictions régulières du Préfet de la ville ou des présidents des provinces.

A mesure que le régime monarchique s'affirmait davantage par le triomphe des « *cognitiones extraordinariæ* » sur les « *judicia publica* », c'est-à-dire par l'influence toujours grandissante des magistrats délégués du Prince, dépositaires en cette qualité d'une partie de l' « *imperium* », et par l'amoindrissement du rôle joué par les particuliers dans les drames de la justice répressive, les formes de la procédure perdaient de leur importance. Indispensables pour assurer le fonctionnement régulier du droit d'accusation, alors que l'État se désintéressait presque complètement du règlement des affaires pénales, elles devinrent moins nécessaires quand le Prince, au nom de la société considérée comme partie intéressée dans la poursuite, exerça une surveillance attentive et constante sur toutes les phases du procès criminel. Alors, non seulement la « Postulatio » resta confondue avec la « *nominis delatio* », mais elle fut supprimée. La « *divinatio* » eut le même sort. La « *nominis delatio* », l' « *inscriptio* », la « *subscriptio* » et la « *nominis receptio* », furent accomplies par un seul et même acte qui devenait parfait en peu d'instants et mettait ainsi la cause en état d'être jugée rapidement. Par contre et toujours pour les mêmes motifs, les mesures qui pouvaient empêcher l'accusation d'aboutir, furent supprimées. L'intercession tribunitienne, déjà fort rare dans les derniers jours de la République, ne fut plus admise, et le désistement de l'accusateur, quoique moins redoutable, à notre époque, resta rigoureusement interdit.

Lorsque l'usage des poursuites d'office s'introduisit, cet événement acheva l'œuvre commencée par l'institution des « *cognitiones extraordinariæ* ». Le droit d'accusation subsista encore, mais les procédures suivies dans les « *judica publica* » tombèrent à peu près toutes en désuétude. « Ordo exercendorum publicorum capitalium in usu esse « desiit : affirme Paul (1), durante tamen pœna legum,

---

(1) Frag. 8, D. XLVIII, I (*De publiciis judiciis*).

« cum extra ordinem crimina probantur ». Ces peines,
elles-mêmes, furent souvent *extraordinaires* comme les
poursuites. Une seule formalité émergea de l'oubli dans
lequel s'ensevelit l'ancien ordre de choses : nous voulons
parler de l'obligation pour l'accusateur de souscrire son
libelle et d'en poursuivre l'exécution jusqu'au bout : « Ea
« res ad id inventa est, ne facile quis prosiliat ad accusatio-
« nem, cum sciat inultam sibi accusationem non futu-
« ram (1). » Il est probable que cette garantie suprême
disparut pendant quelque temps comme les autres formalités judiciaires. Il semble que, durant cette période, une
simple « *professio* » ou dénonciation purement verbale,
suffisait pour saisir le juge, et qu'une simple insinuation
orale obligeait l'accusateur à prouver et l'accusé à subir
l'instance. Mais on abandonna bien vite ces errements, et
la nécessité de l' « *inscriptio* » fut d'autant plus rigoureuse, que son abandon avait eu plus d'inconvénients.
« In causis criminalibus dignum est, lisons-nous dans une
« constitution des empereurs Arcadius et Honorius, ut
« inscriptiones praeponantur quae magnitudinem videlicet
« criminis, tempusque designent, ut alterutram partem
« digna legum terrere possit auctoritas (2). » L'obligation
de se soumettre à cette formalité, ainsi que cela ressort
des textes que nous avons rapportés en un autre endroit,
entrainait toujours pour l'accusateur, s'il succombait dans
la preuve qu'il lui incombait d'établir, la peine qu'il réclamait contre l'accusé ; aussi n'atteignait-elle pas, en vertu
de dispositions exceptionnelles, certains accusateurs privilégiés, contre lesquels une accusation de calomnie n'était
pas possible.

On voit que le vieux système des accusations populaires
était bien déchu de son ancienne splendeur. Malgré ses
formes simplifiées, à cause de la défaveur qui s'attachait
au nom d'accusateur, et des dangers qu'il y avait encore à
en tenir le rôle, il n'était plus qu'une arme inutile entre les

---

(1) Frag. 7, D. XLVIII, II (*De acc. et inscrip.*).
(2) Loi 16, c. (*De acc. et insc.*), loi 17, *ibid.* Voir aussi loi 5, cod.
Theod. (IX, I).

mains d'une société intéressée à ce qu'aucun crime ne res-
tât impuni. On suppléa, ainsi que nous l'avons vu, à son
insuffisance, en accordant aux magistrats le droit de poursuivre d'office. Cette révolution juridique donna naissance
à de nouvelles procédures qu'il nous reste maintenant à
étudier.

Dès l'instant où il fut admis que le magistrait devait assurer la répression des crimes, non seulement comme juge,
mais comme accusateur, il était bien plus facile, moins pé-
rilleux et tout aussi efficace, pour un citoyen, de provoquer la poursuite par une dénonciation que de mettre lui-
même l'action publique en mouvement. C'est ainsi, en effet,
que les choses se passèrent, désormais, dans la plupart
des cas. Celui qui avait souffert d'un délit privé ou public,
se rendait auprès du magistrat compétent et en lui révélant le fait coupable, le mettait, par une requête insérée
« apud acta », dans l'obligation d'informer lui-même ou
de désigner une personne ayant qualité pour le faire. Les
empereurs Dioclétien et Maximien affirment l'existence de
cette pratique : « Si quis se injuriam ab aliquo passum
« putaverit, et quærelam deferro voluerit, non ad station-
« arios decurrat, sed præsidalem adeat potestatem, aut
« libellum offerens, *aut quærelas suas apud acta depo-*
« *nens* (1). »

Il pouvait arriver que les simples particuliers n'osassent
pas ou ne voulussent pas paraitre eux-mêmes ; c'était
alors aux magistrats désignés par l'expression gé-
nérique de « *nuntiatores* » : tels que les « *curiosi* », les
« *stationarii* » et les « *Ireparchæ* », qu'incombait le soin
de dénoncer à leur supérieur les infractions qui parve-
naient à leur connaissance. En conséquence, « ... sans la
« partie et icelle dissimulant, nous apprend Papon (2), en
« crimes publics, un tiers est reçu dénonciateur pour
« avertir et instruire le juge, d'informer et faire son de-
« voir. » Ce tiers, qui joue un rôle important dans la mise
en mouvement de l'action publique, devait, on le comprend,

(1) Loi 8, c. IX, II (*De acc. et inscrip.*).
(2) Papon, *au deuxième notaire.*

présenter de sérieuses garanties aux accusés. Pour cela, ils devaient assister à tous les actes auxquels leurs procès-verbaux donnaient naissance, et administrer la preuve des faits allégués par eux dans ces écrits. « Hi Nunciatores, « dit le jurisconsulte Paul, qui per notoria judicia pro- « dunt, suis notoriis assistere jubentur (1). » Ces procès-verbaux, lettres de renvoi ou « *elogia* », n'étaient pas, paraît-il, toujours absolument dignes de foi, le jurisconsulte Marcianus (2) l'affirme à propos des Irénarques, « quia « non omnes ex fide bona elogia scribere compertum est ». Il profite de cette constatation pour rappeler un rescrit d'Adrien qui confirme le texte de Paul que nous venons de citer, en ordonnant aux magistrats d'appeler devant eux les Irénarques pour les obliger à démontrer l'exactitude des faits avancés par eux dans cette sorte de procédure préparatoire, et de les punir sévèrement s'ils ont agi méchamment ou produit de fausses allégations : « Sed si quid « maligno interrogasse, aut non dicta retulisse pro dictis « eum compererit, ut vindicet in exemplum ne quid et « aliud postea tale facere moliatur. »

Il y a là, évidemment, une formalité qui ressemble à l' « *inscriptio* » de la procédure accusatoire, et entraîne pour le calomniateur des conséquences semblables. Mais ce serait se tromper étrangement que d'en conclure que cela marque un retour au système déchu. Les textes prennent bien soin de nous garder contre une semblable hypothèse. Lisons, en effet, le rescrit suivant de l'empereur Gordien à Proculus (3); il ne saurait laisser subister un « doute dans notre esprit : « Ea quidem quæ per officium « Præsidibus denunciantur *et citra solemnia accusationum* « *posse perpendi incognitum non est.* » Il ne faut donc voir, dans ces mesures, qu'une réglementation ayant pour objet de réprimer les abus qui pouvaient surgir d'une institution nouvelle. La loi suivante de l'empereur Constantin, au

---

(1) Frag. 6, § 3, D. XLVIII, XVI. (*Ad S.-C. Turpillianum.*)
(2) Frag. 6, D. XLVIII, III. (*De custodia et exibitione reorum.*)
(3) Loi 7, c. IX, II. (*De acc. et inscrip.*)

titre de *curiosis* et *stationariis* (1), autorise absolument
cette manière de voir : « Curiosi et stationarii vel qui-
« cumque funguntur hoc munere, crimina judicibus nun-
« cianda meminerint, et sibi necessitatem probationis in-
« cumbere, nec citra periculum sui, si insontibus eos ca-
« lumniæ nexuisse constiterit : cesset ergo prava consue-
« tudo, per quam carceri aliquos immitebant. »

(1) Loi 1, c. XII, XIII. (*De curiosis et stationariis.*)

III. — ORIGINES FRANÇAISES

Nous devons poursuivre et terminer cette étude de l'accusation, à travers les âges, par l'examen de cette partie de la procédure pénale, chez les peuples qui s'établirent dans la Gaule, après la conquête de l'empire Romain par les barbares.

Nous renoncerons par conséquent à demander aux Druides le secret si jalousement gardé par eux, des lois criminelles des Gaulois. Les révélations de César, nous ont d'ailleurs appris fort peu de choses sur ce sujet (1). Le gouvernement théocratique de ce peuple avait confié le soin de rendre la justice au collège de ses prêtres, qui connaissait de toutes les infractions aux lois pénales, ayant un caractère public ou privé, en même temps que des contestations civiles. Au-dessous d'eux, les Magistrats des villes « *principes pagorum* » avaient une sorte de juridiction municipale, dans les affaires de très peu d'importance. Le droit de provoquer la répression des crimes contre l'Etat était exercé par eux; la partie lésée, au contraire, pouvait seule intenter la poursuite des délits privés. Si nous ajoutons que le père avait un pouvoir illimité de vie et de mort sur les membres de sa famille et s'érigeait en juge des méfaits commis dans son sein et révélés par la victime, nous aurons présenté un résumé succinct mais complet des institutions judiciaires de la Gaule au moment de l'invasion romaine.

Nous ne croyons pas utile d'insister davantage. L'élément gallique influa peu sur la formation de notre droit moderne. Il dut s'effacer devant la législation Romaine. Et celle-ci elle-même ne joua qu'un rôle secondaire dans l'œuvre législative des premiers siècles de notre histoire. Les barbares apportèrent avec eux leurs institutions politiques et conservèrent par conséquent les formes de leur procé-

(1) César, commentaires. livre VI; 13, 20, 44, VII, 4 et 43.

dure pénale. Plus tard, seulement, les tendances romaines recueillies par le droit canonique finirent par triompher et influèrent d'une heureuse façon sur notre législation (1).

C'est donc dans les *«marches»* de la Germanie que nous devons aller étudier les origines premières des lois qui nous régissent. Et ce n'est qu'après avoir montré comment elles se sont développées, complétées et modifiées en même temps que les institutions sociales et politiques, que nous pourrons utilement aborder l'étude des textes de notre code d'instruction criminelle.

Nous scinderons cet examen des sources de notre droit français en quatre divisions correspondant aux diverses époques de notre histoire, dont chacune est marquée par un progrès dans la marche de la constitution politique, et par contre coup de la législation criminelle. Nous les dénommerons successivement : *Période barbare, féodale, monarchique et intermédiaire.* Nous nous attacherons moins à étudier en détail les règles de procédure que nous rencontrerons, qu'à montrer le lien qui rattache le présent au passé, et esquisser la genèse des lois actuellement en vigueur.

PÉRIODE BARBARE

Indomptable et fier, le Germain ne voulut, pendant très longtemps, confier à personne le soin de châtier promptement et de cruelle façon, la violation de ses droits, et les attentats dont il était l'objet. Aussi il usa largement du droit de vengeance privée, qui dégénérait souvent en dissensions civiles connues sous le nom de *«Faidæ»*. Parfois cependant, un tiers *«pair»* des contendants fixait le *«Wehrgelt»* ou composition pécuniaire que devait payer l'offenseur à la victime, et ainsi le procès se terminait à l'amiable. En même temps, le Père, en vertu de sa puissance paternelle ou *«Münd»* jugeait les forfaits commis au

---

(1) Cf. A. du Boys, *op. cit.* p. 39. Troplong. (*Revue de législation,* janvier 1846.) F. Hélie, *op. cit.,* n° 102, p. 121.

sein de la famille, par ses membres, y compris probablement les esclaves, les « *lites* » ou hommes libres, et les co-
lons attachés à la terre, qui vivaient sous sa dépendance.

Lorsque les familles se groupèrent pour former la tribu,
et les tribus pour former la peuplade, une appréciation
plus exacte de la criminalité se fit jour, et on commença à
distinguer les crimes qui sont une atteinte directe à la
société constituée, des actes qui sont simplement un « *tort* »
ou délit privé. A ce moment, deux juridictions indiquées par
Tacite (1) avec sa concision accoutumée : « De minoribus
« rebus principes consultant, de majoribus omnes », furent
chargées de juger les uns et les autres. Cette organisation
se développa après la chute de l'Empire Romain. L'assemblée générale du peuple ou « *Placitum generale francorum* » jugeait les causes politiques graves. La réunion des hommes libres des provinces. présidée à la façon
des préteurs romains qui dirigeaient les débats, mais ne
jugeaient pas eux mêmes, par des « *Comtes* » ou « *Grafs* »,
fut la juridiction ordinaire en matière criminelle. Les affaires peu importantes étaient jugées par les « *arimans* » des
subdivisions du comte, dirigés par des « *vicomtes* » ou « *Vica-
rii* ». Le *Placitum palatii* composé des grands du Royaume,
assurait le respect des décisions rendues par le « *mallum* »
du comte, et réformait les sentences illégales. L'institution
des « *Scabini* » ou juges permanents qui remplacèrent les
hommes libres, dont le service judiciaire devenait tous les
jours plus onéreux, et celle des « *Missi dominici* » chargés
de maintenir l'autorité du pouvoir central dans les différentes provinces, furent le complément nécessaire à l'organisation de la justice d'un empire aussi étendu que celui
de Charlemagne.

Le droit de vengeance privée en disparaissant, légua aux
hommes libres celui de saisir les diverses juridictions dont
nous venons de résumer l'histoire. Exercé déjà sans doute
devant le tribunal de la famille, il fut singulièrement favorisé par le sentiment de solidarité, qui à l'origine unissait
entre eux les membres d'une même association particulière,

(1) *Germania*, VI.

chacun ressentant l'offense faite à l'un d'eux, et se considérant comme responsables du tort causé à la victime par l'auteur inconnu du crime perpétré dans son sein (1). Poursuivre un criminel, c'était donc, non seulement exercer la vengeance, mais encore faire œuvre d'utilité sociale en dégageant ses coassociés en même temps que soi-même, de toute participation possible au paiement du « *Wehrgell* ». L'existence du droit d'accuser, quelle que soit son origine, est incontestable (2), et le pacte « *pro tenore pacis domino-* « *rum Childeberti et Clotarii regum,* » en punissant comme voleur celui qui ne dénonce pas l'auteur d'un larcin, semble prouver qu'en certains cas du moins, il devenait une obligation (3).

Ce droit pour tous, de mettre l'action publique en mouvement, dut être l'objet d'une règlementation étroite, destinée à prévenir ou réprimer les abus qu'il entraine nécessairement après lui; mais il est difficile de dégager l'ensemble de ses dispositions du chaos des textes de cette époque. Nous savons cependant que les gens de mauvaise foi ou d'une condition infîme, ceux qu'une condamnation avait fait déchoir de ce droit, les esclaves, les affranchis et les enfants, à l'égard de leurs maitres, patrons et parents, ne pouvaient accuser (4). En outre, la menace du talion ou d'une forte amende réfrénait la calomnie ou les accusations téméraires, dont la preuve était rendue plus facile, lorsque la question était nécessaire, par le dépôt d'une épitre affirmant ses dires, signée par l'accusateur, et contresignée « *ne varietur* » par trois témoins (5). Enfin on sauvegarda les droits de la défense, en interdisant les accusa-

(1) Meyer, *op. cit.* chap. VIII.

(2) Edit de Théodoric, cap. 20, et lois 14, tit. 5 et 15 du livre 6 des lois wisigothiques de Canciani.

(3) Collection des lois saliques, chap. 3.

(4) Code des Lombards, liv. II, tit. 51. (*De testibus*) § 8, Capitul. de Charlem. et Louis le Débon., liv. 1, ch. 45, liv. 6, chap. 141 et 208.

(5) Code des Visigoths, liv. VI, tit, I, loi 6, édit de Théodoric, cap. 13, capit. de Charlem. et Louis le Débon., liv. II, chap. 329 et livre VIII, chap. 180, loi Salique, tit. 20. § 2. Voir aussi loi Gombette, tit, 77 (*des inscriptions*).

tions secrètes et les jugements par défaut, et en laissant à
l'accusé le temps de préparer sa réponse aux moyens de
l'accusation (1).

Le système des accusations populaires se compléta, semble-t-il, par le droit des chefs de justice comtes ou « *Grafs* »
de poursuivre d'office, au nom du pouvoir social, et dans
l'intérêt du fisc qui percevait à titre de « *fredum* » une partie de la composition, les crimes qui venaient à leur connaissance. Ce rôle de partie publique appartint sans aucun doute à ces officiers sous le règne de Charlemagne.
Cet empereur, en effet, dans un de ses capitulaires, s'exprime de la façon suivante : « Ubicumque inventa fuerint a
« judicibus nostris (crimina), secundum legem, *ex nostro*
« *mandato vindicentur* (2). » On ne saurait se refuser à voir
dans ce fait, un prodrome de la Révolution qui s'accomplira
au cours de la période monarchique.

Les formalités de la mise en mouvement de l'action publique, chez les Germains, avant leur établisssement dans
la Gaule, ne nous sont pas connues. Les textes anciens de
la loi Salique sont à peu près muets sur la procédure criminelle dont les règles ont dû se former peu à peu comme par
une sorte de stratification (3), et ne prirent corps que sous
les rois de la race Mérovingienne. A ce moment, celui qui
voulait se porter accusateur, magistrat ou particulier, assignait directement, sans autorisation préalable, l'accusé
devant les Rachimbourgs « *in mallobergo residentes* », au
moyen d'une citation signifiée à son domicile, et laissée, en
son absence, à sa femme ou à un membre de sa famille.
Elle se nommait : « *admallatio* » « *mannitio* » ou « *banni-
tio* » et obligeait le prévenu à se présenter à l'époque dési-

(1) Edit de Théodoric, cap. 50. Capitul. de Charlem. et Louis le Débonnaire, livre VII, cap. 145 et 168.

(2) Capitul. de Charlem. (an 780, Bal. I, 236). Voir encore à ce sujet :
Recueil des lois des Wisigoths. (Lois 5, tit. I, liv. 7 et 14, tit. 5, livre 0)
Loi Salique (*Capita extravagantia*, IX, Pardessus, p. 332). Edit. de Chil-
debert de 505, chap. VIII et IX (Bal. I, p. 19). Pacte entre Childebert et
Clotaire, chap. III, *Decretio Clotarii*, chap. XI, et Capitul. de Louis le
Débonnaire (an 819, Bal. I, p. 602).

(3) Cf. F. Hélie, *op. cit.*, p. 116.

gnée par le comte, devant le *mallum*, sous peine d'amende de 15 sols. Une peine identique frappait aussi l'accusateur qui faisait défaut (1).

Si l'accusé ne comparaissait pas, après trois nouvelles assignations données à quarante jours d'intervalle et demeurées infructueuses, il était, en outre de l'amende prononcée après la première absence injustifiée, déclaré « *Jachlirus* », ses biens étaient saisis par le comte. On le citait alors devant le Placitum palatii, en lui donnant quatorze jours pour tout délai. S'il désobéissait encore, il était non pas condamné, car dit un capitulaire : « in causa « capitali, absens nemo damnatur, » mais mis « *extra sermonem regis* », c'est-à-dire hors la loi « *forbannitus* », ses biens étaient confisqués, nul, même ses proches, ne pouvait lui donner asile, et toute personne pouvait s'emparer de lui et le tuer s'il résistait (2).

En cas de flagrant délit, cette longue procédure était inutile, l'accusateur se saisissait du coupable et le remettait immédiatement au comte qui se chargeait de sa garde et le retenait prisonnier, après une enquête sommaire. Le plus souvent cependant, il le remettait en liberté sous caution jusqu'au jour du jugement (3).

Nous aurons terminé sur ce qui concerne notre sujet à cette époque, en ajoutant qu'il fallait probablement une autorisation désignée sous le nom de « *signaculum* » ou « *indiculum* » délivrée par la chancellerie, pour pouvoir assigner un prévenu devant le Placitum palatii, dans les affaires désignées plus tard sous le nom de cas royaux (4).

Ces règles ne furent pas modifiées par l'avènement de la

(1) *Lex Salica emendata*, titre 43. Loi salique, tit. 1er ; *Lex Romana Wisigothorum*, liv. IX, tit. I, constit. 14. Cf. Meyer, *op. cit.*, p. 311, note 1.

(2) Loi Salique, titre 51, art. 1er. Livre 4e des Capitulaires, art. 25, et livre 5e, art. 08 ; loi Salique, tit. 50 ; Capitulaires, livre 5e, art. 311, et livre 7e, cap. 201. (Bal. 1888, 1068.)

(3) Loi Salique, titre XXXIV, 3 et 4. Tacite, *Germania*, XII. *Actes des Conciles*, 1re part., cap. 6. Capitul. de Charlem., cap. XXIX (Bal. 1, 782).

(4) Formules 26, 27, 28, 29, liv. 1er de Marculfe, ch. 30, 31 et 32 de l'appendice, et placité de 693.

race carlovingienne. Signalons cependant l'apparition d'un fonctionnaire connu sous le nom de « *Sayo* ». « *Sagio* » et quelquefois « *Bajulus* » (bailli), dont les attributions sont assez mal connues. Nous pensons cependant que ces fonctions ressemblaient assez à celles des « *Schoterim* » de la législation hébraïque. C'était une sorte d'huissier, de policier, d'exécuteur, probablement aussi dans certains cas d'accusateur public. Sans rien affirmer, peut-être pourrait-on voir en lui un officier délégué par le comte, pour remplir à sa place le rôle de poursuivant d'office que nous avons vu lui appartenir. Si cela est vrai, le « *Sagio* » aurait donc été le précurseur du Ministère public (1).

Sur la procédure suivie pour le jugement, disons seulement qu'elle était orale, contradictoire et d'une publicité sans réserve. La preuve s'y faisait par témoins et conjurateurs, ainsi qu'au moyen des épreuves. Souvent aussi, dans les cas douteux, le sort des armes décidait du gain du procès.

PÉRIODE FÉODALE

Bien que pliées aux exigences de la civilisation et du droit, les mœurs Germaines ont laissé leur profonde empreinte sur l'organisation judiciaire de cette période. Le Père de famille devenu chef d'une sorte de Clan ou Tribu, grâce à la nombreuse clientèle de compagnons, nommés « *lites* » et plus tard « *leudes* », « *fidèles* » ou « *Vassaux,* » dont il aimait à s'entourer, exerça sur tout ce monde un droit de juridiction absolu. La conquête du sol le lui conserva, mais le modifia profondément. Il fut considéré comme un attribut de la propriété et s'appliqua dans toute l'étendue du domaine, dont le nouveau propriétaire avait, à titre de récompense, concédé certaines parties à ses « *Leudes,* » sous réserve d'un droit supérieur et honorifique.

Telle fut l'origine probable des juridictions patrimoniales

---

(1) Cf. Merlin, Ortolan et Ledeau, p. 12; Meyer, Montesquieu, *Esprit des lois,* liv. 28, tit. 36.

de l'époque précédente, dont les chartes d'immunités accordées par les Rois ou arrachées à leur faiblesse, assurèrent l'indépendance à l'égard du pouvoir central et des exigences du fisc. Ce système judiciaire se généralisa à mesure que le réseau des institutions féodales s'étendit au point de couvrir vers la fin de la monarchie franque la presque totalité du territoire. Les chefs des juridictions royales résignèrent leurs fonctions devenues à peu près inutiles, et les habitants des terres de « *franc Alleu* », appelés alors « *hommes de poote* », furent, en vertu du principe formulé par Loysel, « Fief ressort et justice n'ont rien de commun, » soumis aux Cours féodales (1).

Maitre absolu, le seigneur jugeait lui-même, le conseil ou Plaid dont il s'entourait se bornait à enregistrer les sentences qu'il portait. L'arbi'raire qui régna dans ces tribunaux favorisa singulièrement le développement du pouvoir judiciaire de l'Eglise qui, de bonne heure, avait eu le droit de juger seule les crimes commis par ses membres, qui pouvaient être considérés comme une atteinte à la Religion. Ce privilège clérical grandit rapidement, et vers le douzieme siècle, les « *officialites* » mettaient à l'abri des justices seigneuriales plus de la moitié de la nation.

Malgré l'anarchie judiciaire de l'époque féodale, le principe posé par Charlemagne, que la répression n'est pas une œuvre de vengeance, mais le moyen d'assurer la justice et la paix, ne fut pas affaibli, et le droit de vengeance privée ne reparut pas; c'est au nom du seigneur, successeur du pouvoir royal, que le droit de punir fut exercé (2). A celui-là seul qui avait souffert de l'infraction et non plus « *cuivis ex populo*, » comme durant la période précédente, appartint le pouvoir de provoquer le châtiment du coupable par la voie de l'accusation. Celui qui se portait accusateur, était partie au procès. Il alléguait le crime, en offrait la preuve, et demandait justice. Si, ce qui peut pa-

(1) Grand Coutumier de Charles VI, liv. II, chap. 33, *in fine*, p. 222; Loysel, *Institutes Coutumières*, liv. II, tit. II, règle 44.
(2) *Etablissements de Normandie* (édition Marmier), p. 27. (*De Faidis.*)

raitre étrange, étant donnée la quantité innombrable de
tribunaux qui couvraient alors la France, le plaignant ne
trouvait pas de juridiction qui voulût accueillir sa plainte,
le seigneur, refusant, par haine ou négligence de réunir
la Cour, un « *appel pour défaut de droit* », ou, si l'on aime
mieux, une accusation pour déni de justice, était portée
contre le seigneur devant la justice du suzerain. Ce dernier condamnait à 60 livres d'amende son vassal reconnu
coupable, et retenait l'affaire. Il frappait de la même peine
le plaignant qui ne fournissait pas la preuve de ses allégations (1).

Mais la victime du crime ou du délit pouvait se borner
à faire une simple dénonciation au juge qui poursuivait
d'office, ainsi que cela se pratiquait déjà à l'époque barbare. Au cas de flagrant délit, le jugement était immédiat.
Dans les autres affaires, le prévenu était retenu en prison
pendant l'information à laquelle devait procéder le Seigneur, à moins qu'il ne fournit des « plèges tels que l'on
« peust être bien seurs de lui (2) ». Ces poursuites d'office
intentées par le juge, au nom de la société, rendues nécessaires par la disparition de l'accusateur populaire, montrent que la répression était considérée de plus en plus
comme une fonction publique, dont l'exercice régulier intéresse l'Etat social tout entier. Un pas de plus, et nous
verrons apparaitre une partie publique, indépendante de
l'ordre judiciaire et conservant ainsi au prévenu les garanties nécessaires à l'accusation.

On peut se demander quel fut, au cours de cette période,
le sort des règles destinées à garantir les citoyens contre
la calomnie et la témérité des accusations. Il est probable
que, maintenues en principe, elles ne furent guère respectées en fait, et restèrent livrées à l'arbitraire du seigneur
féodal devenu tout-puissant. Il en fut de même des formalités de la procédure de mise en mouvement de l'action

(1) Beaumanoir, LXI, 37 et 53, LXVII, 12.
(2) Assises de Jérusalem (*Court des bourgeois*, CCXXIX) Voir aussi :
Etablissements de Saint-Louis, livre Ier, § 101. Beaumanoir, VI, 12,
X, 10, et IX, I, 2.

pubique, dont les détails ne sont guère connus. Lorsque l'accusation était admise par le chef de la justice locale, l'accusé était « *semons,* » c'est-à-dire assigné pour une époque déterminée. Le jour venu, l'accusateur, auquel incombait la charge de prouver la vérité des faits avancés par lui, comparaissait en personne, ainsi que l'accusé, et l'affaire était immédiatement jugée sans information préalable. La preuve se faisait par témoins et surtout par gages de bataille. Les débats étaient publics et oraux, car « en Cort laie on ne plède pas par escrit (1), » dit Beaumanoir. Mais ceci n'est déjà plus notre sujet et nous passons.

La procédure suivie devant les officialités, dont l'étude sera comme une sorte d'introduction à l'examen de notre sujet dans la période suivante, nous est mieux connue. On y constate plus nombreuses les traces de ce vieux droit romain, dont l'Eglise s'était constituée la vigilante gardienne.

Nul, en principe, ne pouvait être jugé sans un accusateur idoine et légitime; cependant, conformément à la pratique adoptée par la justice laïque, la poursuite avait lieu d'office dans les cas de flagrant délit (2). En dehors de ces hypothèses, le droit d'accuser appartenait, en thèse générale, à tout le monde, mais de nombreuses incapacités en restreignaient l'excercice. C'est ainsi que les enfants au-dessous de quatorze ans, les personnes mal famées, les schismatiques, les hérétiques, les juifs, les païens, tous notés d'infamie, les simples laïques, suspects d'inimitié contre les clercs, et enfin les excommuniés, ne pouvaient mettre l'action publique en mouvement (3). En outre, les lois canoniques interdisaient l'accusation d'un absent, et l'intervention des procureurs (4).

(1) Beaumanoir, II, 31 ; IV, 15, 23 ; VI, 15.

(2) Décret de Gratien, secunda pars : Causa IV, quæstio 1, cap. 4, 15 et 17.

(3) *Ibid.* ; causa IV, quæstio 2 et 3, cap. 1 ; causa III, quæst. 5, cap. 9, 10, 11 et 12, et caput 4 et 11 ; causa IV, quæst. 5, cap. 1 ; causa III, quæst. 5, cap. 7 ; causa IV, quæst. 1, cap. 17. Gregorii. Décret, livre V, tit. I, cap. 7, et livre II, tit. I, cap. 7.

(4) Décret de Gratien, causa V, quæst. 8, cap. I, et quæst. 3, cap. 2.

L'accusateur devait d'abord dénoncer, à l'official, l'acte coupable, révéler le nom de l'accusé et appuyer sa poursuite sur des indices suffisants pour la faire admettre. Il souscrivait ensuite un libelle par lequel il s'obligeait à fournir la preuve de ses allégations, et acceptait une rigoureuse surveillance. Le talion était le juste châtiment de la calomnie et de la témérité de l'accusation (1). Cela accompli, l'accusé, par une « *monitio* » ou avertissement, le plus souvent verbal, était sommé d'avoir à faire cesser le scandale ; s'il résistait, une citation à laquelle il devait obéir, sous peine d'excommunication (2), qui remplaçait ici la mise *extra sermonem regis* et entrainait des conséquences non moins graves quoique d'une nature différente, lui était adressée.

Au jour fixé par l'assignation, les parties devaient comparaitre, en personne, et ensemble, puisque les jugements par défaut n'étaient pas admis, et la procédure de jugement commençait. Disons, à la louange des tribunaux ecclésiastiques, qu'ils ne tardèrent pas à repousser les épreuves, et s'efforcèrent, dans la limite du possible, de restreindre l'usage du duel judiciaire (3).

Vers le commencement du treizième siècle, le système des poursuites d'office, dont nous avons constaté le germe bien longtemps avant cette date, prit une grande extension (4). Son application, plus fréquente, nuisit au droit d'accusation qui, bien que maintenu en principe, fut en fait remplacé par la dénonciation, bien moins dangereuse, puisqu'elle supprimait la formalité de l'inscription, et en même temps les peines de la calomnie et des accusations injustifiées. Ce déplacement de l'action publique qui échappe aux particuliers, pour remonter entre les mains de l'autorité sociale, qui n'hésita pas, sans doute, à la met-

(1) Décret de Gratien, *causa* II, *quæst.* 8, *cap.* 3 et 4 et *quæst.* 3, *cap.* 2 et 3.

(2) *Ibid., causa,* IV, *quæst.* 5, *cap.* 1.

(3) *Ibid., causa* III, *quæst.* 9, *cap.* 21, *quæst.* 3, *cap.* 2, *quæst.* 11, *cap.* 1, 2 et *quæst.* 10, *cap.* 1. Beaumanoir, VI, 1 et 15.

(4) Décret de Grégoire, liv. V, tit. 1, chap. 16.

tre en mouvement, sans y être directement provoquée (1),
est intéressant à noter. Il coïncide, en effet, avec l'apparition d'un fonctionnaire connu sous le nom de « *promo-
teur* », dont il causa, sans doute, la création, qui pouvait
entamer la poursuite, surveillait l'instruction, requérait
l'application des peines, formait appel s'il y avait lieu, et
fut peut-être la première manifestation du ministère public,
dont la présence dans les justices séculières suivit de près
le treizième siècle.

A cette substitution de l'inquisition à l'accusation cor-
respondit un changement dans les formes de la procédure.
Tout se fit par écrit et dans le plus grand secret. La sentence fut rendue sur l'examen des pièces rédigées pendant
l'information et après la lecture des défenses de l'accusé
contenues dans de longs mémoires. Les garanties offertes
par l'accusation et la publicité des débats n'existaient plus.
Aussi les juges eux-mêmes n'avaient guère foi en l'exactitude de leurs décisions et purent les rétracter, même quand
elles avaient acquis le caractère de la chose jugée. Cela
dura jusqu'au seizième siècle. A cette époque, les cours de
chrétienté subirent leur dernier avatar. L'ordonnance de
Melun, de février 1580, art. 22, décida que « l'instruction
« des procès criminels, contre les personnes ecclésiasti-
« ques, pour les cas privilégiés, sera faite conjointement,
« tant par les juges desdits ecclésiastiques, que par nos
« juges (2) », et l'art. 1er du titre I de l'ordonnance de 1667,
déclare que les formes de procédure édictées par elle seront applicables même aux officialités. C'est l'affirmation
du pouvoir royal, enfin triomphant des résistances qu'il a
eues à surmonter pour établir, sur les juridictions cléri-
cales, la suprématie de celles qui tiennent de lui leur pouvoir, et dont nous allons nous occuper dans la période suivante.

(1) Décret de Grégoire, *ibid.*, chap. 21, 26, 30 et 31.
(2) Cette procédure conjointe fut réglée par les ordonnances de juillet
1584, avril 1695 et 4 février 1711.

PÉRIODE MONARCHIQUE

Nous n'avons pas à refaire ici l'histoire de cette guerre acharnée, sorte de lutte pour l'existence, que la monarchie livra aux institutions féodales, et dont elle ne sortit victorieuse qu'après trois cents ans de luttes, vers la première moitié du seizième siècle. Moins ambitieux, nous nous bornerons à en constater les effets dans la partie du droit criminel qui fait l'objet de ce travail.

Durant la période féodale, le Roi, dont le droit de suzeraineté sur les grands vassaux était purement nominal, faisait cependant rendre, en son nom, la justice, aux habitants du domaine de la couronne, par des juridictions dirigées par des fonctionnaires nommés « *Baillis* » et « *prévots* » dans le Nord, « *Sénéchaux* » et « *Viguiers* » dans le Midi, suivant une hiérarchie correspondant à une division territoriale partout uniforme.

A mesure que la monarchie faisait plus grande sa trouée et pénétrait dans les diverses provinces, la physionomie de ces juridictions se transforma. Des magistrats instruits succédèrent aux Baillis et prévots, soldats valeureux, mais plus aptes à guerroyer qu'à juger, et prirent leur nom. Des conseillers ou praticiens remplacèrent les hommes du ressort, et les justices royales devinrent de véritables tribunaux, tenant des assises régulières et composés de magistrats en titre, d'avocats du Roi, de greffiers et d'huissiers. Les Prévotés et Vigueries connaissaient de tous les crimes et délits commis dans leur ressort. Les Bailliages et Sénéchaussées jugeaient les « *cas royaux et privilégiés* » que leur nature ou la qualité de leur auteur enlevaient aux cours des Barons et aux officialités, que l'institution de l'appel fit en quelque sorte entrer dans l'organisation monarchique. Au sommet enfin de l'ordre judiciaire, se trouvaient placées les chambres criminelles des parlements qui avaient succédé au « *Placitum palatii* » de la période barbare. Elles connaissaient, en dernier ressort, des affaires emportant une peine afflictive, et, en première instance, des crimes intéressant l'ordre public, ou commis par des personnages exceptionnellement favorisés.

Dans le premier état des justices royales, la procédure pénale ne dut guère différer de celle qui fut suivie à la même époque devant les cours des seigneurs, et les officialités. Le talion, qui a été partout le corollaire du droit d'accusation, est encore mentionné dans l'ordonnance de saint Louis, de 1260, art. 2. Mais déjà, à cette époque, ce mode de poursuite était en voie de décadence, et, vers la fin du quatorzième siècle, il n'en resta plus que le souvenir (1).

De bonne heure, en effet, les juges s'arrogèrent le droit de poursuivre et juger d'office ou sur simple dénonciation les criminels que nul n'accusait. Cela fut d'abord restreint aux cas de flagrant délit ou d'aveu (2). Mais, afin que nul ne pût échapper à la répression, saint Louis, se fondant sur un motif d'utilité sociale, concéda aux magistrats le pouvoir d'entamer la poursuite et de faire l'enquête. Pour la première fois, le droit d'*aprise* apparait dans la législation (3). L'accusation cessa de se produire et fut remplacée par la dénonciation qui laissait son auteur étranger à la procédure dont il provoquait l'ouverture. Il resta cependant encore pendant quelque temps soumis à quelques-unes des obligations imposées à l'accusateur (4). Mais ces règles ne tardèrent pas à tomber en désuétude.

Sans nous attarder davantage sur ces deux modes de mise en mouvement de l'action publique dont l'importance nous parait singulièrement diminuée, occupons-nous du fait qui domine toute l'histoire juridique des temps modernes, c'est-à-dire de l'apparition du Ministère public, pres-

(1) Charondas le Caron, *Annotation sur le titre XXXII du Grand Coutumier de Bouteiller.*

(2) Beaumanoir, XL, 13, 14, 15 et 16.

(3) *Etablissements de Saint-Louis*, liv. II, § 16.

(4) Ordonn. de 1303, art. 7, ordonn. de juin 1319, art. 3, et de juin 1338, art. 22.

que au début de la période monarchique. De même qu'à
Rome, le droit d'accuser, d'un maniement dangereux pour
les particuliers fut déserté par eux. Le juge dut alors substituer son action à la leur, mais cette pratique tolérable à la
rigueur au cas de flagrant délit et d'aveu, devenait une
source d'arbitraire et d'erreur, si elle était étendue à toutes
les hypothèses. Que faire ? L'établissement d'une partie publique, c'est-à-dire « d'un fonctionnaire obligé par le titre
« de son office, de surveiller les actions de tous les citoyens,
« de dénoncer aux tribunaux tout ce qui pourait troubler
« l'harmonie sociale, et d'appeler l'attention des juges et la
« vengeance des lois sur tous les crimes, même sur les
« moindres délits (1) », vint apporter la solution du problème. Nous montrerons ailleurs les avantages de cette
institution qui vint sauvegarder à la fois les intérêts de la
société, et ceux des prévenus auxquels elle conservait la
garantie de l'accusation ; bornons-nous maintenant à indiquer les causes de son introduction dans la législation de
cette époque.

Ce n'est point dans les « *Curiosi* » et les « *stationarii* »
apparus dans le droit Romain vers le quatrième siècle de
notre ère, ni dans la mission judiciaire confiée par le Bas-
Empire aux évêques du sixième (2), encore moins dans la
création des « *actores fisci* » et des « *Saïons* » des deux
premières races, qu'il faut voir la véritable origine du Ministère public. Sans doute, on constate dans ces institutions
une tendance marquée vers son introduction, mais aucun
lien direct de filiation ne les rattache à lui. Nous voyons
en elles des effets analogues produits à différentes époques
par une cause identique. Toutes les fois que l'autorité sociale a revêtu une forme monarchique, nous avons vu l'accusation, devenant un moyen d'assurer la paix publique,
échapper aux particuliers, pour remonter dans la main du
souverain qui représente la société. Cette révolution se manifeste d'abord par la poursuite exercée d'office par le juge,

----

(1) Henrion de Pansey, *De l'autorité judiciaire*, ch. XIV.
(2) Loi 22 au code I, IV. (*De Episcopali audientia*.). Cf. F. Hélie, *op.
cit.*, n° 239, p. 205.

et bientôt après, par la création d'officiers chargés, sans accuser eux-mêmes, de seconder l'action des magistrats. Il semble qu'il restait peu à faire pour séparer le droit de juger de celui d'intenter l'action répressive et substituer une partie publique à l'accusateur populaire défaillant. Les législations de Rome et de la monarchie franque ne surent pas ou plutôt n'eurent pas le temps d'aller plus avant. L'invasion des barbares pour la première, la Féodalité pour la seconde empêchèrent la réalisation de ce progrès. Il appartenait à la royauté victorieuse enfin de tous les obstacles qui s'opposaient à son essor, d'introduire le Ministère public, qui sortit d'elle comme l'effet de sa cause (1), dans nos législations modernes.

A côté de cette cause générale, il en est d'autres dont l'action a été plus immédiate, et qui ont donné naissance à plusieurs systèmes que nous allons successivement signaler sans faire de choix entre eux. Chacun nous parait en effet contenir une part de vérité, mais il faut les grouper pour obtenir la vérité tout entière, car le Ministère public est sorti d'un ensemble de pratiques qui se développèrent et se transformèrent à mesure que le pouvoir royal s'affirmait davantage. D'Aguesseau (2) croit que la première idée de donner à des officiers le droit de requérir, au nom du Roi, la punition des coupables, vint de ce que les Souverains se portaient eux-mêmes accusateurs, des évêques suspects de crimes de lèse-majesté. Henrion de Pansey (3) soutient que la pratique des poursuites d'office a été un acheminement vers la pensée de confier à un magistrat toutes les accusations. Nous préférons quant à nous l'explication suivante la plus généralement admise (4). Dans le courant du treizième siècle, les Rois, comme du reste les seigneurs ou les particuliers, constituaient des procureurs et des

<hr>

(1) Becot, de *l'Organ. de la justice, repr. aux princip. époques hist.* p. 231 et suiv., Domat, *Traité du droit public,* liv. 3, p. 191.

(2) D'Aguesseau, Œuvres complètes, tome V, p. 232.

(3) Henrion de Pansey, *op. cit.,* p. 183.

(4) F. Hélie, *op. cit.,* chap. 13, Becot, *loco cit.,* Meyer, *op. cit.,* tome II, p. 577, etc...

avocats, chargés de soutenir leurs intérêts devant les diversesjuridictions. Leur titre, leur donnait le droit de percevoir les amendes prononcées, et par conséquent celui de surveiller l'administration de la justice. L'intérêt fiscal les poussant, ils en profitèrent bientôt pour entamer la poursuite au nom du Roi qu'ils représentaient. Et quand les droits de la société se confondirent avec ceux du souverain, ces fonctions grandirent et se généralisèrent, mais changèrent à peine de nature.

L'époque où s'accomplit cette importante révolution juridique ? Il est impossible de l'indiquer d'une façon précise, car la loi ne créa pas le ministère public, elle adópta. Il est certain cependant que c'est dans le courant du quatorzième siècle qu'il fit son apparition, car il n'existait pas encore au treisième, et déjà (1), au début du quinzième, toutes les juridictions l'avaient adopté. A ce moment, les Prévotés et baillages, aussi bien que les Parlements étaient pourvus d'avocats et procureurs du Roi. Les seigneurs avaient leurs Procureurs fiscaux, et les évêques enfin se faisaient représenter par des Promoteurs.

Voilà donc le Ministère public établi partout, et tenu de « faire diligence, poursuite et recherche de crime, sans « attendre qu'il y ait instigateur, dénonciateur ou partie « civile (2) ». Est-ce à dire que les particuliers ne puissent plus intervenir dans la mise en mouvement de l'action publique ? Evidemment non. Le droit d'accusation tel que l'entendait le droit romain n'existe plus, c'est vrai, la dénonciation l'a remplacé. Mais la « *partie privée ou civile* », ayant un « *intérêt légitime* », put, au même titre que la partie publique, poursuivre la réparation du dommage subi et saisir la juridiction répressive, qu'il s'agit de délits privés ou publics distingués encore d'une manière confuse

(1) Beaumanoir XXX, 90, montre qu'il n'existait pas de son temps. En 1303 cependant, Jean le Bossu et Jean Pastureau étaient avocats du Roi. Une ordonnance de Philippe VI de 1344, l'ordonnance de 1493 manifestent son existence. Enfin, les ordonnances d'août 1522, novembre 1553 et mai 1586 l'organisent définitivement. Cf. F. Hélie, *op. cit.*, n° 216, p. 267.

(2) Ordon. de Blois, mai 1570, art. 184.

par la législation française. Dans ce cas, elle exerçait l'action pénale aussi bien que l'action civile, nullement confondues par nos anciens auteurs, et toujours préférée à la partie publique; elle laissait seulement à celle-ci la qualité de *partie jointe* (1). Le rôle du ministère public se bornait, dans ces affaires, à surveiller la procédure, à seconder les efforts de la partie civile et à continuer pour le compte de la société l'action qu'elle laissait tomber avant le dénouement (2). Dans ces conditions, on jugea inutile de conserver l'arsenal de garanties imaginées contre l'accusateur par les anciennes législations. On se borna à condamner aux frais et à des dommages intérêts le plaignant qui succombait, et on formula la règle adoptée par nos législateurs, que la transaction des parties est sans effet sur la poursuite (3).

La venue du Ministère public avait, on le voit, restreint et transformé le rôle des particuliers dans la mise en mouvement de l'action publique, sans le supprimer totalement. Il en fut de même de la poursuite d'office. La législation le conserva (4), mais diminua de beaucoup son importance, en obligeant le juge à communiquer la procédure au ministère public, et à prendre ses conclusions. Elle exigea aussi que les assignations fussent lancées aux témoins, à la requête de la partie publique (5). La jurisprudence le restreignit encore, au cas où le Ministère public restait inactif. Tel est sans doute le sens de la maxime que notre ancien droit formulait ainsi : « *Tout juge est officier du ministère public.* » C'est du moins l'opinion de Jousse, que d'Aguesseau hésite à admettre, et n'accepte que sous les plus extrêmes réserves. D'après lui, cet adage signifierait

(1) *Sic* : Jousse, *Traité de la justice criminelle*, tome III, part. 3, liv. 3, tit. Ier, art. 3, no 158, p. 61, Mangin, *op. cit.*, no 8. *Contrà* : Domat, *Traité du droit public*, livre 3, p. 191.

(2) Jousse, *ibid*, Lizet, Prat, crim., tit. II, p. 12 vo et 13.

(3) Ordon. de 1670, tit. 3, art. 7, et tit. 25, art. 19.

(4) Ordon. du 3 août 1536, chap. 2, art. 22, août 1539, art. 45, janv. 1560. art. 63.

(5) Ordon. de 1670, tit. X, art. 1er et 22, tit. VII, art. 11 et tit. XIV, art. 17.

seulement, dans la plupart des cas, que les juges ne sont pas liés par les conclusions des gens du Roi, et peuvent en retrancher, y contredire ou suppléer d'office (1). En tous cas, le mode de mise en mouvement de l'action publique qu'il indique n'a plus qu'une importance secondaire et nous n'insistons pas.

Il ne nous reste plus pour clore cette étude de la période monarchique qu'à exposer rapidement les formalités de l'accusation.

Nous ne referons pas une fois de plus le tableau de la procédure suivie au début de cette époque, ce serait répéter ce que nous avons dit à propos des cours des Barons et de chrétienté. Signalons seulement l'art. 1er de l'ordonnance de 1260, qui supprime le combat judiciaire et lui substitue la preuve testimoniale. Dès ce moment, d'ailleurs, le secret et l'écriture envahirent les procès criminels, même quand ils étaient introduits « *per accusationem* »; seul, le jugement était encore rendu publiquement. L'influence de l'Eglise hâta cette transformation en substituant l'enquête à l'accusation. L'ordonnance de 1498 (2), distinguait les « *procès criminels ordinaires* » jugés en la forme civile, et les « *procès criminels extraordinaires* » pour « *crimes énormes et qui sont déniés* ». Ces derniers étaient poursuivis sur procédure secrète, si le rapport de l'enquête et l'interrogatoire de l'accusé en montraient la nécessité. Cet interrogatoire était communiqué au Procureur du Roi, qui prenait ses réquisitions. Après cela, l'enquête était communiquée au prévenu, et ce dernier confronté avec les témoins ; le tout s'accomplissait secrètement pour éviter « les subor- « nations et forgements qui se pourraient produire ». Ensuite, le jugement était rendu publiquement ou en la chambre du conseil, « selon les louables coutumes des lieux », et exécuté immédiatement, sauf appel.

Mais l'ordonnance de 1498 ne contenait que l'ébauche de la procédure « *extraordinaire* ». Celles de 1536 et de

---

(1) Jousse, *op. cit.*, tome III, p. 66, nos 149, 150 et 151, *in fine*. D'Aguesseau, lettre du 11 mars 1730, tome X, p. 31, let. 23.

(2) Ordon. de mars 1498, art. 107, 108, 109, 110, 111, 116, et 120.

1539 la généralisèrent. Celle de 1670, enfin, lui apporta tous les perfectionnements dont elle était susceptible.

Quelque fut le mode suivant lequel la poursuite fût commencée, «*l'information*», nom nouveau de l'enquête, était le premier acte de la procédure, dans les détails duquel nous n'avons pas à entrer. Lorsqu'elle était close, les résultats en étaient communiqués aux Procureurs du Roi, ou fiscaux, qui donnaient leurs conclusions, en l'absence desquelles le juge, bien que non lié par elles, ne pouvait rien faire. Ces conclusions pouvaient tendre à l'élargissement du prévenu, à son renvoi immédiat devant les juges, si la peine encourue était pécuniaire, ou à la délivrance d'un décret ou ordonnance du juge, par laquelle l'accusé était « *assigné pour être ouï* », ou bien était l'objet soit d'un « *ajournement personnel* », soit d'une «*prise de corps*», mesures qui correspondent aux mandats de comparution, d'amener et d'arrêt de nos lois actuelles (1). On procédait ensuite à l'interrogatoire de l'accusé, dont les procès-verbaux mettaient les officiers du Roi, auxquels ils étaient transmis, en mesure de renvoyer, suivant les cas, l'affaire devant les juges civils, ou de décider si elle devait être poursuivie à l'extraordinaire (2).

Dans la seconde hypothèse, on procédait au « *recolement* », c'est-à-dire à la réitération de l'interrogatoire, on confrontait les témoins avec l'accusé, et une troisième communication de la procédure au Procureur du Roi était faite. Celui-ci donnait alors des conclusions définitives. Elles étaient délivrées par écrit et cachetées, et ne devaient pas être motivées. Au même moment, la partie lésée devait produire la « *requête de ses conclusions civiles* », dont copie était donnée à l'accusé qui pouvait y répondre par une « *requête d'atténuation* (3) ».

Dès lors, le procès était engagé et l'action publique mise

(1) Ordon. de 1539, art. 144 et 145 ; de 1498, art 107, de 1570, art. 203, de 1670, tit VI, art, 1, 11, tit. III, art. 8, tit. X, art. 12.

(2) Ordon. d'août 1536, chap. II, art. 10 ; d'août 1539, art. 146 ; de 1670, tit. XIV, art. 7.

(3) Ordon. de 1670, tit. XXIV, 1, 3, tit. XXIII, 3. Ordon. de 1539, art. 157. Jousse, *op. cit.*, tome II, p. 515. Muyart de Vouglans, p. 650.

en mouvement d'une façon définitive. Nous laisserons désormais la procédure se poursuivre dans l'ombre et le mystère jusqu'au jugement et à l'exécution de la sentence. On le voit, peu de garanties étaient laissées à l'accusé par ce système. La torture, rigoureusement appliquée, devait parfois faire succomber l'innocent, dont la seule ressource, illusoire souvent, eût été la bonne foi du juge, si le Ministère public, protecteur naturel des malheureux, aussi bien que défenseur de la société, n'avait eu par son intervention le droit d'entraver la poursuite, de provoquer de plus amples informations et de demander le relaxe de l'accusé dont l'instruction laissait douteuse la culpabilité.

PÉRIODE INTERMÉDIAIRE

Contrairement à ce que l'on pourrait croire, la révolution française, qui bouleversa d'un souffle de tempête la société tout entière, déplaça le siège de la souveraineté, et substitua à un régime éminemment monarchique et aristocratique, le régime de la démocratie sous une forme républicaine, ne fit pas, en notre matière du moins, table rase de tous les souvenirs du passé. Sans doute, les règles de la mise en mouvement de l'action publique subirent le contre coup de cette transformation, mais les législateurs tendirent moins à faire une œuvre entièrement nouvelle, qu'à concilier entr'eux les deux systèmes qui avaient régi notre ancienne France. A l'un comme à l'autre, on emprunta tout ce qui était compatible avec les droits de l'homme, récemment promulgués, mais on se garda bien de déduire des principes nouveaux toutes leurs conséquences. Montrant ainsi, dit très justement M. Ortolan, que « rien ne se « produit sans la loi de la génération; en toute chose, le « présent est fils du passé et père de l'avenir ».

La révolution substitua une nouvelle organisation judiciaire à celle de la monarchie. Aux basses et moyennes justices et aux prévôtés, succédèrent des tribunaux tour à tour dénommés de *police municipale,* de *police correctionnelle* et de *simple police*, composés de trois juges choisis dans leur sein par les officiers municipaux, et jugeant toutes les infractions en matière de police. Les hauts justiciers, les bailliages et sénéchaussées, les chambres criminelles des parlements elles-mêmes, furent remplacées par des « *tribunaux correctionnels* » connaissant au nombre de trois juges, de tous les délits privés poursuivis autrefois à l'ordinaire, c'est-à-dire civilement. Ces juridictions inférieures qui ressortissaient aux « *tribunaux de district* », juges d'appel de leurs décisions, étaient, on le voit, comme celles de la monarchie, exclusivement composées de juges permanents. Sans repousser cet élément, la législation de 1791 le compléta dans l'organisation des « *tribunaux criminels* », par l'adjonction du jury, dont les jugements par pairs des premiers temps de notre histoire lui avaient sans doute donné l'idée. Un président qui succédait aux anciens lieutenants criminels, et trois juges, empruntés à tour de rôle aux tribunaux de district, composaient la juridiction criminelle au sein de chaque département. A côté d'eux, siégeait un jury dejugement, se réunissant le quinze de chaque mois, formé de douze membres choisis sur une liste de deux cents citoyens. Lui seul se prononçait sur la culpabilité. Les juges s'emparaient de sa déclaration, et ne faisaient qu'appliquer la peine.

Au sommet de l'ordre judiciaire fut place un « *tribunal de cassation* » ayant pour mission de surveiller l'application de la loi dans les tribunaux criminels (1).

Ces juridictions, complétées par un greffier, un accusateur public et un commissaire du Roi, étaient exclusivement chargées de statuer en matière criminelle. Cette organisation qui se perpétua, sans modifications essentielles, jusqu'à la rédaction du Code d'instruction criminelle, sépara entièrement la justice pénale de la justice civile, achevant ainsi l'œuvre de la monarchie qui n'avait su réaliser, et

(1) Voir sur cette organ. jud. : Loie du 4-11 août 1789, art. 4; 16-24 août 1790, tit. XI, 6; 10-15 mai; 19-22 juillet 1791, tit. I, 42, tit. II, 45 et 61; 16-20 septembre 1791. 2ᵉ part., tit. VI, VII et VIII. Code du 3 brumaire an IV, et Loi du 1ᵉʳ décembre 1790.

encore incomplètement, ce progrès que pour les juridictions supérieures.

Puisque d'après l'art. 3 de la déclaration des droits de
l'homme, « le principe de toute souveraineté réside essen-
« tiellement dans la nation, » il semble qu'on aurait dû en
conséquence accorder, comme à Rome, le droit d'accuser
« *cuilibel ex populo* ». Mais on était trop pénétré des avantages du Ministère public, pour oser le supprimer. Cependant, laisser aux mains du Roi la disposition de l'action
pénale, paraissait contraire aux théories nouvelles. On
trancha la difficulté en déclarant que « l'accusateur public
« sera nommé par le peuple (1) ». Par application de cette
règle, trois catégories de magistrats durent, sous l'empire
de la législation de 1791, concourir à l'exercice de l'action
publique. Les « *juges de paix* », qui réunissaient sur leur
tête la triple qualité d'officiers de police judiciaire, d'a-
gents du Ministère public et de juges instructeurs, la
mirent en mouvement, soit d'office, soit sur une dénonciation ou une plainte. Les « *accusateurs publics* » l'exercèrent devant les tribunaux, et furent les avocats de l'accusation. Les « *commissaires du Roi* », représentants du
pouvoir exécutif, eurent enfin l'obligation de requérir l'application de la peine, de veiller à l'exécution des jugements,
et même de poursuivre d'office, ou sur l'ordre du Roi,
certains crimes qui lésaient plus directement l'ordre public (2).

Le rôle des particuliers s'accrut quelque peu, et
cela s'explique tout naturellement, grâce aux théories
nouvelles. Non seulement la partie lésée eut le droit,
par voie de « *dénonciation de tort personnel* » ou de
« *plainte* », de mettre l'action publique en mouvement,
sous la simple condition de déposer un écrit signé de
sa main; mais encore le simple « *dénonciateur civique* »,
satisfaisant aux mêmes exigences, put obliger les officiers

(1) Constit du 3-14 septembre 1791, chap. V, art. 1, 2, 25, 26.
(2) Voir, pour les détails, décret du 16-29 septembre 1791, tit. III,
art. 5 et 6, tit. 2, art. 1 ; tit. 4, art. 5 ; 2e part., tit. 1 et suiv. ; tit. 4, art 1 ;
tit. V, art. 1, 2, 3 et 4.

de police à poursuivre, ou saisir lui-même le jury d'accusation du district, au cas de refus de ces magistrats. C'était presqu'un retour, au moins momentané, au système des accusations populaires (1).

Tel sortit de la combinaison des anciennes maximes et de l'esprit nouveau, le système adopté par la législation de 1791. Inutilement compliqué, il avait le tort en outre de réunir sur la tête des magistrats chargés de la poursuite, les qualités incompatibles de partie publique et de juge instructeur. Il ne tarda pas d'ailleurs à être modifié. Les commissaires du Roi, devenus « *commissaires nationaux* », après la chute de la royauté, furent supprimés par la Convention nationale, et leurs fonctions furent remplies par les accusateurs publics. Bientôt après, cette même assemblée, lorsque fonctionna le Tribunal révolutionnaire, confia à un comité de six membres le soin de poursuivre la répression des crimes politiques, et étendit cette règle à tous les tribunaux criminels (2).

Les atrocités commises sous l'empire de cette législation, amenèrent bientôt une réaction. Aussi, la Constitution du 5 Fructidor an III rétablit les commissaires nationaux sous le nom de « *commissaires du pouvoir exécutif* ». Le Code des délits et des peines du 3 Brumaire an IV, imbu de l'esprit de cette Constitution, revint au système de 1791, mais s'inspira sur bien des points des règles édictées par l'ordonnance de 1670. Les juges de paix conservèrent leurs fonctions, mais les exercèrent sous le contrôle des directeurs du jury qui, se substituant à eux, eurent le droit exclusif d'informer sur les crimes intéressant la sûreté générale. Le rôle des accusateurs publics et des commissaires du pouvoir exécutif resta sensiblement le même. Il n'en fut pas ainsi de celui des particuliers. L'art. 4 du Code de Brumaire, ayant soigneusement séparé l'action civile et l'action publique, et supprimé toute distinction entre les infractions, en décidant que « tout délit donne

<hr>

(1) Décret des 8 et 9 octobre 1789, art. 3 et 4. Loi des 16, 29 septembre 1791, 1re part. tit. V, art. 1-51, 2e part., tit. 1er.

(2) Décret du 20 octobre 1792, 10 mars 1793, 7 frimaire an II.

essentiellement lieu à une action publique », il s'ensuivit une importante diminution des droits de la partie lésée. Elle put encore, il est vrai, intervenir par la voie de la dénonciation « *officielle* » ou « *civique* » et de la « *plainte* », provoquer la mise en mouvement de l'action publique, et en surveiller l'exercice, mais son droit d'initiative disparut. L'accusation ne fut plus intentée que par les magistrats représentant la nation (1).

C'était un pas dans la voie de la concentration. Le gouvernement consulaire n'eut garde de s'arrêter en si bon chemin. Par la loi du 22 Frimaire an VII, confirmée par celle du 22 Ventôse de la même année, il réserva au pouvoir exécutif le droit de nommer les juges civils et criminels, supprima les accusateurs publics et attribua leurs fonctions aux « *commissaires du Gouvernement* (2). » Élus encore par le peuple, les juges de paix virent, par ce fait, singulièrement diminuer l'importance des pouvoirs qu'ils exerçaient sous la surveillance de ces magistrats. D'ailleurs, la loi du 7 Pluviôse an IX compléta l'œuvre commencée. Séparant les fonctions judiciaires de celles de la partie publique, elle supprima l'intervention des juges de paix en notre matière, et les directeurs du jury devinrent alors de véritables juges d'instruction, et rien autre chose. Aux officiers du ministère public seuls appartint la mission de mettre l'action publique en mouvement, le droit des particuliers restant ce que l'avait fait le Code de l'An IV. La contre-révolution eut été complète si on n'eut encore, par une bizarre contradiction, accordé aux officiers de police judiciaire, dénommés « *magistrats de sûreté* », le droit d'informer, et confondu une fois de plus l'instruction et la poursuite (3). Mais cette confusion est plus apparente que réelle, car le directeur du jury pouvait refaire tous les actes accomplis par les agents du minis-

---

(1) Code des délits et des peines du 3 brumaire an VI, art. 56, 81, 100, 101, 140, 141, 142, 148, 162, 186, 227, 278, 292, 317, 370. Constitution de l'an III, art. 234 et 241.

(2) Loi du 22 frimaire an VIII, art. 41 et 63.

(3) Circul. du min. de la justice du 21 floréal an IX.

tère public ; il en assumait donc la responsabilité, et, en réalité, ne laissait, à ces derniers, que l'accusation.

Signalons enfin, pour terminer sur ce sujet, l'art. 84 du Sénatus-Consulte, organique du 16 Thermidor an X, qui vint apporter à l'institution du ministère public l'unité et la cohésion nécessaires à son fonctionnement régulier.

Si l'attribution du droit d'accuser subit de nombreuses vicissitudes, il n'en fut pas de même de la procédure de mise en mouvement de l'action publique. Les agents chargés d'en remplir les formalités changèrent souvent, mais celles-ci restèrent, jusqu'à la rédaction du Code d'instruction criminelle, telles que les avait établies la législation de 1791, qui s'inspira largement des dispositions de l'ordonnance de 1670, en les appropriant aux exigences nouvelles. Aussi pourrons-nous être très brefs, et nous borner simplement à indiquer les modifications apportées.

Devant les juridictions inférieures, tout se passait à l'audience, qui était publique ; les formes de l'accusation sont sans intérêt et nous passons.

La marche de la procédure était plus compliquée en matière criminelle (1). Le juge de paix procédait d'abord à l'information, soit sur une plainte ou une dénonciation, soit d'office. Cette information était notifiée au directeur du jury et complétée par lui. A ce magistrat appartenait de décider s'il y avait lieu ou non de continuer le procès. Si la poursuite était mal fondée, le Tribunal du district, convoqué, prononçait, en chambre du Conseil, une ordonnance de non-lieu. Si, au contraire, l'accusation paraissait justifiée, le directeur du jury rédigeait un acte d'accusation qu'il communiquait au commissaire du Roi. En même temps, la partie civile, qui n'avait pu s'entendre avec l'auteur de ce document, rédigeait le sien (2), qui avait le pouvoir de mettre l'action publique en mouvement sous l'empire des lois de 1791, et ne fut plus qu'un élément

(1) Durant la période antérieure aux lois de 1791, la procédure réglée par l'ordonnance de 1670 subsista, sauf quelques modifications apportées par la loi du 8 octobre-3 novembre 1789, tendant à accorder quelques garanties nouvelles à l'accusé.

(2) Loi du 16-29 septembre 1791, art. 9.

d'appréciation, lorsque le droit d'accuser fut enlevé aux particuliers. Le jury d'accusation ensuite, fonctionnant comme un véritable tribunal, après la lecture des pièces, l'audition des témoins et de la partie poursuivante, rejetait ou admettait, à la majorité des voix, l'accusation. Si le verdict était affirmatif, l'action était définitivement engagée, et la juridiction de jugement régulièrement saisie.

Cette procédure fut strictement conservée par les lois postérieures, malgré l'action grandissant sans cesse du ministère public, et la substitution des directeurs du jury d'accusation aux juges de paix.

Nous ne voulons pas nous inquiéter, ici, du Tribunal révolutionnaire, devant lequel toutes les formes régulières furent violées. A ce moment, le droit d'accuser, comme aux plus mauvais jours de l'empire romain, devint la proie d'infâmes délateurs, et ses manifestations ne méritent pas d'attirer notre attention au point de vue juridique. C'est là un de ces terribles accidents qui surviennent quelquefois dans la vie d'un peuple; il faut en maudire les auteurs, et plaindre les victimes, mais on ne saurait voir en eux que l'œuvre temporaire des passions politiques et de la fureur populaire déchaînées, non l'œuvre de la justice.

En même temps que l'examen de notre sujet dans la période intermédiaire, nous avons terminé l'étude historique des règles de la mise en mouvement de l'action publique, nécessaire pour montrer l'origine des matériaux qui, suivant le mot de M. F. Hélie (1), « couvraient le sol législa- « tif quand les travaux préparatoires du Code d'instruction « criminelle commencèrent ». La révolution déblaya le terrain quelque peu encombré, et prépara la voie dans laquelle allaient marcher d'un pas plus sûr les rédacteurs des lois nouvelles, dont nous allons faire l'objet de notre seconde partie.

____

(1) F. Hélie, *op. cit.* p. 416, n° 387.

IIe PARTIE

De la mise en mouvement de l'action publique dans le droit français actuel.

Comme dans la première partie de notre thèse, nous resterons fidèles à la méthode historique que nous nous sommes efforcé de suivre jusqu'ici. Nous tâcherons de montrer les liens qui rattachent les lois nouvelles à celles qui les ont précédées. L'influence de ces dernières se fait sentir dans les moindres dispositions comme dans les plus importantes de notre Code. Connaissant leurs antécédents, « nous pourrons, suivant l'expression de M. Faustin Hélie, « descendre dans le détail de leurs prescriptions, retrouver « la source de chaque règle, noter l'époque où elle s'est « développée, constater la raison et le but de son institution (1) ».

Nous consacrerons un *premier chapitre* à répondre à la question que nous nous sommes posé souvent déjà : *A qui appartient le droit de mettre l'action publique en mouvement ?* Après avoir sommairement indiqué l'état actuel de notre organisation judiciaire, nous exposerons les notions générales et dégagerons les principes de la matière.

Dans un *deuxième chapitre*, nous étudierons les dérogations apportées par le Code lui-même ou les lois postérieures, aux règles que nous aurons établies plus haut.

Dans un *troisième et dernier chapitre*, nous examinerons la procédure de cette mise en mouvement devant les diver-

---

(1) F. Hélie, *op. cit.* p. 455, n° 301, *in fine.*

ses juridictions. Nous le terminerons, bien que nous ayons l'intention de borner notre étude aux matières de droit commun, par un examen des règles de l'accusation devant la haute cour de justice. Leur caractère et les particularités qui les distinguent nous ont semblé dignes d'attirer un moment notre attention.

CHAPITRE PREMIER

A QUI APPARTIENT LE DROIT DE METTRE L'ACTION PUBLIQUE EN MOUVEMENT ?

« L'infraction que les lois punissent des peines de police
« est une *contravention*. L'infraction que les lois punissent
« de peines correctionnelles est un *délit*. L'infraction que
« les lois punissent d'une peine afflictive ou infâmante est
« un *Crime* (1). » En faisant cette déclaration, le Code pénal n'a fait que préciser en un texte formel une division
des infractions imposée par leur nature même, et donner
à chaque espèce une dénomination scientifique concordant
avec le caractère et la gravité des peines qui les frappent.
Cette distinction existait en fait durant la période révolutionnaire. Aussi, dès cette époque, trois sortes de juridictions répressives correspondirent exactement à ses trois
termes. Le code d'instruction criminelle ne pouvait que se
conformer à ces précédents parfaitement justifiés. Il l'a
fait en instituant (2) des tribunaux de simple police, des tribunaux correctionnels et des cours d'assises.

Au premier degré de l'échelle judiciaire, nous trouvons
d'abord les *Tribunaux de simple police*. Ils ne sont autre
que les Justices de paix ordinaires, décorées d'un nom nouveau, et sont, comme en matière civile, composés d'un Juge
de paix assisté d'un greffier et d'huissiers. Le code d'instruction criminelle décidant que « la connaissance des
« *contraventions* de police est attribuée exclusivement au
« juge de paix du canton dans l'étendue duquel elles ont
« été commises (3), » leur donne la juridiction en matière
pénale. Il établit leur compétence et la limite en disant :

(1) Code pénal, art. 1er.
(2) *Code d'inst. crim.* liv. II.
(3) *Code d'inst. crim.*, art. 138.

« Sont considérées comme contraventions de police simple,
« les faits qui, d'après les dispositions du quatrième livre
« du Code pénal, peuvent donner lieu, soit à quinze francs
« d'amende ou au-dessous, soit à cinq jours d'emprisonne-
« ment ou au-dessous, qu'il y ait ou non confiscation des
« choses saisies et quelle qu'en soit la valeur (1). »

Les appels des jugements rendus par les tribunaux de simple police sont portés devant la juridiction immédiatement supérieure : le tribunal correctionnel (2).

Les *Tribunaux correctionnels*, chargés de statuer en dernier ressort sur les décisions rendues par les juges de simple police, ont, en outre, la connaissance des infractions que l'art. 1er du Code pénal a qualifiés *délits*. Rien, si ce n'est le nom, ne les distingue des tribunaux civils de première instance avec lesquels ils s'identifient. Au nombre de trois juges, ils connaissent de tous les délits forestiers, ou autres, dont la peine excède cinq jours d'emprisonnement et quinze francs d'amende, l'appel de leurs jugements est porté devant la Cour (3).

Comme on le voit, les rédacteurs du Code de 1808 avaient emprunté aux législations qui l'avaient immédiatement précédé, le principe de la permanence des juges, mais ils avaient confié aux mêmes juridictions destinées à former un grand corps de magistrature, le soin de rendre la justice en matière civile comme en matière criminelle. On pensa qu'un pareil système serait de nature à gêner la promptitude et la régularité de la répression des *crimes*, constituant la classe la plus importante des infractions, et on confia à des *Cours d'assises* la mission de les punir. On s'inspira des pratiques suivies dans les premiers temps de notre histoire, en les modifiant de façon à simplifier et régulariser le fonctionnement des institutions nouvelles. Les cours d'assises ne sont pas en conséquence des tribunaux permanents. Composées d'un président choisi parmi

(1) *Ibid.* art. 137.
(2) *Ibid.*, art. 172.
(3) *Ibid.* art. 179, 180 ; loi du 20 avril 1810, art. 40 ; *Code d'inst. crim.*, art. 101.

les membres de la cour d'Appel, et de deux assesseurs empruntés à la même juridiction ou au tribunal du lieu de leur tenue, elles se réunissent tous les trois mois au moins, au chef-lieu de chaque département (1). A côté d'elles, siège un jury de douze citoyens auxquels seuls appartient le droit de se prononcer sur la culpabilité, la Cour se bornant à appliquer la loi et prononcer la peine conformément au verdict émis par eux. Ce dernier, ainsi que l'arrêt qui en est la conséquence, ne sont pas susceptibles d'appel. La violation de la loi donne seulement aux parties le droit de se pourvoir devant la *Cour de cassation* (2).

Nous ne pousserons pas plus loin cet examen de notre organisation judiciaire en matière criminelle. Quelque sommaire qu'il paraisse, il est néanmoins suffisant pour indiquer le cadre dans lequel vont se mouvoir les personnes auxquelles notre législation à confié le droit de mettre l'action publique en mouvement dont la détermination est le sujet de cette division.

Toutes les fois qu'il nous a été possible d'assister à la naissance d'une civilisation, nous avons trouvé le droit de vengeance privée, comme le premier et unique moyen de réprimer les actes de violence qui auraient pu s'opposer à son développement. Bientôt, nous avons vu la société devenir assez forte pour prendre en main sa propre défense et le pouvoir social suffisamment organisé pour assurer à la victime la réparation du dommage causé. Mais longtemps encore, l'action publique pour la répression du crime se confondit avec l'action civile tendant à indemniser la partie lésée, et fut l'arme principale, et, sauf quelques exceptions, la propriété exclusive de cette dernière. Elle s'en dégagea pourtant et se sépara d'elle. A partir de ce moment, bien que le droit de l'intenter fût réservé de préférence à celui qui avait souffert de l'attentat, elle appartint en principe à tous les citoyens, et quelque fût l'agent de sa mise en mouvement, tout démontre qu'il était considéré comme exer-

(1) *Code d'inst. crim.*, art. 231, 251, 252, 253, 258 et 259, loi du 20 avril 1810, art. 17, 18, 19, 20 et 21.

(2) Art. 358, 362 et 262, code d'inst. crim.

çant une fonction publique, à l'accomplissement de laquelle
la société tout entière était intéressée. La réglementation
sévère du droit d'accusation est la meilleure preuve que
l'on puisse fournir de cette vérité.

Un pareil système devait forcément entraîner des
abus qu'il fallut rigoureusement châtier. Effrayé, ou lassé,
l'accusateur populaire commença dès lors à s'abstenir, et
la société se serait trouvée désarmée si le juge n'eût relevé
l'arme tombée des mains des particuliers et n'eut intenté
lui-même l'action publique, au nom du pouvoir social dont
il était le représentant. Mais ceci encore avait ses inconvénients, le magistrat ne pouvait, sans danger, être juge et
partie à la fois. On comprit qu'une semblable pratique était
par trop contraire aux nécessités de la défense et n'offrait
pas assez de garanties à l'accusé. Aussi, bientôt, avons-nous
constaté partout une tendance, manifestée sous des formes
très diverses, à créer une magistrature distincte de l'autorité judiciaire, ayant pour unique fonction la mise en mouvement et l'exercice de l'action publique au nom de l'intérêt
général et laissant seulement aux parties lésées l'action civile en dommages-intérêts. Cette tendance, toutefois, n'aboutit dans les anciennes législations qu'à d'informes ébauches.
Ce n'est que vers le treizième siècle de notre ère que l'idée
du Ministère public fit sa trouée, et s'affirma en même
temps que le pouvoir royal. L'institution se développa rapidement, et reçut son nom en revêtant sa véritable
forme.

A partir de ce moment, on peut dire que le système des
accusations populaires et la poursuite d'office ont vécu. Non
point que ceci ait tué cela immédiatement; la lutte entre le
Ministère public et ces deux modes de poursuite s'est conti-
nuée en effet durant de longs siècles. Mais l'histoire du
premier n'est qu'une suite de victoires, et malgré la revanche momentanée des anciennes pratiques durant la période
révolutionnaire, son triomphe était bien près de devenir
définitif au moment de la rédaction des lois nouvelles. Elles
n'ont fait que le consacrer en déclarant que : « *L'Action*
« *pour l'application des peines n'appartient qu'aux fonc-*

« tionnaires *auxquels elle est confiée par la loi* (1) ».

Nous croyons que ce texte a une portée générale et absolue, et s'applique aussi bien à la mise en mouvement de l'action publique qu'à son exercice, et la place tout entière entre les mains du Ministère public, ainsi que nous nous efforcerons de le démontrer dans la suite. Nous ne saurions nier néanmoins que les particuliers aient le droit, dans une certaine mesure, d'intervenir dans l'accusation, et nous devons reconnaitre que l'ancienne maxime : « *Tout juge est officier du Ministère public* », n'a pas encore entièrement perdu sa raison d'être. Nous devons donc étudier la part respective prise par le Ministère public, la partie civile et le juge dans cette première phase de la procédure criminelle. Cette étude, que nous nous proposons de faire approfondie, sans nous préoccuper, toutefois, de ce qui concerne la police judiciaire et l'instruction, nous permettra d'assigner à chacun son véritable rôle, et de dégager les principes consacrés par la législation actuellement en vigueur.

SECTION PREMIÈRE

DU RÔLE DU MINISTÈRE PUBLIC

Les rédacteurs du Code d'instruction criminelle, considérant que l'action publique est l'apanage du pouvoir exécutif, ont décidé dans l'art. 1ᵉʳ que nous venons de rapporter, « qu'elle n'appartient qu'aux fonctionnaires auxquels elle est confiée par la loi », et que ceux-ci par conséquent ont seuls le droit (nous le croyons du moins) de la mettre en mouvement. C'est donc par eux que nous devons commencer notre examen. L'ensemble de ces fonctionnaires (sauf quelques exceptions que nous étudierons plus loin) constitue ce qu'on est convenu d'appeler le Ministère public, dont nous allons étudier l'organisation et le rôle.

(1) Code d'Inst. crim. art. 1.

§ 1er. *Organisation du Ministère public.*

A sa tête, avec le caractère d'un supérieur hiérarchique ayant droit de surveillance et de discipline se trouve le Ministre de la justice (1). Puisque l'action publique est un des attributs du pouvoir exécutif, il fallait bien que les magistrats chargés de son exercice relevassent directement de lui. Le garde des sceaux est le lien qui rattache les officiers du Ministère public au gouvernement « dont il est « l'organe légal et responsable pour tout ce qui concerne « l'administration de la justice. Ce n'est qu'à lui qu'ils doi- « vent en référer dans les affaires mixtes. Ce n'est que par « son intermédiaire qu'ils doivent correspondre avec les « autres ministres. Éviter les rapports directs avec ceux-ci, « c'est, pour les procureurs généraux, un devoir dont l'ac- « complissement n'intéresse pas moins l'administration de « la justice que son indépendance (2) ».

A côté du Ministre de la justice, signalons le procureur général près la Cour de cassation. L'art. 81 du sénatus-consulte du 16 thermidor an X lui donne le droit de « sur- « veiller les commissaires près les tribunaux d'appel et les « tribunaux criminels (3) ». Cette surveillance ne fait pas double emploi avec celle du Ministre. « Celle-ci est essen- « tiellement administrative, l'autre a plutôt un caractère « judiciaire. L'une a pour but le maintien de la discipline « et la bonne administration de la justice, l'autre l'appli- « cation des doctrines enseignées par la jurisprudence, le

(1) Art. 60 et 61 de la loi du 20 avril 1810, qui ne font que consacrer une fois de plus les dispositions contenues dans les art. 52 de la loi du 27 avril-25 mai 1791, de la loi du 10 vendémiaire an IV et 81 du sénatus-consulte organique du 16 thermidor an X.

(2) Mangin, traité de l'action publique et de l'action civile, tome 1, n° 88.

(3) Nous n'avons pas à étudier ici l'étendue et les limites de ce droit de surveillance. Cet examen n'entre pas dans le cadre de notre sujet. Voir pour plus de détail, Tarbé : *Lois et règlements de la Cour de cass. Intro-duct.*, p. 100.

« rappel aux prescriptions oubliées des lois et des règle-
« ments (1) ».

M. Meyer (2) apprécie très justement cette double institution quand il dit : « Une précaution de la loi, fut de su-
« bordonner tous les procureurs généraux à l'action du Mi-
« nistre de la justice, et à la surveillance de l'autorité cen-
« trale du Ministère public, près la Cour de cassation, avec
« lesquels ils sont en correspondance directe. C'est par ce
« moyen que la marche de tous les procureurs généraux,
« et par conséquent de toute la partie active de la justice
« est dirigée vers un seul et même but, et qu'on peut pro-
« clamer comme une vérité de fait ce qui n'était qu'une
« règle de droit, que le Ministère public est *un.* » Nous ne
nous occuperons pas davantage néanmoins du rôle si utile
joué par le Garde des Sceaux et le Procureur général près
la Cour de cassation. Il n'a en effet que des rapports très
indirects avec le sujet qui nous préoccupe. Ni l'un ni l'autre de ces fonctionnaires ne participent à l'action publique.
Ils la dirigent, mais ils ne l'exercent pas et ne sauraient
par conséquent la mettre en mouvement (3). Ce droit n'appartient, car il faut toujours en revenir à l'art. 1er du Code
d'instruction criminelle qui est la base et la règle direc-
trice de toute notre matière, qu'aux fonctionnaires désignés par la loi.

Au premier rang des magistrats investis à des degrés
différents du droit d'intenter l'action publique, nous trouvons les *Procureurs généraux près les Cours d'Appel.*
Dans le ressort de chacune d'elles, ils exercent et dirigent
cette action dans toute sa plénitude. La loi du 30 avril 1810
dit, en effet, dans son article 6 : « Les fonctions du Minis-

(1) Faustin-Hélie, *op. cit.* n° 638 in *fine.*
(2) Meyer, *op. cit.* tome IV, p. 429.
(3) Il faut cependant faire une exception en faveur du procureur général
près la Cour de cass. qui, en vertu des art. 486 et suiv. du code d'inst.
crim. au cas de crime commis par un tribunal quelconque ou un membre
d'un tribunal, a parfaitement le droit de mettre l'action publique en jeu. Il
est bon toutefois de remarquer que cette exception n'est que la conséquence du droit de surveillance qui lui est accordé et confirme pleinement
la règle que nous venons de poser.

— 150 —

« tère public seront exercées à la Cour impériale par un
« procureur général impérial. » Elle ajoute encore aux
articles 45 et 47 : « Les Procureurs généraux exercent l'ac-
« tion de la justice criminelle dans toute l'étendue de leur
« ressort ; ils veilleront au maintient de l'ordre dans tous
« les tribunaux ; ils auront la surveillance de tous les offi-
« ciers de police judiciaire. — Les substituts du Procureur
« général exercent la même action, dans les mêmes cas,
« d'après la même règle, sous la surveillance et la direc-
« tion du Procureur général. » Et l'art. 42 du décret du
6 juillet 1810, confirme une fois de plus ces dispositions,
quand il décide que « toutes les fonctions du Ministère
« public sont spécialement et personnellement confiées à
« nos Procureurs généraux. Les avocats généraux et les
« substituts ne participent à l'exercice de ces fonctions que
« sous la directions des Procureurs généraux.» Nous pour-
rions citer encore sur ce point de nombreux textes épars
dans notre législation (1), mais ils ne sont que des applications du principe posé dans les dispositions que nous
venons de rapporter, et c'est de ce principe seul dont nous
avons à nous préoccuper ici.— Il en résulte que le Procureur
général tient directement de la loi le pouvoir d'exercer
l'action publique, et que dans l'accomplissement de cette
tâche il est le représentant de la société toute entière,
« l'homme de la justice ». Mais nous savons, d'autre part,
par ce que nous avons déjà dit du rôle du Ministre de la
justice, que le Procureur général est en même temps l'a-
gent du gouvernement, le délégué du pouvoir exécutif. Il
y a donc en lui une dualité d'attributions, sur laquelle
nous aurons à revenir lorsque nous étudierons le fonctionnement du Ministère public, mais qu'il était, d'ores et déjà
intéressant et utile de signaler ici. Cette dualité, d'ailleurs,
a été voulue par le législateur. Cela ressort, avec évidence,
des paroles prononcées au corps législatif par M. Treilhard, rapporteur de la loi sur l'organisation judiciaire,

(1) Ces textes sont les art. 27, 178, 198, 203, 217, 249, 250, 272, 274,
275, 276, 279, 479 et 483 du code d'instruction criminelle, et l'art. 10 de la
loi du 20 avril 1810.

lorsque voulant donner une haute idée de la mission du Ministère public et du Procureur général, il s'écriait : « Quelles grandes fonctions sont déléguées, et quels de- « voirs sont imposés au Ministère public! C'est aux procu- « reurs généraux que Sa Majesté confie ce grand ministère; « ils sont chargés du dépôt précieux de l'ordre public et de « l'exercice de l'action de la justice criminelle. La paix « et la tranquillité des citoyens sont fondées sur leur cou- « rage et leur loyauté; ils doivent veiller sans cesse afin « que les autres reposent ». Et il ajoutait. insistant da- vantage sur les deux caractères que revêt le Ministère pu- blic, les opposant pour ainsi dire l'un à l'autre : « Le Pro- « cureur général est l'homme du gouvernement; c'est son « agent immédiat; c'est lui qui le représente dans toutes « les affaires où le domaine de l'Etat est intéressé. Investi « de sa confiance, c'est de son concours avec les cours im- « périales qu'il attend le succès des nouvelles lois qu'il « donne à la France, le repos et la sécurité de la grande « famille; ministre puissant et sévère, il doit être l'asile de « l'innocence et la terreur des méchants; il doit assurer « le règne des lois, en signalant tous les abus qui pour- « raient les altérer. »

On conçoit aisément que le Procureur général ne pour- rait suffire seul à l'accomplissement de cette magnifique mais écrasante tâche. Aussi la loi lui a donné des avocats généraux et des substituts du parquet pour collaborateurs immédiats : « Il aura, dit l'art. 6 de la loi du 20 avril 1810, « des substituts pour le service des audiences à la Cour Im- « périale. » Parmi ces substituts, les uns sont spécialement chargés de porter la parole, et sont appelés avocats géné- raux (1); aux autres, nommés substituts du parquet, sont de préférence confiés, et ceci se rattache plus directement à notre sujet, « l'examen et les rapports sur les mises en « accusation ; ils rédigent les actes d'accusation et assis- « tent le Procureur général dans toutes les parties du ser- « vice intérieur du parquet (2). » Ces attributions n'ont

(1) Art. 44 de la même loi.
(2) Art. 42 du décret du 6 juillet 1810.

d'ailleurs rien d'absolu, et au cas d'empêchement, ces magistrats peuvent et doivent se suppléer les uns les autres (1).

Avocats généraux ou substituts du parquet, les coadjuteurs du Procureur général n'ont point de pouvoir qui leur soit propre. Ils n'ont d'autre droit que ceux qu'une délégation expresse ou tacite du chef du parquet leur a concédés. Cela ressort avec évidence des textes législatifs (2) et des travaux préparatoires. M. Treilhard ne prononce-t-il pas en effet, dans le rapport dont nous avons déjà cité quelques lignes, ces paroles qui sont tout à la fois l'exposition et la justification de cette règle : « Les substituts du Procureur « général exercent le même pouvoir que lui, mais sous sa « direction spéciale, car l'unité de ce ministère en fait la « force et le principe, et son action, pour être bienfaisante « et salutaire, doit être constamment la même. »

Le Procureur de la République qui occupe le second degré de la hiérarchie dans l'organisation du Ministère public, est aussi un substitut du Procureur général. Ce Magistrat, dit la loi du 20 avril 1810, en son art. 6, « aura « des substituts pour le service des Cours d'assise et pour « les tribunaux de première instance ». Ce texte établissait en conséquence des Procureurs impériaux criminels et des Procureurs impériaux. Mais les premiers ont été supprimés par la loi du 15 décembre 1815 et le Procureur impérial, aujourd'hui, est seul chargé, sous le nom de Procureur de la République, du service des assises et du parquet des tribunaux d'arrondissement. C'est par lui que « les fonc-« tions du ministère public (sont) exercées dans chaque « tribunal de première instance », sous la surveillance du Procureur général (3). « C'est le Procureur impérial, di-« sait encore M. Treilhard, qui est spécialement chargé

(1) Voir art. 6 de la loi du 20 avril 1810 et préambule du décret du 29 avril 1811, et surtout les art. 51 et 52 du décret du 6 juillet 1810.

(2) Art. 47 de la loi du 20 avril 1810, 42 et 45 du décret du 6 juillet 1810.

(3) Art. 47 de la loi du 20 avril 1810, et 279 du code d'inst. crim. Les applications de ce principe sont contenues dans les art. 27, 178, 198, 249, 274 et 290 du code d'inst. crim.

« de la poursuite de tous les crimes et délits, et qui doit,
« aussitôt qu'ils sont parvenus à sa connaissance, en ins-
« truire le Procureur général; car il est, s'il est permis de
« le dire, l'œil du Procureur général comme le Procureur
« général est l'œil du gouvernement. C'est par le résultat
« d'une communication active et fidèle du Procureur impé-
« rial avec le Procureur général, et du Procureur général
« avec le Ministre de Sa Majesté, que peuvent être connus
« les abus qui se glissent dans les institutions, la tiédeur
« qui s'empare des personnes, l'insouciance qu'on peut par-
« donner à un particulier, mais qui est un vice dans le
« magistrat. »

Mais le Procureur de la République n'est pas seulement,
en sa qualité de substitut du Procureur général, l'agent
médiat du gouvernement. Son éloignement du parquet de
la Cour d'appel a rendu nécessaire en sa faveur une délégation directe de l'action publique. La loi est formelle à
cet égard. Il exerce et met cette action en mouvement en
son propre nom. Il en est personnellement investi, et cette
investiture est pleine et entière. Il suffit de lire l'art. 22
du Code d'instruction criminelle pour s'en convaincre :
« Les Procureurs de la République, dit ce texte, sont char-
« gés de la recherche et de la poursuite de tous les délits
« dont la connaissance appartient aux tribunaux de police
« correctionnelle et aux Cours d'assises. » Ce principe aussi
nettement affirmé est en outre appuyé sur de nombreux
textes (1) qui en déduisent les conséquences sur lesquelles
nous n'avons pas à insister. Nous tenons surtout à faire
constater que le Procureur de la République doit être considéré comme agent du pouvoir exécutif et comme représentant de la société au même titre que le Procureur général. Nous verrons bientôt comment doivent se concilier ces
deux attributions en apparence si contradictoires.

Les substituts du Procureur de la République placés sous
ses ordres, participent eux aussi à l'exercice de l'action
pour la répression des crimes et délits. Mais ils tiennent

(1) Ce sont les art. 29, 30, 31, 53, 61, 63, 135, 167, 177, 192, 202, 274 et
289 du code d'inst. crim.

leur pouvoir de la délégation que ce Magistrat leur en fait
et non de la loi elle-même (1). L'art. 26 du Code d'instruction criminelle qui s'exprime ainsi : « Le Procureur du Roi
« sera, en cas d'empêchement, remplacé par son substitut, »
ne laisse aucun doute à cet égard. La dénomination de
« *substitut* » est du reste caractéristique, et montre avec
évidence que les fonctionnaires qui la portent n'ont pas
d'attributions qui leur soient propres, et n'ont d'autres
obligations que celles qui leur sont imposées par leurs
chefs hiérarchiques : le Procureur général ou le Procureur
de la République. Car il existe sur ce point une analogie
parfaite entre les membres qui composent chacun des par-
quets dirigés par ces magistrats auxquels seuls appartient
personnellement le droit de poursuivre les infractions
commises dans l'étendue de leur ressort. Sans doute, la délégation qui donne aux substituts le droit d'agir, ne doit
pas nécessairement et toujours être formulée expressément ; elle est au contraire sous-entendue dans la plupart
des cas, mais elle existe, en sorte que le substitut est pré-
sumé avoir agi au nom du Procureur de la République responsable de ses actes, tant qu'il n'est pas désavoué par
lui (2). Cette théorie. si conforme à l'esprit de la loi et des
travaux préparatoires (3), si éminemment propre au maintien de l'unité et de la hiérarchie du Ministère public, si capable de réaliser le vœu de Napoléon, qui ne voulait pas
« *livrer le parquet à des tiraillements* », n'est pourtant pas
celle qui est professée par tous les auteurs.

Quelques jurisconsultes, dont M. Faustin Hélie (4) s'est fait
le « *leader* », soutiennent, au contraire, que, bien que placés sous la direction incontestée du Procureur de la République, ses substituts ont les mêmes attributions que lui, et
tiennent directement leur pouvoir de la loi. Ils refusent,

(1) Art. 17, 18 et 19 du décret du 18 août 1810.
(2) *Sic :* Mangin, tome 1, n° 94 et suiv., p. 185 et suiv. Le Sellyer, tome
1, n° 250. Dall. v° M. P.
(3) Voir sur cette question Locre, procès-verbal des 6 et 13 novembre
1804 (tome 24).
(4) F. Hélie, tome 1er, n° 406 et suiv.

par conséquent, d'admettre l'idée d'une délégation émanée du chef du Parquet. On se fonde, pour soutenir cette opinion, sur l'art. 43 de la loi du 20 avril 1810, ainsi conçu : « Les fonctions du Ministère public seront exercées dans « chaque Tribunal de première instance par un substitut « du Procureur général, qui a le titre de Procureur impé- « rial, et par des substituts du Procureur impérial dans « les lieux où il sera nécessaire d'en établir. » Ce texte, disent les partisans de ce système, confie aux substituts les mêmes fonctions qu'au Procureur de la République, et l'art. 9 du Code d'instruction criminelle leur délègue également, d'une manière directe, celles d'officiers de police judiciaire. On invoque encore, à l'appui de cette thèse, quatre décisions de jurisprudence (1). La Cour de cassation ayant eu à décider si l'appel interjeté par un substitut était valable, répondit affirmativement, déclarant, en substance : que les attributions du substitut et celles du Procureur du Roi sont identiques, et qu'il peut les exercer sans mandat de ce magistrat, car l'indivisibilité du ministère public établit une communauté de droits et d'obligations qui, aux yeux de la loi, donne aux actes du substitut la même force qu'à ceux émanés du Procureur du Roi.

Cette argumentation n'est pas sans réplique. Les dispositions législatives invoquées n'expriment pas ce qu'on veut bien leur faire dire. Si on les rapproche des art. 22 et 26 du Code d'instruction criminelle, que nous avons déjà rapportés, et des art. 17, 18 et 19 du Décret du 18 août 1810, qui donnent aux Procureurs de la République le droit d'attribuer les fonctions de police judiciaire à celui ou à ceux de leurs substituts qu'ils jugeront convenable, et leur permettent de les relever de ces fonctions, à leur gré, pour les confier à d'autres, s'ils n'aiment mieux les remplir eux-mêmes, il est facile de voir que, loin de combattre le système auquel nous nous sommes rallié elles n'en sont, au contraire, que la confirmation. C'est en vain, en-

____

(1) Cass. 29 mars 1822 et 14 mai 1825 (Devill et Car., tome 7, p. 46 et tome 8, p. 1212; 19 février et 3 septembre 1829 (Devill et Car. t. 9, p. 1236) et 368).

core, qu'on espèrerait trouver dans la jurisprudence un plus solide appui que dans les textes. En effet, deux (1) des quatre décisions de la Cour suprême, qu'on oppose pour soutenir le système que nous combattons, ont été rendues dans des espèces où le substitut appelant avait rempli les fonctions du ministère public lors du jugement correctionnel frappé d'appel. Or, dans ce cas, de l'aveu même de nos adversaires, on peut « induire une sorte de délégation ta-« cite du Procureur impérial, de former un appel qui était « une conséquence de ses conclusions (2) ». Dans la troisième affaire (3), le substitut appelant, il est vrai, n'avait pas occupé à l'audience. Néanmoins, M. Mangin (4), bien placé pour le savoir, puisque l'arrêt a été rendu sur ses conclusions conformes, affirme qu'il n'a pas la portée qu'on lui attribue, et signifie seulement que le mandat se présume tant que le Procureur n'a pas désavoué son substitut. Le quatrième arrêt (5), enfin, invoque, comme motif, l'indivisibilité du ministère public, qui n'a rien à voir dans la question qui nous préoccupe. D'ailleurs, si on admettait la théorie de M. Faustin Hélie, il faudrait reconnaitre au substitut le droit d'agir, non seulement lorsque le Procureur de la République est absent ou empêché, ou l'autorise par sa présence, mais encore contre le gré de ce magistrat, au mépris de toute hiérarchie. Ce savant auteur n'ose pas aller jusque-là (6) et ainsi condamne son système. Car si le substitut ne peut se mettre en mouvement, contre la volonté de son chef, il faut bien reconnaitre qu'il n'a d'autres pouvoirs que ceux que celui-ci lui délègue et qu'il ne les tient pas directement de la loi ; ce que nous voulions démontrer.

Il ne nous reste plus, pour compléter cet exposé de l'organisation du Ministère public, qu'à dire un mot des fonctionnaires qui sont, au troisième et dernier échelon de la

(1) Arrêts du 29 mars 1822 et 14 mai 1825.
(2) Faustin Hélie, *op. cit.*, n° 498, 2ᵉ alinéa.
(3) Arrêt du 19 février 1829.
(4) Mangin, *loco citato.*
(5) Arrêt du 3 septembre 1820.
(6) F. Hélie, *op. cit.*, n° 497.

hiérarchie, investis du droit de mettre l'action publique en jeu. Nous voulons parler *des commissaires de police,* ou, à leur défaut, *des suppléants du juge de paix, des maires* et *adjoints.* C'est la loi elle-même qui, dans l'art. 144 du Code d'instruction criminelle, complété par les art. 11, 15, 20, 25, 155 et 172, leur confie ce pouvoir et fait d'eux, dans les limites de leurs attributions, des représentants de la société tout entière. L'art. 144, s'exprime ainsi : « Les fonctions « du ministère public, pour les faits de police, seront rem- « plies par le commissaire du lieu où siègera le Tribunal. « S'il y a plusieurs commissaires de police au lieu où « siège le Tribunal, le Procureur général près la Cour « d'appel nommera celui ou ceux d'entr'eux qui feront le « service. En cas d'empêchement du commissaire de po- « lice du chef-lieu où, s'il n'en existe point, les fonctions du « ministère public seront remplies, soit par un commis- « saire résidant ailleurs qu'au chef-lieu, soit par un sup- « pléant du juge de paix, soit par le maire ou l'adjoint du « chef-lieu, soit par un des maires ou adjoints d'une autre « commune du canton, lequel sera désigné à cet effet par « le Procureur général pour une année entière, et sera, en « cas d'empêchement, remplacé par le maire, par l'adjoint « ou par un conseiller municipal du chef-lieu. »

Bien que tenant directement de la loi leurs attributions, il nous paraît que ces fonctionnaires ne sont pas plus soustraits que le procureur général ou le procureur de la République au lien hiérarchique. Ils sont par conséquent, comme représentants du gouvernement, placés sous la direction du procureur général et doivent être considérés comme les substituts du Procureur de la République. Ce dernier peut donc, vu cette qualité, leur ordonner des poursuites et relever appel, ou se pourvoir en Cassation, contre des jugements rendus sur leurs réquisitions.

La Cour de Cassation, une première fois (1), a semblé rejeter ces principes, et se fondant sur le silence de l'art. 177 du Code d'instruction criminelle, a décidé que les procureurs du Roi et leurs substituts sont absolument étrangers

____

(1) Cass., 6 août 1824 Sirey, tome VII, p. 325.

aux tribunaux de police et qu'ils ne peuvent pas plus se pourvoir contre les sentences rendues par ces tribunaux que les officiers du Ministère public en matière de police ne le pourraient contre des jugements correctionnels. Mais, revenant sur cette décision, la Cour suprême qui nous parait avoir adopté définitivement cette deuxième manière de voir, à laquelle nous nous rallions entièrement, a par deux fois (2) déclaré : que le Ministère public est indivisible ; que les officiers qui l'exercent devant les tribunaux de simple police sont les délégués ou les substituts du Procureur du Roi du ressort, comme celui-ci est lui-même le substitut du Procureur général ; que dès lors l'appel d'un jugement de simple police peut-être utilement signifié au Procureur du Roi.

MM. Mangin et Faustin Hélie (3) sont d'accord, invoquant le silence des textes, pour repousser cette doctrine. Mais le dernier va plus loin encore, et pour le même motif refuse d'admettre que les agents du Ministère public près les tribunaux de simple police soient les substituts du Procureur général. Cet argument tiré du mutisme de la loi ne nous paraît guère concluant, sutout lorsqu'il est facile de suppléer à l'absence des textes par des considérations tirées de l'esprit de la loi et de l'intention du législateur. N'avons-nous pas établi avec surabondance, en ce qui concerne le Procureur général, que ce magistrat a la plénitude de l'action publique dans toute l'étendue du ressort de la Cour d'Appel, et la surveillance de tous les agents chargés de son exercice? Et l'art. 144 du Code d'instruction criminelle, n'est-il pas la preuve que les textes ne sont pas aussi muets qu'on veut bien le dire et ne confirme-t-il pas notre démonstration en donnant au Procureur général le droit de désigner le commissaire de police, le maire ou l'adjoint qui sera chargé des fonctions du Ministère public. En ce qui touche à la subordination au Procureur de la République des commissaires et des maires, les arguments ne sont

---

(2) Cass., 27 août 1825 et 10 septembre 1831 (*Journal du Pal.* t. XIX, p. 852 et t. XXVII, p. 044).

(3) F. Hélie, *op. cit.*, t. 1er, p. 593 et 594, Mangin, tome 1e n° 102.

pas moins probants. Il suffit de lire pour être convaincu l'art.
178 qui impose au Juge de Paix l'obligation de transmettre
au Procureur de la République l'extrait des jugements de
simple police prononçant la peine de la prison, et l'art. 249
qui oblige le chef du parquet de 1re instance à transmettre
« tous les huit jours au Procureur général une notice de
« toutes les affaires criminelles, de police correctionnelle
« *ou de simple police* qui seront survenues ». Ajoutons
enfin avec M. Le Sellyer (1) « qu'il serait étrange que les
« commissaires de police fussent les seuls parmi les fonc-
« tionnaires du Ministère public qui se trouvassent affran-
« chis d'un contrôle immédiat et d'une direction immédiate
« dans l'exercice de leurs fonctions ».

On voit, si du moins les solutions proposées par nous
sont justes, que rien n'a été oublié par le législateur moderne, s'inspirant du reste dans son œuvre de l'exemple des
législations disparues, pour rendre aussi étroit que possible le lien hiérarchique qui relie entr'eux les magistrats
qui doivent concourir, chacun dans la limite de ses attributions, à la mise en mouvement et à l'exercice de l'action
publique. Cela était nécessaire pour assurer à l'institution
du Ministère public *la cohésion et l'unité de direction* qui
sont indispensables à l'accomplissement régulier de sa
mission. Mission qui n'intéresse pas moins la société tout
entière que le gouvernement. L'objectif de l'une comme de
l'autre n'est-il pas et ne doit-il pas, en effet, être le même :
assurer le maintien de l'ordre public, sauvegarder la tranquillité et la sécurité de tous les citoyens?

Cette *unité* qui a été le but de toutes les législations
depuis que le Ministère public existe, a été voulue si puissante, qu'elle a fait émettre cette maxime déjà ancienne,
mais encore vraie de nos jours, à savoir que : « *Le Ministère public est indivisible* ». Sans doute, elle ne signifie pas,
ainsi que l'assure M. Mangin et avec lui M. Le Sellyer (2)

(1) Le Sellyer, tome 1er, n° 252. S. : Hoffmann, traite des questions
préjud. et exposé de l'action pulique et de l'action civile.
(2) Mangin : tome 1er, n° 105. Le Sellyer, tome 1er, n° 258. Voir aussi
en ce sens Dalloz, v° Instruc. crim. n° 45 et v° Min. pub. n° 47.

qui adopte sa manière de voir, qu'un agent du Ministère public puisse exercer indifféremment des poursuites dans une circonscription quelconque. Celui-ci ne peut en effet agir que dans les limites de sa compétence et l'étendue de son ressort. Elle ne veut pas dire non plus que tous les officiers du Ministère public du ressort d'une même Cour d'appel aient le même caractère et des attributions semblables, en sorte que le Procureur de la République puisse accomplir des actes réservés au Procureur général, et réciproquement. On ne saurait dire même, qu'en vertu des principes de son indivisibilité, tous les officiers du Ministère public près d'une même Cour ou d'un même Tribunal sont liés par les actes accomplis par l'un d'entr'eux, puisque nous savons que le chef du parquet n'est engagé par les actes de ses subordonnés qu'autant qu'il les a expressément ou tacitement autorisés. — Cependant, il faut aller plus loin que ces auteurs et dire que cette maxime consacre autre chose que « *l'unité administrative* » du Ministère public du ressort de chaque Cour royale. On doit l'interpréter en ce sens que lorsqu'un de ses membres exerce ou meut l'action publique, il est l'organe de l'institution tout entière et par conséquent de la société elle-même. « Ce n'est « point, dit éloquemment M. Faustin Hélie (1), un magis- « trat qui requiert ou qui parle en son nom personnel, c'est « la fonction elle-même. C'est le Ministère public dont il « n'est que l'instrument qui procède par sa voix à l'accom- « plissement de sa mission. L'homme s'efface pour laisser « apparaitre ce ministère redoutable qui ne plaide qu'une « cause, celle de la loi, qui ne se propose qu'un but, la jus- « tice. Sous ce rapport, il est réellement indivisible, car il « est délégué tout entier dans les limites de la compétence « de chaque juridiction à chacun des officiers qui l'exer- « cent; et ces officiers, en sont tellement investis, qu'ils « peuvent se suppléer les uns les autres dans l'exercice de « ce Ministère commun. » Ainsi comprise, l'indivisibilité du Ministère public résulte de l'esprit de la loi (2), et la

(1) F. Hélie, *op. cit.*, tome 2, n° 585.
(2) Locre, t. XXIV, p. 474, 477 et 653.

jurisprudence, d'accord en cela avec la majorité des auteurs. l'a consacrée dans de nombreux arrêts. C'est ainsi pour n'ajouter que quelques exemples à ceux que nous avons déjà rencontrés, que la Cour de Cassation décide qu'en vertu de ce principe, les fonctions du juge et celles du Ministère public sont incompatibles, et qu'un substitut ne peut figurer parmi les membres d'un tribunal tandis que le Procureur de la République occupe le siège du Ministère public (1), et qu'elle permet que dans la même cause criminelle, plusieurs magistrats se succèdent pour en remplir les fonctions (2).

§ II. — *Attributions du ministère public.*

De tout ce que nous avons dit sur l'organisation du ministère public, il résulte que ses membres, ceux du moins qui sont personnellement investis de l'action publique, sont à la fois, à quelque degré de la hiérarchie qu'ils appartiennent, les agents du pouvoir exécutif, et les organes de la loi, et comme conséquence de cette dernière qualité, les représentants de la société. S'ils sont « *l'œil* » du gouvernement, ils sont en même temps aussi « *les hommes de la justice,* » et doivent assurer le respect de l'ordre public au nom de l'intérêt social tout entier. Nous avons vu que les liens hiérarchiques qui les unissent entre eux étaient aussi étroits que puissants; d'autre part, les prescriptions de la loi sont très pressantes. Cela ne va-t-il pas gêner leur indépendance et entraver la liberté d'action qui est indispensable au ministère public pour mener à bonne fin son magnifique mais lourd et incessant labeur? C'est la question que nous allons essayer de résoudre en étudiant son rôle dans la mise en mouvement de l'action publique tout entière entre ses mains.

— En vertu de l'unité et de l'indivisibilité de ses fonc-

(1) Cass., 23 février 1828. (*Bull.* n° 51.)
(2) Cass. Chamb. crim., 28 août 1867 (*Bull. crim.*, n° 201), 20 février 1873 (*Ibid.*, n° 56), 24 novembre 1865. (Dalloz 1866, 5, 308.)

tions, nous considèrerons ici le ministère public dans son ensemble. Les solutions que nous allons indiquer sont vraies en général pour tous les fonctionnaires qui le composent, et nous nous bornerons par conséquent à indiquer au passage les règles spéciales à tel ou tel d'entre eux.

Bien que l'art. 1er du Code d'instruction criminelle ait décidé que l'action pour l'application des peines n'appartient qu'aux fonctionnaires auxquels elle est confiée par la loi, *cette action est en réalité la propriété de la société, et le ministère public auquel le gouvernement en délègue l'exercice, n'en est que le dépositaire*. Il faut conclure de cette observation qu'il n'est pas le maitre de la laisser s'émousser entre ses mains comme une arme inutile, et qu'il a le devoir de la mettre d'office en mouvement toutes les fois que l'intérêt général et le maintien de l'ordre public l'exigent. Sa mission est double : il doit rechercher les actes coupables et requérir l'application de la peine, mais il doit éviter avec soin de se substituer au magistrat instructeur, dont les fonctions, nous le verrons bientôt, ne sauraient en général se concilier avec celle d'accusateur.

L'étendue de ce droit doublé d'une obligation, de mettre « *proprio motu* » l'action publique en mouvement, est aussi large que possible. La distinction établie autrefois entre les « *délits publics* » et les « *délits privés* » n'existe plus aujourd'hui: «La société tout entière, dit M. Mangin, est « réputée offensée par le délit commis à l'égard d'un de ses « membres, et l'ordre public est réputé troublé par toute « infraction aux lois qui protègent les personnes ou les pro- « priétés, et conséquemment tout crime, tout délit, toute « contravention donne indistinctement lieu à l'action pu- « blique (1). » Il est vrai que l'abolition de cette distinction n'est pas expressément formulée dans nos lois, comme elle l'était dans le Code de Brumaire an IV qui rompant avec les traditions du passé, ne pouvait faire autrement que de le dire, mais elle est incontestable. La généralité de l'art. 1er du Code d'instruction criminelle ne saurait laisser de doute à cet égard. Elle résulte encore de l'art. 4, aux termes du-

______
(1) *Mangin*, tome Ier, n° 57.

quel « la renonciation à l'action civile ne peut arrêter ni « suspendre l'exercice de l'action publique. » Et l'art. 2046 du Code civil disant : « La transaction n'empêche pas la « poursuite du ministère public, » n'est pas moins probant. La suppression des délits privés résulte en outre des travaux préparatoires (1). Une première fois, en effet, on avait rédigé de la façon suivante l'art. 4 du Code d'instruction criminelle : «La renonciation à l'action civile, ne peut ni arrê- « ter ni suspendre la poursuite d'une contravention ou d'un « délit, *lorsqu'ils sont de nature à blesser l'ordre public.* » Mais cette rédaction ne fut pas admise, motif pris de ce que tous les délits blessent l'ordre public dans une certaine mesure, et que ce serait affaiblir ce principe évident si on le restreignait en faveur de quelques cas excessivement rares et sans intérêt, et on adopta la formule actuelle absolument générale.

En même temps qu'elle s'étend à toutes les infractions à la loi pénale, l'action du ministère public atteint tous les coupables, quels que soient leur rang et leur situation. Peu importe qu'ils soient Français ou étrangers. Il suffit que le fait punissable ait été commis en terre de France. « Les lois de police et de sûreté obligent tous ceux qui « habitent le territoire, » dit, en effet, l'art. 3 du Code civil. Et il faut prendre ce texte dans son acception la plus large, et décider que, bien que simplement de passage, l'étranger convaincu d'une violation de la loi pénale française en France, doit tomber nécessairement sous le coup de son application (2). Toutefois, le principe de la territorialité des lois de police et de sûreté comporte deux exceptions, qu'il est intéressant de signaler. La première a trait aux vaisseaux de guerre étrangers se trouvant dans les eaux françaises. Les crimes et délits commis à leur bord ne sont pas de la compétence de la juridiction territoriale. Ces navires, en effet, sont dépositaires d'une partie de la puis-

----

(1) Conseil d'Etat : Procès-verbal du 17 fructidor an XII.

(2) Mangin, tome Ier, n° 50 et suiv. F.-Hélie, tome II, n° 620. Boitard, *Leçons de droit crim.*, n° 520, et tous les auteurs. Cassation, arrêts du 31 janvier 1842 et 22 juin 1826. (*J. Pal.*, tome XVII, p. 90, et tome XX, p. 603.)

sance publique de l'Etat auquel ils appartiennent. Les soumettre aux lois du pays dans les eaux duquel ils rentrent serait, au dire de M. Ortolan, soumettre l'une de ces puissances à l'autre et rendre impossibles les relations maritimes par bâtiments de l'Etat (1). Mais, s'il s'agit d'un navire de commerce mouillé dans un port français, les raisons de se décider ne sont pas les mêmes et la jurisprudence distingue. Si un crime est commis par un homme de l'équipage contre une personne étrangère à son bord, la loi française reprend son empire ; mais si, au contraire, la victime appartient au navire, elle considère qu'il y a là une affaire qui concerne la discipline intérieure du bâtiment, dont les agents du ministère public ne doivent s'occuper que si on réclame leur concours, ou si l'ordre public est troublé (2). La deuxième exception concerne les agents diplomatiques étrangers, qui, suivant une tradition, sans doute, aussi ancienne que l'origine des relations de peuple à peuple, sont réputés inviolables et à l'abri de toute poursuite judiciaire devant les tribunaux français. Nous n'avons pas à donner, ici, les raisons qui justifient cette règle qui nous parait universellement admise. Elles nécessiteraient une discussion fort longue et sans intérêt direct pour le sujet de ce travail. Observons, seulement, que cette immunité des agents diplomatiques étrangers, qui laisse au gouvernement seul le droit de prendre partie sur les réclamations formulées contr'eux (3), ne saurait s'étendre aux consuls qui restent soumis au droit commun.

Le ministère public est donc, sauf les deux exceptions que nous venons de signaler, armé contre toutes les infractions à la loi pénale, commises dans les limites du territoire, et son action atteint indistinctement tous les coupables, qu'ils soient Français ou étrangers. En outre, les art. 5, 6 et 7 du Code d'instruction criminelle, modifiés par la loi

(1) Ortolan, *Règles internationales et diplomatiques de la mer*, I, 227.
(2) Ortolan, *Eléments de droit pénal*, I, 935 et 938. Sic F.-Hélie, tome II, n° 635. Avis du conseil d'Etat du 20 novembre 1806. (Sirey, 1806, § 2, p. 501.)
(3) D. 13 ventôse an II. Merlin, v° M. P., section V, 4.

du 27 juin 1866, viennent encore étendre ses attributions.

En effet, des avant même la révision de 1866, la loi pénale prenait, dans certains cas, un caractère personnel qui permettait d'atteindre les infractions graves commises par un regnicole en pays étranger. L'ancien art. 6 autorisait le ministère public à poursuivre un crime de droit commun perpétré en pays étranger par un Français, à condition toutefois que l'inculpé fût rentré en France, qu'il n'eût pas été poursuivi et jugé au dehors, et que la victime fût française et eût porté plainte contre lui. S'il s'agissait d'un crime contre la sûreté de l'État, d'altération de monnaies, papiers nationaux ou billets de banque, l'étranger lui-même auteur de ces forfaits, arrêté en France ou extradé, pouvait être traduit devant nos tribunaux. Quant au Français coupable des mêmes actes, ni plainte, ni dénonciation n'étaient nécessaires, point n'était besoin qu'il fût arrêté ou présent sur le territoire ; on instruisait par contumace contre lui. — La loi de 1866 n'a fait que reproduire en les aggravant les dispositions anciennes. C'est ainsi que les art. 5 et 6 sont devenus, sans changements, le nouvel art. 7, et que les règles concernant les crimes attentatoires à la sûreté de l'État n'ont point été modifiées. En ce qui concerne les infractions de droit commun, il n'en est point de même, et des dispositions nouvelles ont été introduites. Il faut toujours que l'accusé soit Français, qu'il n'y ait pas contre lui de jugement définitif prononcé en pays étranger, et qu'il soit saisi sur notre territoire ; mais il n'est pas nécessaire qu'il y ait plainte portée contre lui et que le crime ait été commis contre un de nos nationaux. La poursuite peut être intentée d'office. En outre, la loi de 1866, dans le nouvel art. 5, étend la compétence de nos juges aux délits commis par un Français, hors du territoire, pourvu qu'en plus des conditions nécessaires pour poursuivre un crime de droit commun, le fait soit qualifié délit par la législation étrangère et puni comme tel, et qu'il y ait plainte de la partie lésée ou dénonciation officielle du gouvernement du pays où il a été commis. Enfin, contrairement aux prescriptions de l'art. 182, la partie ne peut citer directement le prévenu devant le tribunal correctionnel français, le ministère public est seul compétent à cet effet.

Telle est la sphère d'action dans laquelle peut et doit se mouvoir le ministère public dans l'accomplissement de la mission qui lui a été imposée par loi. Demandons-nous maintenant si l'obligation qu'il a de poursuivre toutes les fois qu'un fait punissable vient, d'une manière quelconque, à sa connaissance, obligation dont les limites sont, on le voit, aussi reculées que possible, est absolument impérative, de sorte qu'en aucun cas il ne s'y puisse soustraire. Voyons, en d'autres termes, si les exigences de la loi sont telles qu'il ne reste plus aux fonctionnaires chargés d'intenter l'action publique, un pouvoir d'appréciation suffisant pour assurer son indépendance ?—Avant la législation actuellement en vigueur, il en était ainsi. L'ordonnance de 1579, en son art. 184, ordonnait, en effet, aux agents du ministère public « de faire diligente poursuite et re- « cherche de crimes et délits venus à leur connaissance, « sans attendre qu'il y ait instigateur, dénonciateur ou « partie civile, le tout sur peine de privation de leurs états, « au cas de connivence ou négligence, et de tous dépens, « dommages et intérêts des parties intéressées ». Il est vrai que l'ordonnance de 1670 avait fait un pas vers l'indépendance du ministère public, en restreignant cette obligation « aux crimes capitaux ou auxquels échéait « peine afflictive (1) ». Mais le Code de Brumaire l'avait rétablie dans toute sa rigueur dans l'art. 4, en décidant que « toute espèce de délit donnait *essentiellement lieu* à « une action publique ». La stricte application de cette règle entraînait de nombreux faits frustratoires; aussi chercha-t-on à remédier à cet inconvénient en mettant les dépens à la charge de la partie civile (2). — Le Code de 1808, mieux avisé, n'a pas reproduit les dispositions de Brumaire. On en a conclu unanimement que ce silence est volontaire et qu'en conséquence le ministère public est maître absolu de ses décisions, et peut mettre l'action publique en mouve-

(1) Tit. XXV, art. 19.
(2) Loi du 5 pluviose an XIII, art. 4.

ment ou s'abstenir, selon qu'il le juge convenable. L'art. 47 (1) du Code d'instruction criminelle n'est pas un obstacle à l'admission de la proposition que nous venons d'émettre. Il est ainsi conçu : « *Hors les cas énoncés dans* « *les art. 32 et 46* (cas de flagrant délit, et de crime non « flagrant, commis dans l'intérieur d'une maison quand le « maitre requiert le Procureur de la République de dres- « ser procès-verbal), le Procureur de la République ins- « truit soit par un dénonciateur soit par une autre voie, « qu'il a été commis dans son arrondissement un crime « ou un délit, ou qu'une personne qui en est prévenue se « trouve dans son arrondissement, *sera tenu de requérir* « *le Juge d'instruction* d'ordonner qu'il en soit informé, « même de se transporter s'il est besoin sur les lieux, à « l'effet d'y dresser tous les procès-verbaux nécessaires, « *ainsi qu'il sera dit au chapitre des juges d'instruction.* » Ce texte, en effet, tranche la question que nous aborderons bientôt, de savoir si les officiers du ministère public peuvent accomplir des actes d'instruction, mais n'a nullement pour but de restreindre leur indépendance. Décider le contraire, obligerait les fonctionnaires investis de l'action publique à multiplier, ainsi que s'en plaint une circulaire ministérielle (2), « les informations et les poursuites d'of- « fice sur des plaintes légères, quelquefois même insigni- « fiantes, qui n'intéressent pas essentiellement l'ordre pu- « blic », et comme sous l'empire des législations anciennes, grèverait inutilement le budget de l'Etat d'une foule de frais frustratoires. La mission du ministère public est plus haute que cela ; l'intérêt social seul doit le guider, et non les basses rancunes des particuliers. « Omnia scire non « omnia exequi, parvis peccatis veniam, magnis severita- « tem commodare, nec pœna semper sed sæpius pæniten- « tia contentus esse (3) », telle est la ligne de conduite qui

---

(1) Les art. 64 et 70 du même code ont la même portée et comportent, au point de vue particulier qui nous occupe ici, la même explication.

(2) Circ. Min. du 8 mars 1817.

(3) Tacite, *Agricola*, cap. XIX.

valut à Agricola les éloges de Tacite. Elle doit être aussi, de tout point, celle du ministère public.

Libre d'agir ou de demeurer inactif, en restant bien entendu dans les limites tracées à sa conscience par les exigences de l'ordre social dont il a la garde, le ministère public n'est plus cependant le maitre de disposer de l'action pénale lorsqu'il l'a mise en mouvement. Il peut, à son gré, la créer ou la laisser inexistante, mais lorsqu'il lui a donné naissance, elle lui échappe; il en conserve la direction, mais il ne peut l'anéantir. C'est ainsi que contrairement au droit qu'avait, en certains cas, l'accusateur antique, il ne saurait *transiger*. « L'abandon de l'action « publique qui appartient à la société, ne peut, dit M. Hé- « lie(1), être fait que par la société elle-même. C'est l'objet « des lois ou des ordonnances d'amnistie. » Le Ministre public ne peut pas davantage *se désister* d'une poursuite qu'il a engagée. Cela ne veut pas dire, toutefois, que si le Ministère public, reconnaissant qu'il s'est trompé et que son action est dénuée de fondements, veut demander le renvoi du prévenu ou son acquittement, il en soit empêché. En effet, comme le dit M. Merlin (2), « si les prévenus lui « paraissent innocents, ou s'il pense qu'aucune disposi- « tion du Code pénal ne leur est applicable, alors, comme « organe de la loi et impassible comme elle, il propose, en « cette qualité, le rejet de l'action qu'il a formée comme « agent de la société. » Mais la demande introduite continue à subsister, elle reste soumise à l'appréciation des juges, qui sont libres d'admettre ou de repousser les conclusions tendant à son rejet. En troisième lieu, enfin, le Ministère public ne peut *renoncer*, à l'avance, ou après coup, par acquiescement formel ou tacite, à l'exercice des droits qui lui sont attribués dans l'intérêt de l'action publique, tels que celui de se pourvoir en cassation, ou d'interjeter appel. Nous ne croyons pas devoir, ici, développer ce point qui se rattache aux conditions d'exercice

---

(1) F. Hélie, tome II, n° 576.
(2) Merlin, *Quest. de droit.* v° Min. pub., § 5, *Requisit.* adopté par arrêt du 15 pluviose an XII.

de l'action publique, et non à sa mise en mouvement. Qu'il nous suffise simplement d'affirmer qu'il est aussi incontestable et aussi universellement reconnu que les deux autres, et est toujours fondé sur les mêmes motifs.

Ces restrictions apportées par la loi au droit du Ministère public, sur l'action pour l'application des peines, ne sont pas de nature à gêner beaucoup son indépendance. Libre avant la poursuite d'agir ou de ne pas agir, il reste encore maître de ses conclusions lorsqu'il l'a engagée, et s'il ne peut l'empêcher d'aboutir, il peut du moins en proposer le rejet aux juridictions chargées de statuer. En outre, cette indépendance est confirmée, sanctionnée en quelque sorte par le *principe de l'irresponsabilité du Ministère public* dans l'exercice de ses fonctions, dont il importe de bien préciser l'étendue et la portée.

Cette règle ne saurait s'étendre évidemment aux cas où les magistrats accusateurs se rendraient coupables de crimes ou de délits. Le dol, la fraude, la concussion, les atteintes à la liberté individuelle, la forfaiture, la prévarication, commis par eux dans l'accomplissement de leur mission, sont certainement punissables. L'erreur même, si elle a un caractère d'inconsidération tel qu'on ne doit pas l'excuser dans un homme qui s'est chargé d'une fonction aussi redoutable (1), engage aussi leur responsabilité, par application de la maxime : « Magna négligentia culpa est; « magna culpa dolus est (2) ». Dans tous ces cas, la loi a réservé aux parties atteintes dans leur fortune, leur liberté, leur vie ou leur honneur, une voie de recours : *la prise à partie* qu'elle a hérité de l'ancien droit. L'art. 505 du Code de procédure civile qui dispose ainsi : « Les juges pourront être pris à partie dans les cas suivants : 1° s'il y a dol, « fraude ou concussion qu'on prétendrait avoir été commis « soit dans le cours de l'instruction, soit lors des jugements; « 2° si la prise à partie est expressément prononcée par la « loi; 3° si la loi déclare les juges responsables à peine « de dommages et intérêts; 4° s'il y a déni de justice »,

---

(1) *Rép. de jurisp.*, v° Min. publ., § 2. n°, 3, tome XI, p. 03.
(2) Arrêt du 23 juillet 1806 Dall., t. XI, p. 346

doit s'appliquer non seulement aux magistrats chargés de juger, mais encore à ceux qui doivent exercer les poursuites, du moins en ce qui leur est applicable. Le code d'instruction criminelle, en prévoyant dans les art. 112, 271 et 358 des cas particuliers de prise à partie, et en ajoutant à chacune de ces dispositions, la formule « *s'il y échet,* » ou « *s'il y a lieu* », montre la vérité de notre système, en indiquant qu'il faut, dans ces hypothèses, s'en référer à une théorie générale exprimée ailleurs, c'est-à-dire dans l'art. 505 du Code de procédure; ce point n'est d'ailleurs aucunement contesté.

Mais, lorsque les agents du Ministère public, agissant dans la plénitude de leur droit et dans l'intégrité de leur conscience, trompés par les apparences, commettent de bonne foi des erreurs involontaires ou excusables, et intentent des poursuites téméraires, il faut les déclarer irresponsables et les soustraire à toute peine. Décider le contraire, serait entraver l'action publique, rendre sa marche incertaine et chancelante, et admettre la possibilité des maux dont souffraient les législations anciennes, auxquels l'institution du Ministère public avait pour but de porter remède. « Si le Magistrat était en butte à une loi mena-
« çante (disait éloquemment au parlement de Grenoble
« l'avocat général de Savoie, de Rollin, cité par M. Man-
« gin) (1), qui au lieu de parler à son cœur, étonnerait son
« esprit par l'appareil des châtiments ; qui au lieu d'invo-
« quer sa conscience et de la toucher par l'honneur, lui
« imposerait d'avance l'effroi des coupables; si cette même
« loi donnait sans restriction aux plaideurs le pouvoir de
« le prendre à partie ; dès cet instant, avili par l'opinion de
« la loi même, il serait dégradé dans ses fonctions ; son
« autorité liée à l'autorité de son caractère, s'affaiblirait
« comme elle, et lorsque le juge serait sans considération,
« la loi serait sans force. » Ce principe de l'irresponsabilité du Ministère public reconnu par la doctrine tout entière est d'une utilité si incontestable, si évidente, que la loi n'a pas cru devoir le formuler expressément. Elle le consacre ce-

(1) Tome Ier, n° 118.

pendant, et l'art. 358 du Code d'instruction criminelle en déduit les conséquences quand il dit : dans son quatrième alinéa : « L'accusé acquitté pourra obtenir des dommages « intérêts contre son dénonciateur pour fait de calomnie, « *sans néanmoins que les membres des autorités constituées* « *puissent être aussi poursuivis à raison des avis qu'ils sont* « *tenus de donner, concernant les délits dont ils ont cru* « *acquérir la connaissance dans l'exercice de leurs fonc-* « *tions*, et sauf la demande en prise à partie, s'il y a lieu. » Nous en trouvons encore une autre application, dans l'impossibilité, en vertu de l'art. 381 du Code de procédure civile, de récuser les agents du Ministère public, puisqu'ils sont toujours partie principale en matière criminelle. L'admission, contr'eux, du droit de récusation aurait pu, en permettant d'écarter la poursuite, pour un motif qui leur serait personnel, laisser croire aux parties qu'ils en sont responsables, ce que la loi n'a pas voulu.

Cette irresponsabilité du Ministère public a effrayé quelques auteurs. Filangiéri (1) disait à ce sujet : « S'il « y a dans l'Etat une seule personne qui puisse me ca- « lomnier impunément, ma liberté est en danger, la pro- « tection des lois n'est plus suffisante pour la défendre. » Et Benjamin Constant (2), dans son commentaire des œuvres de cet auteur, impressionné par l'objection, voulait que l'on rendit les officiers du Ministère public responsables sinon de la vérité, du moins de la légitimité de leurs accusations. Mais ce savant auteur oublie et pour cause, de nous indiquer de quelle façon cette légitimité devra être établie, et il doit convenir que c'est là une question de bonne foi et purement morale. Son système d'une application impossible, est d'ailleurs réfuté d'avance par les raisons que nous venons de donner pour justifier l'irresponsabilité du Ministère public. Ce n'est donc pas là qu'il faut chercher le remède au mal dont se plaignait Filangiéri. Ce remède existe dans

---

(1) Filangieri, *Science de la législation*, liv. III, ch. IV, p. 206.
(2) Benjamin Constant, *Comm. sur l'ouvrage de Filangieri*, III³ partie, chap. VI.

la législation elle-même, ainsi que nous allons essayer de l'établir.

Nous en avons fini avec le rôle du Ministère public considéré comme le représentant de l'intérêt social et le gardien des lois. Malgré la garantie de la prise à partie, l'étendue de ses attributions est telle, son indépendance si grande que l'on pourrait craindre que ce Ministère investi du droit le plus important parmi ceux que la société a confiés à la puissance publique, celui de provoquer la vengeance des lois contre les citoyens, ne devint, selon l'expression de Benjamin Constant dans le passage que nous venons de signaler, une véritable dictature. Il y avait là un écueil que le législateur devait chercher à éviter à tout prix, et c'est pour y parvenir qu'il a établi le lien hiérarchique qui relie entr'eux tous ses membres et les rattache étroitement au gouvernement par l'intermédiaire du Ministre de la justice, permettant ainsi de les considérer comme les agents du pouvoir exécutif. Mais s'il n'était pas possible d'admettre que l'action publique fût entravée par l'inertie ou le mauvais vouloir d'un seul magistrat, il ne fallait pas, non plus, gêner l'indépendance du Ministère public et faire de lui l'exécuteur impassible et muet des ordres que trop souvent les passions politiques ou l'intérêt pourraient inspirer au Ministre de la justice. Comment a-t-on su concilier cette double exigence ? C'est ce qu'il nous reste à examiner.

Agent du pouvoir exécutif, avons-nous dit, le Procureur général est de ce chef soumis à la surveillance administrative exercée par le Ministre de la justice, et il ne peut se soustraire à ses ordres, à moins qu'un texte formel ne l'en dispense. Or, il n'en existe point qui lui permette de se dérober aux injonctions de son supérieur hiérarchique lorsque celui-ci lui impose l'obligation de commencer une poursuite et de mettre par conséquent l'action publique en mouvement. Il doit s'incliner et obéir. Mais le Garde des sceaux pourrait-il, à l'inverse, entraver les agents du ministère public dans l'exercice de leurs fonctions ? Aurait-il le pouvoir de leur interdire à l'avance certaines poursuites ou de rendre nuls, après coup, les actes accomplis par eux ? Son action disciplinaire sur les magistrats chargés de poursui-

vre doit-elle, en un mot, être étendue et peut-elle influer
sur l'action publique elle-même? La généralité des termes
de l'art. 1er du Code d'instruction criminelle fait obstacle à
une semblable interprétation, puisqu'il déclare que c'est
aux seuls fonctionnaires auxquels elle est confiée par la
loi que cette action appartient, et nous avons vu que le
Ministre de la justice ne saurait être compris au nombre
de ces derniers. L'art 274 du même code qui confirme
notre première affirmation en disant : « Le Procureur géné-
« ral, soit d'office, *soit par les ordres du Ministre de la jus-*
« tice, charge le Procureur de la République de poursuivre
« les délits dont il a connaissance, « ne vient nullement
combattre la deuxième (1). Il est donc juste de répéter avec
M. Hélie que la loi a rendu le Ministère public « tout-puis-
« sant pour agir ; elle n'a enchainé et restreint que sa seule
« inaction (2).

Mais qu'on le remarque bien, si un agent quelconque
du Ministère public est contraint à accomplir les actes
de sa fonction quand il en a reçu l'ordre du Garde des
sceaux, ce ne sont point les injonctions de ce dernier
qui mettent l'action publique en mouvement, mais bien le
magistrat auquel seul appartient ce droit. En effet, ainsi
que le dit fort justement M. Mangin (3):« Si le Procureur géné-
« ral, si le Procureur du Roi négligent ou refusent d'obéir
« à ses instructions, la prescription, les déchéances ne s'ac-
« complissent pas moins ; les ordres formels ne peuvent
« tenir lieu des actes qu'ils étaient destinés à provoquer et
« qui n'ont pas été faits. » Sans doute, dans ce cas, les officiers du Ministère public encourent des reproches, peuvent être révoqués, mais l'action n'est pas créée, ni le juge
saisi.

Ces règles restent les mêmes, quel que soit le degré de la
hiérarchie établie dans l'organisation du ministère public,
dont on s'occupe. Le Procureur général peut aussi donner

(1) En ce sens, cass., 22 novembre 1827. (Devill. et Car., tome VIII,
p. 731.)
(2) F. Hélie, tome II, n° 566.
(3) Tome Ier, n° 91.

des ordres au Procureur de la République, et celui-ci au
commissaire de police; ils ne peuvent, pas plus que le ministre, empêcher les poursuites. Toutefois, le Procureur général a un droit qui n'appartient pas au Garde des sceaux :
c'est celui de faire, à la place de ses subordonnés, des actes
que ceux-ci ont négligé, ou n'ont point voulu faire. Mais
ceux-ci doivent être accomplis réellement; et les injonctions, pour si énergiques qu'elles soient, n'en pourraient
tenir lieu (1).

Cette surveillance administrative qui laisse pourtant
l'action publique intacte entre les mains des officiers du
ministère public, a paru au législateur de nature, si on
n'y ajoutait un tempérament, à gêner leur indépendance,
car elle permet qu'ils puissent se trouver, parfois, placés
entre les exigences de leur conscience et le souci de leur
avenir. Il fallait bien que le gouvernement eût la possibilité de secouer l'inertie de ses agents, mais on n'a pas
voulu cependant qu'ils fussent un instrument aveugle entre les mains du pouvoir exécutif. Cela résulte de la discussion qui eut lieu au Conseil d'Etat, à la séance du
24 Vendémiaire, an XIII, en presence de l'Empereur et
dont nous ne voulons retenir que ce mot de M. Treilhard,
qui en est le résumé fidèle : « Le Procureur général est
« obligé de se conformer aux ordres qu'il reçoit pour en-
« tamer les poursuites ; ensuite, il devient l'homme de la
« justice et les ordres supérieurs ne règlent plus ses con-
« clusions (2). » De cette façon, se trouvent heureusement
harmonisés les deux caractères que nous avons constatés
dans les organes du ministère public. « Le Pouvoir exé-
« cutif, dit M. Hélie (3), peut imposer au Procureur géné-
« ral des actes, mais il ne peut lui imposer une opinion.
« Il peut lui prescrire une poursuite, un appel, un pourvoi,
« mais il ne peut enchaîner à l'avance une conviction qui
« puise ses éléments dans les débats et le contraindre à
« requérir une peine qu'il jugerait injuste. » C'est la con-

(1) Voir Mangin. (*Ibid.*)
(2) Locré, tome XXIV, p. 405 et 406.
(3) F. Hélie, tome I, n° 488.

sécration du vieil adage, passé de l'ancien droit dans notre législation : « *La plume est serve, mais la parole est libre.* » Ajoutons que cette solution est vraie, non seulement pour les magistrats qui sont personnellement investis de l'action publique, mais encore pour ceux qui ne participent à son exercice que sous la direction et la surveillance des chefs de Parquet. Les avocats généraux et les substituts eux-mêmes restent libres de ne s'inspirer, dans leurs réquisitoires, que de ce qu'ils croient être la vérité et nullement des ordres qu'ils ont reçus. Et alors même qu'ils seraient, en vertu des art. 48 et 49 du Décret du 6 juillet 1810, tenus de déférer à l'opinion de la majorité du Parquet, il leur reste encore la ressource de le dire, montrant ainsi qu'ils n'agissent que par exprès commandement, et contrairement à leur opinion personnelle.

Nous aurions terminé notre étude du rôle du ministère public dans la mise en œuvre de l'action pour la répression des infractions, s'il ne nous restait encore à signaler deux points que nous ne ferons qu'indiquer ici, sauf à les développer bientôt. L'action publique est, en principe, indépendante des juridictions chargées de statuer sur elle ; elle l'est aussi de l'action civile qui est la propriété des particuliers. Cependant, le ministère public est placé sous la double surveillance des Cours d'appel et des parties lésées, qui viennent, sous une autre forme et avec d'autres caractères, compléter celle qu'exerce le Garde des sceaux au nom du gouvernement. Le ministère public peut être, en certains cas, mis en mouvement par les unes ou par les autres, mais point l'action publique, et *mutatis mutandis* les solutions que nous avons adoptées relativement au ministre de la justice, resteront les mêmes. C'est toujours au ministère public qu'appartient le droit de faire naître l'action publique, et son indépendance est invariablement sauvegardée de la même façon.

§ III. — *De la règle que tout juge est officier du Ministère public.*

La procédure inquisitoire, c'est-à-dire, le système en vertu duquel tout juge avait le droit de mettre d'office l'action publique en mouvement, et de se saisir ainsi eux-mêmes de la connaissance des affaires de leur compétence, sans le concours d'aucune partie, a eu une destinée analogue à celle du droit d'accusation des particuliers. Elle a décliné rapidement sous la poussée du ministère public. Déjà Jousse (1) pouvait dire que la maxime qui sert de titre à ce paragraphe n'était pas d'une application générale et se devait restreindre aux cas de flagrant délit ou de dénonciation, « parce que, dit-il, le juge ne peut être en même « temps plaignant et juge, ce qui renfermerait deux quali- « tés incompatibles. » Et d'Aguesseau (2) en limite la por- tée aux deux points suivants : 1° que les juges investis eux aussi de l'action publique ne sont pas obligés de suivre aveuglément les gens du roi dans leur conclusion, et 2° que, si ces derniers négligeaient leurs devoirs, les juges pou- vaient désigner un des leurs pour exercer les fonctions qu'ils auraient refusé d'accomplir. Mais c'est avec beau- coup d'hésitation qu'il admet cette deuxième conséquence de notre règle.

Les législateurs de la période intermédiaire s'efforcèrent d'achever l'œuvre commencée et de séparer absolument l'office du juge de celui de la partie publique. Cependant, nous avons constaté encore, dans les dispositions législati- ves les plus récentes de cette époque, une certaine confu- sion entre les attributions du magistrat accusateur et celles des directeurs du jury spécialement chargés de l'ins- truction.

Aujourd'hui, la séparation des pouvoirs du ministère pu- blic et du juge instructeur est devenue un principe fonda- mental. Le premier ne peut pas plus procéder à une infor- mation que le second ne peut faire des actes de poursuite. Cette règle est formellement consacrée par plusieurs textes. En ce qui concerne l'inhibition faite par la loi au Procu- reur de la République d'accomplir des actes d'instruction, citons d'abord l'art. 47 qui décide que lorsque le magis-

(1) *Traité de la justice crim.*, tome III, n° 151, *in fine.*
(2) Lettre du 11 mars 1730, tome X, p. 31, lettre 23.

trat aura appris d'une manière quelconque qu'un crime ou un délit a été commis, il « sera tenu de requérir le juge « d'instruction d'ordonner qu'il en soit informé même de « se transporter, s'il est besoin, sur les lieux, à l'effet d'y « dresser tous les procès-verbaux nécessaires, ainsi qu'il « sera dit au chapitre des juges d'instructions, » et, ensuite, l'art. 64 placé dans ce chapitre qui exige que « les « plaintes qui auraient été adressées au Procureur de la « République seront par lui transmises au juge d'instruc- « tion avec son réquisitoire. » C'est l'article 1er qui enlève au magistrat instructeur le droit de mettre l'action publique en mouvement. Mais cette règle est appliquée et développée par d'autres dispositions spéciales à la matière. Ainsi l'art. 61 déclare : « Hors le cas de flagrant délit, le « juge d'instruction ne fait aucun acte d'instruction ou de « poursuite, qu'il n'ait donné communication de la procé- « dure au Procureur de la République. » L'art. 70 non moins formel dispose : « Le juge d'instruction compétent « pour connaitre de la plainte, en ordonnera la communi- « cation au Procureur de la République pour être par lui « requis ce qu'il appartiendra. »

Le principe est, on le voit, aussi nettement posé que possible. Cependant, au cours de la longue et vive discussion qu'il souleva au conseil d'Etat (1), on comprit que s'il était strictement maintenu, dans tous les cas, il pourrait, par les lenteurs inévitables qu'il impose, entraver la marche de la justice en laissant aux accusés le temps de fuir et aux preuves celui de s'effacer. C'est ce que pensait M. Berlier, quand il disait : « Il faut quelqu'un pour poursuivre et pour faire « la première instruction avec rapidité ; voilà le premier « besoin de la société. Or, si rien ne peut se faire sans le « concours d'un juge, si tous les actes de première instruc- « tion doivent être concertés entre lui et le Procureur im- « périal, de sorte que l'un ne puisse requérir et que l'autre « doive ordonner et instruire exclusivement, qu'arrivera- « t-il ? des lenteurs. Quand l'un des magistrats sera prêt « à se transporter sur les lieux, l'autre ne le sera point et,

(1) Locre, tome XXV, p. 123 et suiv., 150 et suiv.

« dans l'intervalle, les prévenus pourront s'évader et les
« preuves dépérir. » Ces objections furent entendues et devinrent le point de départ d'une exception au principe que
nous venons d'établir. Mais celle-ci est étroitement limitée
aux cas de flagrant délit ou reputés tels, dans lesquels seuls
un retard de quelques heures pourrait être préjudiciable
à l'œuvre de la justice. Les dispositions qui les consacrent
ne sauraient s'étendre à d'autres situations ; car les dérogations à un principe aussi formel et aussi important doivent être interprétées d'une façon aussi limitative que possible. En conséquence, toutes les fois que l'on se trouve en
présence d'une espèce prévue par l'art. 41, ainsi conçu :
« Le crime qui se commet actuellement, ou qui vient de se
« commettre, est un flagrant délit. Sont aussi reputés flagrant
« délit, le cas où le prévenu est poursuivi par la clameur
« publique et celui ou le prévenu est trouvé saisi d'effets,
« armes, instruments ou papiers faisant présumer qu'il est
« auteur ou complice, pourvu que ce soit dans un temps
« voisin du délit » et par l'art. 46, lorsque « s'agissant
« d'un crime ou délit même non flagrant commis dans l'in-
« térieur d'une maison, le chef de cette maison requerra le
« Procureur de la République de le constater, » l'agent du
ministère public compétent pourra procéder aux premiers
actes d'information (1) et le juge d'instruction se saisir et
entamer la poursuite sans attendre les réquisitions du Procureur de la République (2).

Mais cette confusion momentanée de deux pouvoirs qui
devraient régulièrement rester absolument distincts, cesse
aussitôt qu'elle n'est plus nécessaire, et tout rentre immédiatement dans l'ordre. « Le Procureur du roi, dit l'art. 45,
« transmettra sans délai au juge d'instruction les procès-
« verbaux, actes, pièces et instruments dressés, ou saisis
« en conséquence des articles précédents, pour être pro-

______

(1) Art. 32 et suiv., *C. d'inst. crim.*, qui toutefois n'accordent ce droit au
procureur de la République que pour les faits de nature à entraîner une
peine afflictive ou infamante, c'est-à-dire pour les crimes proprement dits.

(2) Art. 59, *ibid.*, vrai au cas de délit, aussi bien qu'en matière criminelle.

« cédé ainsi qu'il sera dit au chapitre des juges d'instruc-
« tion. » Et ceux-ci sont tenus de faire, à bref délai, l'examen de la procédure. Ils peuvent aussi refaire les actes ou
ceux des actes qui ne leur paraîtraient pas complets (1).
D'autre part, l'art. 61 reprend son empire, et le juge d'instruction devra communiquer les procédures au Procureur
de la République et attendre ses réquisitions.

Le droit de poursuivre grâce à l'art 1er n'est pas plus la
propriété des tribunaux que celle du magistrat instructeur,
et la deuxième conséquence que tirait d'Aguesseau de la
maxime que tout juge est officier du Ministère public n'est
plus applicable. Merlin (2) n'est pas de cet avis, mais son
opinion est aujourd'hui complètement abandonnée (3). Il
est vrai que pour le service des audiences, en cas d'absence
des officiers du Ministère public et après les avoir avertis,
les tribunaux ont le droit de commettre un juge ou un conseiller pour les suppléer. Mais ces remplacements sont réglés
avec précision par la loi (4) et « ce serait une erreur, dit
« M. Hélie, que de voir dans cette disposition une applica-
« tion de l'ancienne maxime ». La seule chose qui en reste,
c'est le premier sens que lui donnait d'Aguesseau. Aujour-
d'hui comme de son temps il est vrai de dire avec l'éminent
Chancelier que « comme toute la force des conclusions des
« gens du roi ne consiste que dans ce qui tend au bien
« public, et au plus grand bien de cette nature, les juges ne
« sont pas obligés de les suivre et d'y conformer exacte-
« ment leurs décisions ; ils peuvent y suppléer ou en re-
« trancher ou décider même le contraire de ce qui est re-
« quis par les gens du roi, s'ils croient y être obligés par
« les règles de la justice et par le zèle qu'ils ont pour l'in-

(1) Art. 60.

(2) Merlin, rep., v° *Tribunal de police*, section 2, § 3, p. 152 et 153.

(3) Mangin, n° 98, Eugène Paringault (*De l'adage que tout juge est
officier du min. pub.*, n° 25. *Revue hist.*, tome III, p. 142), Merin, rep.,
v° min. pub., n° 10, Dalloz, v° *Instruct. crim.*, n° 41 et Min. pub., n° 240.
F. Hélie, n° 483, *in fine* et 484.

(4) Loi du 18 avril 1810, art. 47, décrets du 6 juillet 1810, art. 48, du
18 août 1810, art. 20, 21, 22 et 23, *Code d'inst. crim.* art. 26. *Jurisp.
ancienne et nouvelle*, (Dalloz, 1802, 1, 131 et 1879, 1, 68.)

« térêt commun de la société ». En d'autres termes, lorsque les tribunaux sont saisis de l'action publique, ils en deviennent en quelque sorte les maîtres et peuvent statuer en toute liberté sans s'inquiéter des conclusions du Magistrat accusateur. Cela est nécessaire pour assurer l'indépendance des juges aussi indispensable à l'intérêt général que celle du Ministère public.

Mais ce n'est pas assez que les juridictions pénales ne puissent pas se saisir elles-mêmes de la connaissance de l'action publique et par ainsi la mettre en mouvement; il faut encore qu'elles ne gênent en rien l'indépendance des fonctionnaires à qui ce droit appartient. Ainsi, un tribunal répressif ne peut enjoindre au Ministère public de poursuivre à raison de faits qui lui sont dénoncés (1). Il ne saurait davantage ordonner que des poursuites soient intentées, à la diligence du Procureur de la République, contre un individu qui lui parait impliqué dans une affaire sur laquelle il a à statuer (2). Et lors même qu'un nouveau délit imputable au prévenu est révélé aux débats, il ne doit pas engager par avance l'action publique en renvoyant l'inculpé en état de mandat d'amener devant le juge d'instruction (3), ni surseoir à juger sur la prévention dont il est saisi jusqu'à ce qu'il soit statué sur la nouvelle affaire par une autre juridiction. Cela constituerait une pression illégale sur le Ministère public et porterait atteinte à son indépendance (4).

Toutefois, le vieil adage dont nous recherchons les destinées n'a point absolument perdu toute sa force. On en trouve l'application dans deux dispositions de nos lois. Et dans le cas prévu par l'une d'elles, la liberté du Ministère public, non pas celle de ses conclusions qui ne saurait être discutée, mais celle de ne pas poursuivre s'il le juge à propos, se trouve enchaînée. Nous voulons parler des ar-

(1) Cass. 8 décembre 1826. (Dall., 1827, p. 356.)
(2) Cass , 27 novembre 1828. (Dall., 1829, p. 39.)
(3) Cass., 10 septembre 1825. (*Bul.* n° 205.)
(4) 20 décembre 1845 (Dall., 1846, p. 80), et 23 août 1866. (Dall., 1867, I, 47.)

ticles 235 du Code d'instruction criminelle et de l'art. 11
de la loi du 20 avril 1810.

L'art. 235 s'exprime ainsi : « Dans toutes les affaires, les
« Cours d'appel, tant qu'elles n'auront pas décidé s'il y a
« lieu de prononcer la mise en accusation, pourront d'office,
« soit qu'il y ait ou non une instruction commencée par
« les premiers juges, ordonner des poursuites, informer ou
« faire informer et statuer ce qu'il appartiendra. » Ce
texte qui n'est que l'application de la règle posée par l'art. 9
qui déclare que « la police judiciaire sera exercée sous
« l'autorité des Cours royales, » vise, malgré la généralité
de ses termes, les chambres des mises en accusation seules,
ainsi que cela résulte de ce membre de phrase : « *tant*
« *qu'elles n'auront pas décidé s'il y a lieu de prononcer la*
« *mise en accusation* ». Ces mêmes expressions permettent
de supposer, sans laisser à l'esprit l'ombre d'un doute, que
l'action publique est déjà mise en mouvement. En conséquence, il ne nous arrêterait point, si on (1) ne pouvait ob-
jecter que les expressions « ordonner des poursuites » donnent aux chambres des mises en accusation un pouvoir
plus étendu : celui de provoquer dans tous les cas l'action du
Ministère public. Nous ne pensons pas que cette objection soit
fondée. L'incidente que nous venons de souligner s'oppose
à cette interprétation. Le législateur a voulu simplement
autoriser cette chambre à évoquer l'instruction des affaires
qu'elle croirait dangereux de laisser aux premiers juges, et à
ordonner dans les procès dont elle est saisie des poursuites
contre des personnes non visées dans la procédure, ou à
raison de délits connexes non compris dans les réquisitions
du Ministère public. C'est du moins ce que nous croyons
être l'intention des auteurs de la loi. « Comme disait, en
« effet, l'orateur du gouvernement dans l'exposé des
« motifs (2), comme cette cour est à portée par la nature
« de ses attributions de connaitre les relations des affaires
« entr'elles et les points souvent délicats par lesquels elles
« se rapprochent et se tiennent, elle peut informer et faire

(1) F. Hélie, *op. cit.*, n° 530.
(2) Locre, tome XXV, p. 506.

« informer d'office sur les affaires survenues à sa conais-
« sance. » En un mot, l'art. 235 n'a qu'un but : permettre
aux chambres des mises en accusation comme à toutes les
juridictions pénales, la facilité de se prononcer en toute
connaissance de cause et en pleine indépendance sans s'inquiéter des réquisitions du Ministère public. Il serait trop
dangereux de leur accorder des droits plus étendus. Ce
serait, comme au temps où tout juge était officier du Ministère public, les rendre juges et parties à la fois, ce que
la loi a voulu éviter. D'ailleurs, accorder à l'art. 235 une
portée plus étendue que celle que nous lui attribuons,
serait déclarer que l'art. 11 de la loi du 20 avril 1810,
rédigé après lui, était inutile, et fait double emploi, ce qui
est évidemment inadmissible (1).

Cet article est ainsi conçu : « La cour impériale pourra,
« toutes les chambres assemblées, entendre les dénoncia-
« tions qui lui seraient faites par un de ses membres, de cri-
« mes et de délits; elle pourra mander le procureur général
« *pour lui enjoindre de poursuivre*, ou pour entendre le
« compte que le procureur lui rendra des poursuites qui se-
« raient commencées ». Ici, pas de discussion possible. C'est
bien le droit de secouer l'inertie du Ministère public qui appartient aux cours d'appel, dans les conditions exigées par le
texte lui-même, tandis que l'art. 235 veut seulement que la
chambre des mises en accusation puisse donner à l'action
publique tout le développement qu'elle comporte. Le rôle
confié aux cours d'appel, toutes chambres réunies et sur
la dénonciation d'un de leur membres, est peu dangereux.
Les conseillers qui seront chargés de statuer sur la mise
en accusation sont perdus dans l'ensemble. Ensuite la
Cour ne fait aucun acte de procédure, elle se borne à dire
au Procureur général : « *poursuivez* », et celui-ci redevient indépendant dans l'exercice de ses fonctions, dès
qu'il a mis l'action publique en œuvre.

(1) Sic. F. Hélie, *op. cit.*, n° 530, Mangin, n° 25, Le Sellyer, n° 172.

SECTION II

Du rôle de certaines administrations.

Contrairement au principe qui donne au ministère public seul le pouvoir de mettre l'action publique en mouvement, ce droit a été concédé à quelques grandes administrations chargées plus spécialement de veiller aux intérêts du fisc. Ce sont celles des contributions indirectes, des douanes, des forêts, des ponts et chaussées et des postes. Mais, hâtons-nous de le dire, ce droit, qui est accordé à chacune d'elles par des dispositions qui lui sont spéciales, ne saurait être reconnu par analogie à d'autres administrations, en vertu de la règle que les dérogations à un principe général doivent être restrictivement interprétées. Nous allons examiner successsivement ces exceptions, nous bornant ici, comme du reste dans tout le cours de cette thèse, à l'étude de ce qui est exactement notre sujet, sans aborder les questions connexes qu'elles pourraient faire naitre.

A) *Administration des contributions indirectes.* — Les art. 23 de l'arrêté du 5 germinal, an XII, et 10 de l'ordonnance du 3 janvier 1821, autorisent l'administration des contributions indirectes à transiger sur les délits passibles d'amendes et de confiscations. On en doit conclure qu'elle a, par le fait même, celui de poursuivre l'application de ces peines. Cette conclusion, que les art. 90 de la loi du 5 ventôse an XII, 28, 31, 34 et 36 du décret du 1er germinal an XIII justifient, n'est pas contestée. Mais on est allé plus loin et la jurisprudence décide que ce droit lui appartient, à l'exclusion de celui du Ministère public (1). En sorte que lorsque celui-ci dirige la poursuite,

(1) Cass., 24 février 1820, 11 novembre 1820. (Dall., v° *Impôts indirects*, n°s 487 et 488.)

il devrait être déclaré irrecevable; il ne pourrait relever appel d'un jugement d'acquittement, et quand le contrevenant est relaxé sur ses réquisitions, la maxime « *non bis in idem* » ne s'appliquerait pas, et l'administration aurait la faculté d'intenter une nouvelle action (1). Certains arrêts font cependant une restriction à cette théorie dans le cas très rare du reste où l'arrestation du prévenu est nécessaire (2).

M. Mangin adopte entièrement cette doctrine (3). Malgré l'autorité qui s'attache à ses opinions, nous ne croyons pas devoir nous y rallier. Pour justifier cette exclusion absolue du ministère public, si contraire aux principes généraux, en faveur des préposés de l'administration des contributions indirectes auxquels nous venons de reconnaitre un pouvoir déjà exceptionnel, il faudrait au moins un texte formel. Or on n'en trouve aucun. Bien au contraire, l'art. 34 du décret du 1ᵉʳ Germinal an XIII, montre la possibilité pour le ministère public d'engager la poursuite quand il dit : « Dans « le cas où le procès-verbal portant saisie d'objets prohibés « serait annulé pour vice de forme, la confiscation sera « néanmoins prononcée sans amende sur les conclusions « du poursuivant *ou du procureur impérial*». L'art. 102 de la loi du 19 Brumaire an VI qui établit le concours du ministère public avec l'administration, dans la poursuite des contraventions relatives à la garantie des matières d'or et d'argent, montre bien ainsi que le dit M. Hélie (4), que l'intervention du ministère public « se trouve au fond même « de cette législation. » Les amendes et la confiscation ne sont pas seulement des réparations civiles, elles constituent en même temps une véritable peine, surtout en notre matière (5), et le ministère public ne trouve par conséquent dans leur caractère aucun obstacle à son action. Du reste,

(1) Cass., 26 août 1825, 18 janvier 1823 (Dall., *ibid.*), 25 août 1827 (Dall., vol. 27, p. 601, nᵒ 3) ; Rennes, 9 décembre 1847. (Dall., 47, 4, 112.)

(2) Besançon, 14 février 1872 (Dall., 72, 2, 134); Pau, 27 novembre 1873. (Dall., 74, 1, 71.)

(3) *Op. cit.*, nᵒ 41.

(4) *Op. cit.*, nᵒ 505.

(5) Cass., 14 février 1832. (*Jour. pal.*, tome XXIV, p. 718.)

on reconnaît la possibilité de son intervention lorsque l'emprisonnement est rendu indispensable par la nature de la contravention. Cette distinction est arbitraire et conduirait à des résultats qu'il est impossible d'admettre.

Il résulterait en effet de ce système que le procureur de la République serait incompétent à se pourvoir contre un jugement au cas d'amende, et que l'administration ne le pourrait pas au cas d'emprisonnement. Cela serait absolument incompatible avec la bonne administration de la justice. Il faut donc conclure que le concours du ministère public et de la régie est toujours possible. On doit considérer cette dernière comme une partie civile jouissant exceptionnellement de droits plus étendus qui ne sauraient toutefois annihiler ceux de la partie publique ordinaire. « Il est utile, dit « M. Hélie, dans l'intérêt de la justice et dans l'intérêt « même de l'administration que le ministère public, partie « principale toutes les fois qu'il s'agit d'un délit et d'une « peine, surveille l'application des lois dans cette matière « aussi bien que dans toutes les autres. »

Ainsi défini, le droit de l'administration des contributions indirectes s'applique à toutes les matières qui ont été placées dans les attributions de la régie depuis la législation de l'an XII et de l'an XIII, ainsi que cela ressort des décisions de jurisprudence que nous avons indiquées plus haut.

Remarquons enfin que la faculté de transiger de laquelle on a induit, pour l'administration, la possibilité d'exercer des poursuites, est elle aussi une notable exception au principe que l'action publique est indépendante des agissements de la partie lésée. Ce droit qui appartient d'ailleurs aux autres administrations dont il nous reste à parler, s'explique en ce que dans ces matières fiscales la poursuite a pour objet principal la réparation du dommage pécuniaire causé à l'Etat par le fait de la fraude. L'administration agit donc comme une partie civile ordinaire, et ce n'est point cela qui constitue véritablement l'anomalie. « L'exception consiste plutôt, ainsi que le fait très juste-

« ment remarquer Faustin Hélie (1), dans les effets donnés
« à cette transaction sur la peine proprement dite. »

B) *Administration des douanes*. — En matière de douanes, il y a deux espèces de contraventions. Les premières
sont de la compétence des juges de paix. Elles ne donnent
lieu qu'à une action purement civile et le pouvoir d'en provoquer la répression appartient exclusivement à l'administration. Le ministère public n'a aucune attribution sur
elles. Cela résulte du silence gardé à son égard par les lois
des 6-22 août 1791 et 4 germinal an II qui reconnaissent le
droit de poursuite de la régie à l'encontre de ces infractions.
La Cour de cassation a formellement consacré cette exclusion du ministère public (2).

Mais les lois du 28 avril 1816 et du 21 avril 1818 ont créé
une deuxième catégorie de contraventions de la compétence,
celles-là, des tribunaux correctionnels. A l'égard de ces
dernières, le droit du ministère public ne saurait être contesté (3) et s'exerce parallèlement à celui de l'administration. Mais il importe de préciser la sphère d'action de chacune de ces autorités.

Depuis comme avant (4) les dernières dispositions législatives que nous venons de citer, l'administration des douanes a le droit de poursuite devant les tribunaux criminels.
Mais son action doit se borner, pour rester principale et
directe, aux affaires n'entrainant que des amendes ou des
confiscations. Elle redevient uniquement civile et par conséquent accessoire, lorsque la contravention est passible de
la peine d'emprisonnement. Car « c'est une peine corporelle
« dont l'application ne peut être poursuivie que par les
« fonctionnaires chargés de l'exercice de l'action publique,
« et l'administration des douanes n'a d'action que rela-

(1) *Op. cit.*, tome II, n° 577.
(2) Cass., 8 décembre 1807. (*Journal du droit criminel*, tome IX, p. 351.)
(3) Art. 41, 45, 60 de la loi du 28 avril 1816, 34, 35 et 37 de la loi du
21 avril 1818.
(4) Cass., 26 vendémiaire et 1er germinal an IX (J. P., tome II, p. 14),
25 juillet et 19 décembre 1806. (J. P., tome V, p. 432 et 593.)

« tivement aux condamnations qu'il peut y avoir lieu de
« poursuivre dans son intérêt particulier (1) ». Le ministère
public est donc seul compétent dans ce dernier cas, mais il
lui est loisible, en outre, d'intenter l'action publique alors
même que l'infraction n'est frappée que d'une pénalité fis-
cale. La judicieuse distinction créée par la jurisprudence
entre les attributions respectives des préposés de la régie
et du procureur de la république n'est donc pas, ainsi qu'on
peut le voir, absolue. Elle l'est d'autant moins que le droit
de transaction qui appartient à la régie fait tomber l'action
publique dans toutes les hypothèses, et non pas seulement
comme le voudrait M. Legraverend lorsque la peine a le
caractère d'une réparation civile (2).

« L'administration n'est donc, ainsi que l'explique très
« bien M. Hélie (3), comme celle des contributions indirec-
« tes, qu'une partie civile à qui la loi a attribué, dans l'in-
« térêt du trésor, le droit de poursuivre la répression de
« certains faits de fraude. Elle exerce donc partiellement
« l'action publique en ce qu'elle peut requérir à l'égard de
« ces faits l'application des peines légales. Mais le minis-
« tère public qui exerce cette action tout entière comprend
« nécessairement dans ses attributions l'attribution par-
« tielle qui à été déléguée à la régie, puisque la loi ne l'en
« a pas formellement exclu. Les condamnations que la ré-
« gie requiert, il pourrait donc les requérir, et ce n'est que
« pour suppléer à son intervention, et non pour la rempla-
« cer, que l'administration a été investie de ce pouvoir
« exceptionnel. De là cette double conséquence que le minis-
« tère public peut et doit surveiller toutes les poursuites qui
« sont exercées par la régie, mais qu'il ne doit agir direc-
« tement que lorsque l'intérêt fiscal se complique d'un inté-
« rêt général ou lorsque la loi lui parait froissée dans son
« application. »

(1) Cass., 23 février 1811. (J. P., tome IX, p. 130.) Voir aussi cass.,
8 décembre 1838. (*Journ. du droit crim.*, tome II, p. 292.)
(2) Lagraverend, *op. cit.*, tome I**er**, p. 655; *contrà*, cass., 30 janvier
1820. (Dall., tome VI, 429.)
(3) *Op. cit.*, tome I**er**, n° 507.

C) *Administration des forêts.* — Les articles 19, 182 et 190 du Code d'instruction criminelle, 159, 183 et 184 du Code forestier donnent incontestablement aux agents de cette administration le pouvoir d'intenter l'action pour l'application des peines, à l'égard des délits prévus et punis par le dernier des documents législatifs que nous venons de citer. M. le Sellyer leur avait, avec beaucoup d'énergie, refusé ce droit dans son traité du droit criminel (1), mais depuis, en présence de l'abondance et de la précision des textes, il est revenu sur cette décision et s'est rangé à l'avis unanime (2). En sorte qu'aujourd'hui aucune difficulté ne peut plus s'élever sur ce sujet.

Le droit des agents forestiers n'exclut pas toutefois celui des officiers du ministère public, bien au contraire. Les textes que nous venons de rapporter sont absolument formels. Et leur concours a cela de particulier que les uns et les autres jouissent de pouvoirs absolument égaux. Le Ministère public, comme l'administration, peut indifféremment et simultanément poursuivre non seulement l'action publique, mais encore l'action privée qui en principe appartient exclusivement à la partie lésée. Cette dérogation au droit commun, apportée pour donner plus de force à la répression, ne supprime pas néanmoins le droit des particuliers qui restent toujours libres d'intenter l'action en dommages et de transiger si bon leur semble. Cela résulte *a contrario* des art. 134, 143 et 210 du Code forestier qui visent des cas spéciaux et limitativement déterminés, ou, dans un intérêt public, et par dérogation à l'art. 2, des bois appartenant à des particuliers sont soumis en tout ou en partie au régime forestier.

D) *Administration des ponts et chaussées.* — C'est en matière de pêche fluviale que le droit de mettre l'action publi-

---

(1) Tome Ier, p. 381.

(2) *Traité de l'exercice et de l'extinction des actions publiques et privées,* tome Ier, n° 80, cass., 3 mai 1835 (Devill. et Car. 1835, 1, 740); Orléans, 10 janvier 1861 (Dall. 1862, 2, 373); Nancy, 3 décembre 1861 (Dall., 1862, 2, 32).

que en mouvement appartient à ses préposés. « Le gouver-
« nement, dit l'art. 36 de la loi du 15 avril 1829, exerce la
« surveillance et la police de la pêche dans l'intérêt géné-
« ral. — En conséquence, les agents spéciaux par lui insti-
« tués à cet effet, ainsi que les gardes champêtres, éclusiers
« des eaux et autres officiers de police judiciaire, sont te-
« nus de constater les délits qui sont spécifiés au titre IV
« de la présente loi, en quelque lieu qu'ils soient commis ;
« et lesdits agents spéciaux exerceront conjointement avec
« les officiers du Ministère public toutes les poursuites et
« actions en réparation de ces délits. » Et le texte ajoute,
conformément au principe de l'indépendance de l'action
publique à l'égard des intérêts particuliers : « Les mêmes
« agents et gardes de l'administration, les gardes champê-
« tres, les éclusiers et les officiers de police judiciaire,
« pourront constater également le délit spécifié en l'art. 5
« (pêche sans l'autorisation de celui à qui ce droit appar-
« tient) et ils transmettent leurs procès-verbaux au Procu-
« reur du Roi. »

Le droit des agents désignés par le gouvernement laisse
donc place à l'action du ministère public, et leurs pouvoirs
respectifs se règlent ici de la même manière qu'en ce qui
concerne les délits forestiers. On a cependant contesté (1)
malgré le dernier alinéa du texte que nous venons de reproduire, que le Ministère public puisse intervenir dans la
poursuite des délits de pêche commis au préjudice du propriétaire, sans qu'il y ait eu plainte préalable émanée de ce
dernier. Mais la jurisprudence condamne cette manière de
voir, bien qu'elle soit conforme aux paroles prononcées
par M. de Malleville lors de la discussion de la loi de 1829.

Observons que les agents spéciaux que devait instituer
le gouvernement aux termes de l'art. 36 de la loi précitée,
furent longtemps les employés de l'administration fores-
tière. Mais depuis le décret du 29 avril 1862, et une circulaire ministérielle du 6 mars 1863, c'est au nom de l'administration des ponts et chaussées, et par ses préposés, que

---

(1) Mangin, *op. cit.*, n°ˢ 54 et 161, *contrà*, cass., 17 octobre 1838 et
3 juin 1853. (Dall., v° *pêche fluviale*, p. 490, note 1.)

l'action pour la répression des délits de notre matière doit être intentée.

E) *Administration des postes.* — « La poursuite (des con-
« traventions prévues par la loi des 4 juin-6 juillet 1859,
« dit l'art. 9) est exercée à la requête de l'administration
« des postes qui a le droit de transiger. »

Faut-il conclure du silence de ce texte à propos du Ministère public, que celui-ci est désarmé en présence des
infractions visées par la législation sur le transport par la
poste ? Nous ne le pensons pas. La poursuite des délits et
contraventions en matière correctionnelle, appartient en
principe au Procureur de la République. Il faudrait par
conséquent un texte formel pour l'exclure. L'art. 9 ne le
fait pas, et se borne à donner à l'administration un droit
qu'elle n'aurait pas eu régulièrement ; mais tout se borne
là. En conséquence, si le Ministère public agit, l'action publique est dûment engagée, et il l'exerce dans toute sa
plénitude, pourvu qu'en transigeant avec le prévenu l'administration ne vienne l'entraver. En somme, les choses se
passent ici comme dans les situations que nous avons déjà
rencontrées : la régie des postes est une sorte de partie civile investie de droits exceptionnels et dérogatoires aux
principes généraux (1).

Terminons cette section en constatant que le pouvoir des
diverses administrations que nous venons de passer en revue, bien qu'anormal, n'est au fond qu'un démembrement
de l'action publique. Il est donc, sauf les cas où un texte
formel y met obstacle, soumis aux lois qui régissent cette
dernière.

(1) Angers, 13 août, 1866. (Dall. 1866, 2, 156.)

SECTION III

Du rôle des particuliers.

Le droit d'accuser, c'est-à-dire de mettre en mouvement l'action publique et d'en saisir les juridictions répressives, que les anciennes législations reconnaissaient aux simples particuliers, ne leur appartient plus. Blessé à mort, avons-nous dit, par l'institution du ministère public, il a reçu le dernier coup lors de la promulgation de l'art. 1er du Code d'instruction criminelle. Et nous avons affirmé, à plusieurs reprises, que, si le premier venu peut en provoquer l'exercice; si la partie lésée a le droit, pour la sauvegarde de ses intérêts matériels, de surveiller la marche de l'action publique et de concourir aux divers actes qu'elle comporte; si elle peut même, dans certains cas, donner une impulsion invincible aux magistrats du Ministère public, seuls chargés de la mise en œuvre de cette action, son pouvoir se borne là, et ne saurait lui permettre d'usurper une fonction qui lui a été enlevée sans retour, nous l'espérons du moins. Le moment est venu, maintenant, de fournir la preuve de nos affirmations qui, nous devons le reconnaitre, loin d'être unanimement admises, sont, au contraire, très vivement combattues. C'est ce que nous allons tenter en étudiant la nature du rôle tenu par les particuliers dans le premier acte de la procédure criminelle.

Lorsqu'un fait punissable est commis, c'est un droit, en même temps qu'un devoir social pour tous ceux qui en ont été les témoins, alors même qu'ils n'en seraient pas les victimes, de le porter à la connaissance de l'autorité compétente pour en provoquer la répression. L'accusation populaire, en disparaissant, n'a plus laissé au « *quivis ex* « *populo* » du droit romain, que la voie de la « *dénoncia-* « *tion* », qui laisse son auteur complètement étranger à la poursuite qu'il a facilitée par ses révélations. Lorsque « *le* « *dénonciateur* » est en même temps la victime de l'infraction, il s'appelle d'un autre nom et devient un « *plaignant* ».

Mais, tant qu'un élément nouveau ne vient pas s'ajouter à cette qualité, la « *plainte* » n'a pas d'effets plus étendus que la dénonciation.

Bien que le plaignant et le dénonciateur restent absolument en dehors de la poursuite, certains auteurs, sans approfondir autrement la question, affirment que le ministère public ne saurait rester impassible et devrait nécessairement mettre l'action publique en mouvement, quand il se trouve en présence d'une dénonciation et surtout d'une plainte. Ce sont MM. Carnot, Bourguignon, Legraverend (1) et quelques autres. Ce dernier n'est toutefois franchement affirmatif qu'en ce qui concerne la plainte. « Les officiers « du prince, dit-il, ne sont pas essentiellement et indistinc-« tement astreints à exercer cette action, lorsqu'il n'y a « pas de plainte ou que le plaignant refuse de se consti-« tuer partie civile. » Et, bien qu'il reconnaisse qu'il est du devoir de ces magistrats de poursuivre lorsque l'Etat est intéressé, ce que nous admettons parfaitement, il laisse à leur conscience le soin de décider s'ils doivent s'abstenir dans les cas peu graves, pour éviter des procédures sans objets et des frais inutiles. Nous avons réfuté par avance cette théorie, tant en ce qui concerne la plainte qu'en ce qui touche la dénonciation, quand nous avons démontré, en étudiant le rôle du Ministère public que ce dernier n'est pas toujours obligé de poursuivre lorsqu'une infraction vient, d'une manière quelconque, à sa connaissance. Nous n'ajouterons rien à l'argumentation que nous avons alors présentée, et qui s'applique de tout point à la question qui nous préoccupe actuellement. Une seule observation peut ici trouver sa place : C'est qu'il serait étrange qu'après avoir substitué à l'accusation populaire un principe nouveau, la loi ait voulu la faire revivre indirectement en faisant du ministère public l'agent nécessaire et aveugle des passions individuelles, et du droit de ven-

---

(1) Carnot, de l'*Instruct. crim.* 2ᵉ édit., tome I, p. 295, 303, 306 et suiv., Bourguignon, *Jurisprudence du code criminel*, tome I, p. 166, Legraverend, *Traité de la législation criminelle en France*, tome Iᵉʳ, p. 7 et 8.

geance privée, qui se cache sous les prérogatives qu'accordaient aux particuliers les législations disparues. L'opinion que nous soutenons est celle de nombreux auteurs, parmi lesquels nous pouvons citer MM. Ortolan et Ledeau, Mangin, Faustin Hélie, Le Sellyer et Garraud (1).

Mais la partie lésée peut ne pas se contenter de ce rôle absolument effacé, et joindre à sa qualité de plaignante, celle beaucoup plus active de « *partie civile* », en le déclarant formellement dans sa plainte, ou par un acte subséquent. Ce titre, qui lui impose des obligations tellement lourdes que pendant vingt-quatre heures la loi lui laisse la faculté de se désister et de se soustraire ainsi à la responsabilité des frais et des dommages-intérêts (2), lui donne en retour de nombreuses prérogatives. Malgré le caractère privé de son action et le but pécuniaire qu'elle cherche à atteindre, la partie civile devient l'adversaire de celui qu'elle poursuit. Elle s'associe à l'accusation, fournit des preuves contre le prévenu et se fait en quelque sorte l'auxiliaire de la partie publique, sur la conduite de laquelle on ne saurait nier qu'elle exerce une véritable influence. Nous ne croyons pas cependant, que cette influence soit assez énergique pour que l'on puisse dire qu'elle lui donne le droit de mettre en mouvement l'action publique en lui permettant de provoquer une information préalable, au cas de crime ou de délit, en se constituant partie civile devant le juge d'instruction, seul mode de constitution de partie civile qui doive nous préoccuper ici (les autres laissant supposer que la poursuite est déjà commencée), tant que le plaignant n'use pas du droit de citation directe que la loi lui accorde dans certains cas. Nous ne pensons pas davantage que, par ce moyen, la partie lésée donne une impulsion irrésistible aux agents du Ministère public, et les oblige à accomplir les actes de leurs fonctions.

<hr>

(1) Ortolan et Ledeau, *Le min. publ. en France*, tome II, p. 10; Mangin, tome 1er, n° 13 et suiv.; F. Hélie, tome 1er, n° 514; Le Sellyer, tome 1er, n° 101; Garraud, *Précis de droit criminel*, p. 429 et 430.
(2) Art. 66, 136, 194, 358, 310 et 308, *C. d'inst. crim.*

Cette opinion rencontre des résistances plus vives que celles qui s'opposaient à l'admission de la précédente. MM. Faustin-Hélie et Garraud désertent notre cause et passent dans le camp opposé. Aussi devient-il nécessaire d'ajouter de nouveaux arguments à ceux que nous venons de rappeler plus haut.

On dit d'abord, pour repousser la solution que nous proposons, que la loi donne aux parties lésées le droit de porter l'action en dommages-intérêts devant le juge de l'action publique. Et nos adversaires se fondent pour l'affirmer très justement du reste, sur l'art. 3 du Code d'instruction criminelle, qui dispose que « l'action civile peut « être poursuivie en même temps et devant les mêmes juges « que l'action publique ». Mais ce texte, ainsi que l'affirme très justement M. Mangin (1), « suppose que l'action pu- « blique est intentée, que des juges en sont saisis : d'ail- « leurs, ce n'est jamais qu'accessoirement à cette action que « les tribunaux criminels peuvent statuer sur les intérêts « civils ; mais l'article ne dit point, il n'est pas destiné à dire « que le ministère public sera forcé de former son action « pour donner à la partie lésée la facilité de se réunir à « lui ». On (2) répond alors par l'art. 63 ainsi conçu : « Toute personne qui se prétendra lésée par un crime ou « délit, pourra en rendre plainte et se constituer partie « civile devant le juge d'instruction. » Mais il est facile de voir que cette disposition doit être expliquée de la même façon que l'art. 3. Et cette interprétation est d'autant plus autorisée que l'art. 61 révisé par la loi du 17 juillet 1856, déclare que « hors le cas de flagrant délit, le juge d'ias- « truction ne fait aucun acte d'instruction ou de poursuite, « qu'il n'ait donné communication de la procédure au pro- « cureur de la République ». Ce texte, qui se réfère à une théorie générale que nous avons examinée en son lieu, ne saurait être mis en échec par l'art. 63. Ce n'est donc pas la partie civile qui saisit le juge d'instruction lequel ne peut agir sans demander son avis au procureur de la République qui

(1) Tome Ier, n° 20.
(2) F. Hélie, tome Ier, n° 520.

reste maître des'abstenir si bon lui semble. Les termes de
l'art. 70 ainsi conçu : « Le juge d'instruction compétent
« pour connaître de la plainte en ordonnera la communi-
« cation au procureur du roi pour être par lui requis ce
« qu'il appartiendra, » bien loin de combattre notre opinion, semblent au contraire la confirmer. Les expressions
« *pour être par lui (Le procureur de la République) requis
ce qu'il appartiendra,* » ne nous paraissent pas suffisamment impératives pour provoquer son action d'une manière
absolue, s'il croit utile de rester inactif.

Que l'on ne dise pas qu'en refusant d'associer l'action
publique à celle de la partie lésée, ce magistrat porte un
tort réel à cette dernière, en la privant d'une juridiction
moins onéreuse et plus rapide. Car ce n'est jamais qu'à
titre exceptionnel que le droit de porter l'action civile qui
ne peut être que l'accessoire de l'autre, devant les tribunaux criminels, appartient aux particuliers. Si le Ministère public ne croit pas devoir poursuivre, il reste à la victime le droit de former son action en dommages devant les
juges civils naturellement compétents, et là, nul ne pourra
lui porter d'entraves. Si maintenant on nous oppose que le
Ministère public ne peut arrêter par son inaction la plainte
de la partie civile, parce que celle-ci fait l'avance des
frais de la prodédure, nous répondrons encore avec M. Mangin que « l'indépendance de l'action publique est destinée
« à garantir les citoyens contre des poursuites passionnées
« et injustes, cette indépendance ne doit point fléchir, de-
« vant la considération que le plaignant fait l'avance des
« frais... Les mesures fiscales sont complètement en dehors
« des règles qui déterminent la nature de l'action publique ». .
Ces mesures exigées seulement en matière de contravention ou de délit sont d'ailleurs les mêmes alors que la partie lésée n'interviendrait qu'au moment du jugement (1).
Elles ne sont pas, par conséquent, spéciales à la constitution
de partie civile devant le juge d'instruction.

Non seulement l'opinion que nous faisons nôtre n'est

---

(1) Décret du 18 juin 1811, art. 160 et 157. Code d'instruc. crim.,
art. 162, 204 et 368.

pas contraire aux textes, mais encore elle est confo.me à
l'esprit des rédacteurs du Code d'instruction criminelle.
En effet, au cours de la discussion de l'art. 213 du projet,
devenu l'art. 358 actuel, qui occupa le Conseil d'Etat à la
séance du 7 vendémiaire an XIII (1), Cambacérès disait :
« Il ne faut pas donner à l'accusé absous le droit indéfini
« de poursuivre son dénonciateur, mais seulement autori-
« ser la cour criminelle à le lui permettre: la cour n'ac-
« cordera pas une telle permission lorsqu'elle verra que le
« dénonciateur a été de bonne foi, qu'il a été induit en
« erreur par des indices graves. Cette limitation est d'au-
« tant plus juste, *que ce n'est ici ni le dénonciateur, ni la*
« *partie civile qui donnent le mouvement : le magistrat de*
« *sûreté n'est pas forcé de déférer à leur opinion, la loi*
« *veut qu'il suive la sienne et qu'après avoir reçu la dé-*
« *nonciation, il n'insiste qu'autant qu'il estime lui-même*
« *qu'il y a lieu à poursuite.* Comment punir un particulier
« qui dénonce une erreur que l'autorité publique a parta-
« gée avec lui ». M. Target admit aussi cette manière de
voir et lui prêta, à son tour l'autorité de sa parole. Il est
vrai que Cambacérès, dans la séance du Conseil d'Etat du
11 juin 1808 (2), s'exprimait ainsi : « La plainte ne peut
« être confondue avec la dénonciation. On doit sans doute
« laisser le Procureur impérial libre de poursuivre ou de
« ne pas poursuivre un délit qui lui est dénoncé par un
« homme qui n'en étant pas blessé n'a pas le droit d'en de-
« mander la réparation ; mais, lorsqu'un offensé se plaint,
« lorsqu'il se porte partie civile, il ne faut pas que le Pro-
« cureur impérial puisse la paralyser par un refus de pour-
« suivre. La justice veut que, dans ce cas, on permette, à la
« partie plaignante, de recourir au juge instructeur.» Mais
ces paroles qui, au dire de M. Faustin Hélie, ont abouti à
la rédaction de l'art. 63, n'ont pas eu le succès qu'en at-
tendait l'orateur, puisque ce texte, ainsi que nous l'avons
démontré, ne fait nullement obstacle à la solution à laquelle
nous nous sommes rallié.

(1) Locré, tome XXIV, p. 281.
(2) Locré, tome XXV, p. 147.

S'il fallait une preuve de plus à l'appui de nos affirmations, nous la trouverions dans les discussions soulevées par le projet de réforme du Code d'instruction criminelle qui n'a point encore abouti. La question qui nous préoccupe y fut nettement posée. Et M. Bovier-Lapierre, pour justifier le texte proposé par le gouvernement conçu dans les termes suivants : « Le juge d'instruction est saisi soit par « les réquisitions du Ministère public, soit par la plainte « de la partie lésée ; cette plainte n'aura d'effet qu'autant « que le Ministère public en aura reçu communication du « plaignant, et que celui-ci aura déclaré se porter partie « civile (1) », invoque les paroles de Cambacérès, que nous venons de rapporter en dernier lieu. Cela montre bien qu'elles n'ont pas eu la portée qu'on leur attribue, et que les dispositions législatives invoquées ne vont pas aussi loin que le nouveau texte, qui, sans cela, serait parfaitement inutile. Nous n'avons pas à apprécier ici la valeur des réformes projetées. Disons seulement qu'elles sont, ainsi que la proposition plus récente encore de M. Pourquery de Boisserin tendant, à propos des affaires du Panama, à attribuer à une commission parlementaire les droits du Ministère public, une preuve de plus de la vérité du principe que nous avons posé, de la concordance des lois criminelles avec les institutions politiques. En aucun cas, elles ne peuvent infirmer notre thèse, en ce qui touche la législation actuellement en vigueur ; elles en sont au contraire la consécration.

Au surplus, la Cour de cassation n'a pas attendu la rédaction du Code d'instruction criminelle pour adopter l'opinion que nous venons de soutenir. Déjà, sous l'empire du Code du 3 Brumaire an IV, qui admet la participation de la partie civile à l'exercice de l'action publique, elle décide (2) que cette participation n'est qu'accessoire et que son droit de provoquer l'action publique est « soumis *à la* « *discrétion et à la volonté* du ministère public ». On comprend qu'elle ne pouvait que persister dans cette voie

---

(1) Art. 42 du projet. *Rapport de M. Bovier-Lapierre,* p. 97.
(2) Cass., 10 thermidor an XII. (Dall., tome 8, p. 190.)

après la promulgation de l'art. 1er. C'est ce qu'elle a fait dans un arrêt du 8 septembre 1826 (1).

Mais nous n'avons pas encore épuisé la série des droits que notre législation accorde à la partie lésée. En effet, les art. 145 et 182 du Code d'instruction criminelle portent, art. 145 : « Les citations pour contravention de police seront « faites à la requête du ministère public *ou de la partie* « *qui réclame* ». Art. 182 : « Le Tribunal sera saisi, en ma- « tière correctionnelle, *de la connaissance des délits de sa* « *compétence*, soit par le renvoi qui leur en sera fait « d'après les art. 130 et 160 ci-dessus, soit *par la citation* « *donnée directement* au prévenu et aux personnes civi- « lement responsables du délit *par la partie civile*, et à « l'égard des délits forestiers par le conservateur, inspec- « teur ou sous-inspecteur forestier, ou par les gardes « généraux, et, dans tous les cas, par le procureur de la « République. » En vertu de ces textes, la partie lésée a la possibilité, en matière de contravention ou de délit, de ci- ter directement le prévenu dont elle se plaint devant le juge de simple police ou le Tribunal correctionnel. En matière criminelle, la voie de la citation directe, qui n'ap- partient pas d'ailleurs au ministère public lui-même, n'est pas ouverte au plaignant, à l'exception toutefois du privi- lège accordé par l'art. 47 de la loi du 29 juillet 1881 sur la liberté de la presse, aux personnes visées sous les paragra- phes 3 et 4 du même texte.

En présence de la saisine qui résulte certainement pour les juridictions répressives de la citation directe donnée à la requête de la partie lésée dans le cas où nous venons de voir qu'elle est possible, pouvons-nous maintenir absolu- ment les solutions que nous avons adoptées lorsque nous nous sommes occupé de la constitution de partie civile devant le juge d'instruction ? Il est évident que non. Et nous reconnaissons qu'ici le ministère public est nécessai- rement obligé de conclure en ce qui concerne l'intérêt pu- blic. Il n'est plus libre de s'abstenir. Cela résulte de l'art.

(1) Dall., 1827, p. 556.

190 (1) du Code d'instruction criminelle, qui ordonne que dans tous les cas prévus par l'art. 182 « le Procureur de « la République résumera l'affaire et donnera ses conclu- « sions », et de la nullité qui frapperait le jugement si cette exigence de la loi n'était pas respectée. Cette nullité n'est pas, il est vrai, expressément édictée par l'art. 190, mais il n'en est pas moins certain que les prescriptions de la loi doivent être considérées comme substantielles lorsqu'elles sont indispensables à la réalisation du but qu'elle se propose. Or, les conclusions du ministère public sont nécessaires pour assurer la bonne administration de la justice, le châtiment des coupables, et, avant tout, la protection des innocents. De plus, l'art. 209 nous fournit, en matière criminelle, un argument d'analogie qu'il nous parait bien difficile d'écarter quand il déclare : « La demande en « nullité ne peut être formée que contre l'arrêt de renvoi « et dans les quatre cas suivants ; 3° si le ministère public « n'a pas été entendu. »

La Cour de cassation, par un arrêt du 12 mai 1820 (2), avait décidé que « l'entière exécution de l'art. 190 n'est pas « substantielle à l'instruction criminelle ; que ce qui est « substantiel à cette instruction, c'est la présence et l'audi- « tion du ministère public : Que, dans l'espèce, le ministère « public avait été entendu, que s'il n'avait donné des con- « clusions que sur la compétence, il n'avait pas été empê- « ché de le faire au fond ; qu'il pouvait le faire par forme « subsidiaire et en concluant à toutes fins ; que s'il ne « ne l'avait pas fait, l'arrêt n'en pouvait recevoir aucune « atteinte ni contracter aucun vice. » Mais depuis, la jurisprudence a abandonné cette doctrine et s'est ralliée à celle que nous émettons par de nombreux arrêts rendus, tant en matière de délit que de contravention (3). Peu importe, d'ailleurs, et c'est ici que l'indépendance nécessaire du Mi-

(1) Et des art 153 et 335 du Code d'inst. crim.
(2) (*Bull.*, n° 90,) et arrêt du 23 février 1839 (*Bull.* n° 65).
(3) Cass., 20 février 1828 (*Bull.* n° 59), 2 janv. 1817 (Dall., 47, 4, 15), 26 mai, 22 juil., 16 sept. et 23 décemb. 1853 (Dall., 53, 5, 300), 21 janv. et 26 avril 1860 (Dall., 60, 5, 213), 2 février 1861 (Dall., 61, 5, 283), 17 août 1865 (Dall., 1867, 5, 280), etc...

nistère public prend sa revanche, que ses agents requièrent l'application d'une peine ou proposent le relaxe du prévenu ; pourvu qu'il résume l'affaire et prenne des conclusions, quelles que soient ces dernières, l'action publique est engagée, et le Tribunal, valablement saisi, peut donner à l'affaire les suites qu'il jugera convenables. Cette précision nous permet de nous emparer des décisions de jurisprudence qu'on (1) nous oppose et notamment des arrêts du 27 juin 1811 et du 23 janvier 1823 (2), qui déclarent, le premier : « Que les tribunaux correctionnels doivent, en « cas de conviction, et aux termes des art. 161 et 189 du « Code d'instruction criminelle, prononcer la peine due au « délit, *quelles que soient d'ailleurs les conclusions du mi-* « *nistère public* », et le second : « que le Tribunal saisi à la « requête de la partie civile doit prononcer la peine déter- « minée par la loi, *quelles conclusions qu'ait prises le mi-* « *nistère public.* » Et l'arrêt du 29 février 1828 (3) résume notre théorie sur ce point, en disant : « S'il n'est pas né- « cessaire que le ministère public requière l'application de « la peine, pour que le Tribunal puisse la prononcer, il est « indispensable, pour la validité du jugement, qu'il résume « l'affaire et donne des conclusions. L'omission de cette « formalité est un moyen de cassation. »

Ainsi donc, le Ministère public est invinciblement sollicité à agir par la citation de la partie civile. Mais de ce fait que ses conclusions sont prescrites à peine de nullité, il faut bien déduire que le plaignant ne saisit la juridiction répressive que de son action civile et nullement de l'action publique, sur laquelle les tribunaux ne peuvent statuer utilement que si l'organe du Ministère public ne l'a pas entravée par un refus de conclure. C'est donc, encore une fois, ce dernier et ce dernier seul, qui, bien que contraint et forcé, met l'action publique en mouvement.

Notre affirmation se justifie facilement, si on veut se reporter aux principes que nous avons établis ailleurs. Le

---

(1) F. Hélie, tome Ier, nº 518.
(2) Devill. et Carr., tome III, p. 270, et tome VII, p. 186.
(3) *Bull.*, nº 50.

législateur distingue avec soin l'action civile et l'action publique, et, comme nous l'avons vu, il a montré par plusieurs textes (1) que la première ne peut avoir aucune influence sur la seconde. De plus, il a déclaré par l'art. 1er que « l'ac- « tion pour l'application des peines n'appartient qu'aux « fonctionnaires auxquels elle est confiée par la loi ». Ce texte, par la place qu'il occupe au début de nos lois pénales dont il est en quelque sorte le frontispice, rayonne sur tout notre droit criminel, et ne saurait être mis en échec par aucune autre disposition. Sa portée est encore augmentée, s'il est possible, par les circonstances dans lesquelles il a été rédigé. L'art. 1er du projet portait que « l'action pour « l'application des peines (était) *exercée* par les fonction- « naires établis à cet effet ». Cette rédaction ne parut pas suffisamment claire. Elle n'affirmait pas assez fortement les principes (2). On n'en saurait dire autant de celle qui fut définitivement adoptée. En présence d'une disposition aussi formelle et conçue en termes aussi généraux, le doute n'est plus possible. Ce n'est pas seulement l'exercice de l'action publique qui appartient au Ministère public, c'est l'action publique elle-même tout entière. Il en a la disposition complète, et seul par conséquent il peut la mettre en mouvement comme il a seul le droit de l'exercer. Ainsi se trouve réfutée la thèse de MM. Faustin Hélie, Dalloz et Nourrisson (3), qui distinguent le droit de mettre l'action publique en mouvement et son exercice. Rien dans les textes ne justifie cette distinction. D'ailleurs, l'action publique ne naît pas plus de la citation donnée à la requête de la partie lésée que des réquisitions du Ministère public ; elle naît du délit : « ex maleficiis vero proditæ actiones (4) ». En conséquence, la mettre en mouvement, c'est l'exercer, et cela, de l'aveu même des auteurs dont nous combattons le

---

(1) Art. 4 du *Code d'inst. crim.* et 2046 du Code civil.

(2) Locré, tome XXIV, p. 109.

(3) F. Hélie, *loco cit.* Dall., 2e édition, vo *Instruc. crim.*, no 62. Nourrisson, *De la participation des particuliers à la poursuite des crimes et délits*, p. 63.

(4) *Instit.*, livre IV, tit. VI, § 18.

système, c'est le droit exclusif du Ministère public. MM. Ortolan et Ledeau (1) partisans de la doctrine que nous soutenons, sont donc bien fondés à affirmer qu' « en aucun
« cas, cette action n'appartient aux simples particuliers.

Mais alors, dira-t-on, que faites-vous des art. 145 et
182 ? « Cet article (182), dit M. Henrion de Pansay (2), atta-
« che, comme on le voit, à la citation directe de la partie
« privée, l'efficacité de saisir le tribunal correctionnel de
« la connaissance de l'affaire. Mais saisir un tribunal de
« la connaissance d'une contestation judiciaire, c'est lui
« en soumettre toutes les parties ; c'est lui donner le droit
« ou plutôt lui imposer le devoir de statuer sur tous les
« éléments... Le juge doit donc condamner le prévenu, non
« seulement à une indemnité, mais à une amende, et cela
« quand même le Procureur du roi refuserait d'y conclure. »
Nous répondrons avec M. le Sellyer (3) que si les art. 145 et
182 étaient seuls, nous serions de l'avis de M. Henrion de
Pansey. Mais l'art. 1er, fondé sur un motif d'ordre public,
s'oppose à cette solution. Il faut donc décider que « le droit
« accordé à la partie civile, de saisir les tribunaux de la
« connaissance des délits de leur compétence, est soumis à
« la condition de l'action du Ministère public ». Les art. 189
et 161 qu'on nous oppose encore, ne disent pas autre chose
et ne nous arrêtent pas plus que les art. 145 et 182, car ils
peuvent très bien s'expliquer de la même façon que ces
derniers, en supposant que le Ministère public a pris des
conclusions quelconques.

Mais, objecte-t-on encore, si la culpabilité reconnue, la
peine ne peut être appliquée par suite du silence du ministère
public, le tribunal répressif devient alors une juridiction
civile et en usurpe les fonctions. Nous ne le croyons pas, car
les juges ne sont saisis de l'action civile que sous la condition qu'ils le seront aussi de l'action publique (4), et si cette

----

(1) *Le Min. publ. en France*, tome II, p. 10.
(2) *De la police rurale et forest.*, chap. XXVIII, *in fine*.
(3) *Op. cit.*, n° 70.
(4) Art. 3. *Code d'instruct. crim.* Merlin, *Rép.*, v° Pêche, sect. 1, § 2,
n° 12, tome 12, p. 230.

condition n'est pas accomplie, ils sont entièrement dessaisis et le droit de la partie lésée s'évanouit. Et, en cela, nous ne croyons pas mériter le reproche de donner à l'accessoire le pas sur le principal. En effet, l'action civile n'est accessoire qu'autant qu'elle est portée devant un tribunal répressif (1). Rien ne s'oppose donc, puisqu'elle a une existence principale et indépendante, à ce qu'elle soit portée conditionnellement devant le juge de simple police ou la juridiction correctionnelle.

Nos adversaires font à notre théorie le reproche d'être très dangereuse et de sacrifier les intérêts des particuliers pour assurer au ministère public la disposition absolue de l'action publique. Il pourra, par exemple, disent-ils, si votre théorie est acceptée, par un simple refus de conclure, permettre à la prescription de s'accomplir. Dans votre système, en effet, la citation directe émanée de la victime n'étant ni un acte de poursuite, ni un acte d'instruction, n'est plus capable de l'interrompre. Nous acceptons cette conséquence. Mais il ne s'ensuit pas que la partie lésée soit entièrement désarmée. N'a-t-elle pas la ressource de la prise à partie si l'abstention du ministère public constitue, en l'espèce, un crime ou un délit ? Elle peut, en outre, dans tous les cas, recourir aux supérieurs hiérarchiques de l'agent qui entrave son action, et ceux-ci ont le droit, que nous avons établi, de lui ordonner des poursuites. Et il faut encore ajouter à ces garanties qui viennent heureusement modérer la toute-puissance du ministère public, celles qui résultent des droits accordés aux chambres des mises en accusation et aux cours d'appel dont nous avons indiqué la nature.

Nous devons reconnaitre, du reste, qu'en pratique, la discussion à laquelle nous venons de nous livrer n'a pas une grande portée. Car, en fait, l'organe du ministère public, ne serait-ce qu'en déclarant s'en rapporter à la sagesse du tribunal, se gardera le plus souvent d'encourir la responsabilité d'un refus de conclure. Mais il suffisait que

---

(1) Art. Ier et 3, *Code d'inst. crim.*

ce refus fût possible pour qu'il devint intéressant d'étudier la question et d'y prendre parti.

Les droits de la victime d'un crime, d'un délit ou d'une contravention se bornent donc à provoquer la poursuite par la dénonciation ou la plainte, à surveiller l'exercice de l'action publique par la constitution de partie civile, et à obliger le ministère public à la mettre en mouvement par la citation directe toutes les fois que cette voie lui est ouverte. Ils ne lui permettent, en aucun cas, d'intervenir plus activement dans la direction de cette action.

En résumé, nous avons établi, au cours de ce chapitre, que sauf le droit accordé aux agents de quelques administrations, et le pouvoir du juge d'instruction qui est plutôt une concession faite à une inéluctable nécessité, qu'une véritable exception, c'est au ministère public seul qu'appartient le droit de mettre l'action publique en mouvement, sous la triple surveillance du pouvoir exécutif, de la partie lésée et des cours d'appel. S'il n'est pas toujours libre de ne pas poursuivre, il est toujours maitre de le faire, sans avoir à se préoccuper des résistances des tribunaux, du silence des particuliers ou des défenses de ses supérieurs hiérarchiques qui ne sauraient entraver son action. Il n'a pas enfin à s'inquiéter de la nature de l'infraction ou de la qualité des personnes. Sa conscience est la seule limite de son pouvoir.

Ces principes, quelque généraux qu'ils soient, comportent, cependant, quelques dérogations dont l'examen fera le sujet de notre deuxième chapitre.

CHAPITRE II

DES CAS DANS LESQUELS LA MISE EN MOUVEMENT DE L'ACTION
PUBLIQUE EST SUBORDONNÉE A UNE CONDITION.

En théorie générale, ainsi que nous l'avons démontré, le
Ministère public a le pouvoir d'engager « *proprio motu* »,
et toujours la poursuite, sans être obligé d'avoir égard au
caractère de l'infraction, ou à la personnalité de son auteur.
Il jouit à ce point de vue d'une liberté absolue, que ne peuvent enchaîner ni l'abstention de la victime, ni des décisions
de justice, ni les ordres du pouvoir exécutif dont il est
l'agent. Il est cependant des hypothèses où il est fait échec
à ce principe. L'indépendance de l'action publique, il est
vrai, reste intacte entre les mains des magistrats accusateurs, mais le droit de la mettre « *d'office* » en mouvement
est suspendu. Les causes de cette grave dérogation aux
règles fondamentales que nous avons établies sont diverses ;
toutes cependant peuvent se ramener à deux principales
qui sont : *la nature du délit* et *la qualité de l'accusé.* Dans
le premier cas, l'action du Ministère public est subordonnée à une plainte préalable émanée de la partie lésée,
ou à une sentence rendue par les tribunaux civils ; dans
l'autre, à une autorisation délivrée par l'autorité compétente à cet effet. Nous allons examiner successivement ces
diverses situations, mais il importe, avant de commencer, de
répéter ici ce que nous disions au sujet du rôle de certaines
administrations, à savoir : que toute exception étant de
droit strict, il n'est pas possible d'étendre par analogie les
dispositions de la loi qui régissent les hypothèses limitativement déterminées que nous rencontrerons, et en dehors
desquelles les principes conservent toute leur force.

§ Ier. — *A raison de la nature du délit.*

Dans cet ordre d'idées, avons-nous dit, le Ministère public ne peut poursuivre que lorsque la victime provoque son intervention *en se plaignant* ou bien lorsque une *question préjudicielle à l'action publique* est tranchée par les juridictions civiles. Occupons-nous d'abord :

N° 1. — Des cas où l'action du Ministère public est subordonnée à l'action d'une plainte.

La loi n'a certes pas voulu consacrer ici la distinction ancienne entre les délits publics et les délits privés. Tous les actes coupables atteignent également l'ordre public, et il importe au maintien de ce dernier qu'aucune infraction à la loi pénale ne reste impunie. Cependant, il est des hypothèses où les règles absolues du droit doivent fléchir, à raison même de l'utilité sociale. Ce sont celles où le mal causé est secondaire, et où la répression d'office serait plus préjudiciable à la société que le fait délictueux lui-même. C'est en se fondant sur cette observation que notre Code a laissé, par exception, l'action publique en suspens dans certains cas, jusqu'au moment où la plainte de la partie lésée, la principale intéressée dans l'espèce, rend au magistrat accusateur toute son indépendance. Mais, remarquons-le avec M. Faustin Hélie (1), si la partie lésée a le droit de ne pas porter plainte, c'est là tout son droit. Elle épuise son pouvoir en la formulant, et lorsqu'elle a, par ce moyen, rendu au Ministère public la possibilité de mettre l'action publique en mouvement, son rôle est fini. Le droit commun reprend son empire, et son désistement, à moins d'un texte formel, serait sans effet sur la poursuite (2).

La plainte, pour produire le résultat que nous venons de signaler, doit être conforme aux prescriptions de la loi

---

(1) F. Hélie, *op. cit.*, tome II, n° 757.
(2) Cass., 1855. (Dall. 56, 1, 14 et Dall., 1874, 2, 03).

qui a déclaré, dans l'art. 31 du Code d'instruction criminelle,
que « les dénonciations seront rédigées par les dénoncia-
« teurs, ou par leurs fondés de procuration spéciale, ou
« par le procureur de la République, s'il en est requis ;
« elles seront toujours signées par le procureur de la Répu-
« blique à chaque feuillet, et par les dénonciateurs ou leurs
« fondés de pouvoir. Si les dénonciateurs ou leurs fondés
« de pouvoir ne savent ou ne veulent pas signer, il en sera
« fait mention. La procuration demeurera toujours annexée
« à la dénonciation et le dénonciateur pourra se faire dé-
« livrer, mais sans frais, une copie de sa dénonciation. »
L'art. 65 ajoute : « Les dispositions de l'art. 31 concernant
« la dénonciation seront communes aux plaintes. » On (1)
a soutenu, cependant, que l'observation de ces formalités
n'était pas indispensable, et qu'il suffisait que la victime
manifestât d'une manière quelconque, en demandant par
exemple la réparation du dommage subi, soit aux tribunaux
civils, soit aux tribunaux criminels, pour que l'action re-
devienne indépendante et que le Ministère public puisse
utilement l'intenter. Accepter une telle doctrine serait faire
produire à l'action civile des effets absolument contraires
à la volonté de la loi, qui a déclaré à plusieurs reprises
qu'elle n'en pourrait avoir aucun sur l'action publique.
« C'est la rédaction de la plainte, dit M. Hélie (2), qui té-
« moigne de la volonté de la partie, c'est son envoi à l'of-
« ficier compétent (3) qui constitue la provocation à la
« poursuite criminelle. Ces deux formalités sont donc les
« deux conditions de la régularité de l'action.... Une lettre
« peut être écrite, un rapport peut être transmis avec une
« sorte de légèreté : la rédaction d'une plainte et sa trans-
« mission à l'officier compétent supposent au contraire une
« détermination arrêtée de provoquer une poursuite. La
« prudence exige aussi bien que la loi que les règles qu'elle

(1) Mangin, *op. cit.*, n° 132.
(2) *Op. cit.*, tome II, n° 752. Dans le même sens, Carnot, *Comment. sur
le code pénal* (art. 338), tome II, p. 112, cass., 21 août 1835 (*Bull.*, n° 330);
11 oct. 1827 (*Bull.*, n° 265); *contrà*, cass., 23 fév. 1833 (*Bull.*, n° 75) et
29 mai 1845 (*Bull.* n. 180).
(3) Art. 30, 48, 50 et 63, *Code d'instruct. crim.*

« a tracées soient strictement appliquées. » La plainte
d'ailleurs n'est pas plus efficace en ces matières exceptionnelles qu'en droit commun, pour obliger le Ministère
public à poursuivre s'il croit devoir s'abstenir. Mais la
partie lésée peut ici, comme toujours, user du droit de citation directe qui a pour effet de forcer la main au magistrat
seul chargé de la poursuite.

Divers motifs ont poussé le législateur à subordonner le
droit d'intenter l'action publique à la condition d'une plainte
de la victime. « Dans certains cas, dit Trébutien (1), il a con-
« sulté l'intérêt de la paix et du repos des familles ; dans d'au-
« tres, l'intérêt de l'Etat ; dans d'autres cas, il a considéré
« qu'il s'agissait d'infractions qui blessaient bien plus directe-
« ment l'intérêt des particuliers que l'intérêt public, et que ce
« dernier était si légèrement atteint qu'il convenait de ne pas
« intenter, sans le consentement de la partie lésée, une pour-
« suite qui souvent ne pouvait réussir qu'avec son con-
« cours. » Nous suivrons cette division dans la revue rapide des hypothèses où une plainte préalable est nécessaire.

A) *Dans un intérêt de famille.* — Deux infractions seulement trouvent place dans cette division : ce sont le délit
d'adultère, et le crime de rapt. Il est, croyons-nous, inutile
d'insister sur les motifs qui ont déterminé le législateur à
subordonner la poursuite de ces faits à la plainte de la partie lésée. Par eux, la tranquillité des ménages et l'honneur
des familles sont déjà assez éprouvés sans que l'intervention de la partie publique vienne rendre le trouble plus
grand et la honte mieux connue. Sans doute, l'impunité ne
doit pas être assurée aux coupables, mais encore est-il
utile d'attendre que ceux qui ont souffert plus directement
de leurs actes, se résignent à provoquer l'intervention du
ministère public et à le charger du soin de leur vengeance
dans les conditions que nous allons indiquer. C'était le
sentiment de l'antiquité tout entière.

a) *Adultère.* — L'art. 336 du Code pénal déclare que

(1) II, p. 49.

« l'adultère de la femme ne pourra être dénoncé que par le
« mari. » Et encore, il ne le pourra pas toujours, car le
même texte ajoute : « Cette faculté même cessera s'il est
« dans le cas prévu par l'art. 339 », c'est-à-dire s'il a été
convaincu par jugement rendu sur la plainte de sa femme,
d'avoir entretenu une concubine dans le domicile conjugal.

A cette juste déchéance de ses droits vient encore s'ajouter une fin de non recevoir, si, postérieurement aux faits
d'adultère, il s'est réconcilié avec sa femme (1). Et d'après
certains auteurs, la plainte du mari serait sans effet si son
interdiction avait été prononcée avant qu'elle ne soit
rendue.

Mais lorsque rien ne s'oppose à la recevabilité de la
plainte qui doit être formalisée comme nous l'avons indiqué
plus haut (2), la suspension de l'action publique cesse, et le
ministère public, s'il croit devoir la mettre en mouvement,
l'exerce dans toute son étendue et en pleine indépendance.
Les droits du mari, s'il jugeait à propos d'intervenir, bien
que son concours ne soit pas nécessaire à la poursuite, de-
viendraient ceux d'une partie civile ordinaire, si l'art. 337
dans son deuxième paragraphe ne disait : « Le mari res-
« tera le maître d'arrêter l'effet de la condamnation, en
« consentant à reprendre sa femme. » Le mari a donc, à plus
forte raison, la faculté d'arrêter la poursuite, en se désistant de la plainte (3). Mais c'est là tout ce qu'on doit inférer
de l'art. 337, et entre le moment où la plainte est déposée

(1) Argt. à *fortiori* tiré de l'art. 337, 2ᵉ alinéa.

(2) Une simple dénonciation, malgré l'opinion de M. Carnot, ne suffirait
pas à rendre au ministère public sa liberté d'action. Il en serait de même
d'une demande en séparation de corps ou en divorce. Dans ces hypothèses, le mari, bien que révélant l'adultère, montre en choisissant la voie
civile, qu'il n'a pas l'intention de provoquer la poursuite criminelle. Cela
est vrai surtout depuis l'abrogation des art. 308 et 309 du code civil, par
la loi du 27 juillet 1884, mais était déjà admis avant la promulgation de
cette loi, Orléans, 12 avril 1842, cass., 16 juin 1842. (S., 42, 1, 618 et
749.) *Contra*, Poitiers, 24 mars 1842. (S., 42, II, 241.)

(3) Cass., 7 août 1823. Dall., I, 307, *contrà* Favart de Langlade, *Rép.*,
vᵒ *Min. public*, tome III, p. 572. Cass., 22 août 1816. (*Bull.*, p. 127.)

et celui du désistement, c'est le ministère public seul qui exerce l'action (1).

Par un juste sentiment de réciprocité, et malgré l'exemple des législations anciennes, le Code pénal a déclaré punissable l'adultère du mari, mais seulement sur la plainte de la femme, et dans un cas unique, celui de l'entretien d'une concubine dans le domicile conjugal. C'est ce qu'exprime l'art. 339 du Code pénal : « Le mari qui aura entretenu une « concubine dans la maison conjugale, et qui aura été « convaincu sur la plainte de la femme, sera puni d'une « amende de cent francs à deux mille francs. » Une seule fin de non recevoir peut être opposée à la plainte de la femme : celle de la réconciliation. A défaut de texte formel, on doit refuser au mari le droit d'opposer l'adultère de la femme, et à cette dernière celui de faire tomber la poursuite par son désistement.

Quelques auteurs (2) s'indignent de cette différence dans le traitement infligé, par le Code pénal, aux époux coupables d'un même délit, et l'accusent d'avoir consacré une véritable iniquité, alors que le Code civil les place par les art. 212, 229 et 230 sur un pied d'égalité parfaite, et déclare que l'adultère simple du mari aussi bien que celui de la femme, est un juste motif de séparation de corps ou de divorce. Nous ne saurions partager cette manière de voir, et sans vouloir insister sur une question qui ne rentre pas directement dans le cadre de notre étude, il nous semble que l'adultère de la femme a sur la famille une influence bien plus dissolvante que celui du mari que nous ne voulons pas du reste innocenter. Mais il nous paraît que l'infidélité de la femme est plus grave puisqu'elle peut avoir pour conséquence l'introduction d'enfants adultérins dans le ménage. Aussi l'art. 339 du Code pénal, fondé sur l'inégalité établie par la nature elle-même entre les devoirs de l'homme et de la femme, aussi bien que sur les précédents historiques, nous paraît parfaitement justifié. Le législateur

(1) F. Hélie, tome II, n° 762.
(2) Garraud, *Droit criminel*, p. 490. Naquet (*Officiel* du 16 mai 1882, p. 917).

en le rédigeant a parfaitement atteint son but, qui était évidemment de restreindre dans les limites où la justice la plus stricte n'est pas violée, le scandale que provoquent toujours les procès d'adultère (1).

b) Rapt. — Le rapt est le fait d'enlever par *violence* ou par *fraude* un mineur de l'un ou l'autre sexe, dans le but criminel de le corrompre, de le violer ou de l'épouser. Prévu et puni par les art. 354 à 356 du Code pénal qui apprécient le degré de culpabilité, suivant qu'il a été commis avec ou sans violence, sur une personne de moins de 16 ans: il peut en principe être poursuivi d'office. Mais, « dans le cas où le « ravisseur aura épousé la fille qu'il a enlevée, dit l'art. 357 « du Code pénal, il ne pourra être poursuivi que sur la « plainte des personnes qui d'après le Code civil ont le droit « de demander la nullité du mariage, ni condamné qu'a- « près que la nullité du mariage aura été prononcée ». En conséquence, le crime de rapt ne peut être poursuivi par le ministère public que sous une double condition : la nécessité d'une plainte, et la nullité du mariage. Si cette dernière exigence n'était pas accomplie, elle rendrait la plainte nulle et l'action irrecevable (2).

Les personnes qui peuvent provoquer la mise en mouvement de l'action publique sont, d'après l'art. 337, celles qui peuvent demander la nullité du mariage, et non celle-là seule qui a formulé cette demande, comme le voudrait Legraverend (3). Il nous suffira, sans qu'il soit utile ici de les désigner nommément, de renvoyer aux articles 180, 182 et 184 du Code civil qui en donnent une énumération complète.

Il ne saurait être question en cette matière d'accorder au plaignant le droit d'arrêter la poursuite en se désistant,

---

(1) Fenet, IX, p. 502. Serpillon, *C. Criminel*, I, p. 113. Demolombe, *Mariage*, tome II, n° 307.

(2) F. Hélie, tome II, n° 785. Le Sellyer, I, p. 46. Blanche, *Code pén.*, I, n° 215, *Trav. prépar.* Locré, XXX, p. 487, *contrà* Mangin, I, 345. Chauveau et Hélie, *Code pén.*, IV, n° 1754.

(3) *Législation criminelle*, I, p. 48.

car, nous ne saurions trop le répéter, il n'est pas possible.
à défaut de texte, de déroger à un principe formel.

B) *Dans l'intérêt de l'Etat.* — Dans cet ordre d'idées, c'est
uniquement à propos des crimes ou délits des fournisseurs
des armées de terre et de mer, prévus par les art. 430, 431
et 432 du Code pénal, que le législateur a voulu créer une
exception aux règles générales, mais elle est formelle. « Dans
« les divers cas prévus par les articles composant le pré-
« sent paragraphe, dit le deuxième alinéa de l'art. 433, la
« poursuite ne pourra être faite que sur la dénonciation
« du gouvernement. »

Les intérêts de l'Etat sont seuls en jeu ; il était donc
juste de laisser à lui seul le soin de provoquer la répression, et de choisir le moment opportun pour le faire. Une
poursuite intempestive, en effet, présenterait quelquefois
plus de dangers que l'impunité. Il fallait en outre « ras-
« surer les fournisseurs pénétrés de leurs devoirs, et qui
« auraient humainement fait tout ce qui dépend d'eux pour
« les remplir. Leur position, leurs efforts seront appréciés
« et il en sera tenu compte (1) ».

En raison même des ces motifs, on a décidé que la plainte
ne serait pas nécessairement soumise aux formalités que
nous avons décrites, qui pourraient causer des lenteurs, et
on a admis qu'une simple lettre suffirait (2), pourvu qu'elle
émane du ministre compétent, seul bien placé pour apprécier, à tous les points de vue, les nécessités du service de
son département, et non d'un de ses subordonnés tel qu'un
Préfet maritime par exemple (3).

Ajoutons que dès que la plainte est parvenue aux agents
du Ministère public, tout se passe conformément au droit
commun.

C) *Dans un intérêt privé.* — L'exception aux principes se

(1) Exposé des motifs sur les art. 430 à 433 (Séance du 9 février 1810),
et paroles de M. Faure, rapporteur. (Séance du 10 février 1810.)
(2) Cass., 29 août 1846. (*Bull.*, n° 228.)
(3) Cass., 13 juillet 1860. (*Bull.*, 157.)

justifie ici, par ce fait que les infractions dont nous allons nous occuper, lèsent peu ou point l'ordre public, et que l'Etat n'a intérêt à s'en occuper que pour prêter main forte à la partie lésée en assurant le respect de sa personne et de ses droits. Il convenait donc de laisser à celle-ci le soin de se plaindre des atteintes portées contre l'une ou les autres. D'autant plus que souvent c'est la plainte seule qui en révèle l'existence, et c'est le concours de la victime qui rend possible leur répression. La nature de certains délits de chasse, de la contrefaçon et des injures et diffamations par la voie de la presse est en parfaite concordance avec les motifs que nous venons d'indiquer.

a) Chasse. — La loi du 3 mai 1844, dans son art. 26, commence par déclarer que tous les délits prévus par elle seront, conformément au droit commun, poursuivis d'office par le Ministère public, sous réserve des droits conférés aux parties lésées par l'art. 182 du Code d'instruction criminelle, c'est-à-dire du droit de citation directe. Mais le texte ajoute : « Néanmoins, dans le cas de chasse sur le « terrain d'autrui, sans le consentement du propriétaire, « la poursuite d'office ne pourra être exercée par le Minis- « tère public, sans une plainte de la partie intéressée, qu'au- « tant que le délit aura été commis dans un terrain clos, « suivant les termes de l'art. 2, et attenant à une habita- « tion, ou sur des terres non encore dépouillées de leur « fruits. »

Ce n'est donc que lorsqu'il a été chassé (en temps non prohibé bien entendu) sur la propriété du voisin, sans sa permission, alors que celle-ci n'est ni enclose, ni attenante à une habitation, et après l'enlèvement des récoltes, que le droit du Ministère public est suspendu. La loi présume, jusqu'à preuve du contraire, que le chasseur est muni de l'autorisation du propriétaire. A ce dernier seul il appartient, par une plainte régulière, de provoquer la poursuite en montrant qu'il n'en est rien. Mais cela fait, son droit sur l'action publique est épuisé; il n'est qu'une partie civile ordinaire.

Dans tous les autres cas prévus par le texte que nous

venons de rapporter, la présomption est renversée, le législateur a supposé, au contraire, que le consentement n'a
pas été donné, et le ministère public reprend la liberté
d'action qu'il possède dans toutes les hypothèses où l'ordre public est directement intéressé par les délits punis
par la loi de 1844, telles que : chasse sans permis, en
temps prohibé, etc. Il peut arriver toutefois, que, malgré
la présomption contraire, le propriétaire ait autorisé le
chasseur. Cette circonstance, sans gêner le Procureur de
la République, assure le relaxe du prévenu, pourvu que
celui-ci en rapporte la preuve, alors même qu'il n'établirait
pas clairement la concordance du fait et du consentement (1).

b) Contrefaçon. — La fabrication des produits, ou l'emploi des moyens faisant l'objet du brevet d'invention, qui
assure à l'auteur d'une découverte intéressant l'industrie, au
moins pendant quelque temps, le droit exclusif de l'exploiter,
constitue la contrefaçon en matière industrielle (2). C'est
la seule dont nous ayons à nous préoccuper ici, puisque
seule elle a été l'objet d'une disposition exceptionnelle qui
en subordonne la poursuite à la nécessité d'une plainte
émanée de la victime. L'art. 45 de la loi du 8 juillet 1844
dit, en effet : « L'action correctionnelle pour l'application
« des peines ci-dessus ne pourra être exercée par le minis-
« tère public que sur la plainte de la partie lésée. »

Les raisons de ce texte nous les trouvons, en tout semblables à celles qui ont justifié le texte relatif à la chasse,
dans l'exposé des motifs lu à la Chambre des députés le
17 avril 1843. « Le breveté, y est-il dit, pouvant avoir con-
« senti aux faits qui paraissent constituer une infraction
« à ses droits exclusifs, il convenait de n'admettre, par
« exception, au droit commun, la poursuite du ministère
« public que sur une plainte qui repousse la solution favo-
« rable au libre exercice du commerce et de l'industrie. »

(1) Dall., *Rép.* v° Chasse, n° 413, *contrà.* Amiens, 12 novembre 1844,
(D. t., 8, p. 173, note 1.)
(2) Art. 40 et 1er de la loi du 8 juillet 1844.

Rien dans le texte où dans les justifications qui en ont été données, n'autorise la violation de l'art. 3 du Code d'instruction criminelle portant que « la renonciation à « l'action civile ne peut arrêter, ni suspendre, l'exercice « de l'action publique (1) ». La plainte doit être conforme aux prescriptions des articles 31 et 65 du même Code.

c) *Injures et diffamations.* — L'art 47 de la loi du 29 juillet 1881, sur la liberté de la presse, consacre, à son début, la règle que nous avons dégagée au cours de notre premier chapitre : « La poursuite des crimes et délits « commis par la voie de la presse, ou tout autre moyen « de publication, aura lieu d'office à la requête du minis- « tère public. » Mais comme le disait très bien M. de Serres, dans la discussion des lois de 1819 : « Nul ne doit être en- « gagé dans des débats, où la justice même et le triomphe « ne sont pas toujours exempts d'inconvénients, et si le « maintien de la paix publique semble demander qu'aucun « délit ne reste impuni, cette paix gagne aussi à ce qu'on « laisse se guérir d'elles-mêmes des blessures qui s'enveni- « ment dès qu'on les touche. » En conséquence, des res- trictions ont été apportées par le texte même dont nous avons reproduit le début, au principe qu'il venait de pro- clamer.

Ainsi, dans le cas d'injure ou de diffamation envers un corps constitué, détenant une partie de l'autorité ou de l'administration publique et susceptibles de se réunir en assemblée générale, tels que : Cours, tribunaux, Sénat, Chambre des députés, Conseils d'Etat, Conseils généraux, d'arrondissement, municipaux. etc., la poursuite doit être précédée d'une délibération la requérant, prise en as- semblée générale. « Si le corps constitué n'a pas d'assem- « blée générale (armées de terre ou de mer, par exemple), « la poursuite ne peut avoir lieu que sur la plainte du chef de « corps, ou du ministre dont ce corps relève (2). » Lorsque le

____

(1) Cass., 2 juillet 1853. (Dall , 53, I, 306). F. Hélie, *op. cit.*, tome II, n° 823.

(2) Art. 47, 1°, et art. 30 de la loi du 29 juillet 1881.

délit dont nous nous occupons atteint les fonctionnaires publics, les dépositaires ou agents de l'autorité publique (sauf le Président de la République et les ministres, placés on ne sait trop pourquoi en dehors de la règle), les ministres des cultes salariés par l'Etat et les citoyens chargés d'un service ou d'un mandat public, l'action répressive ne peut être mise en mouvement que sur la plainte de la victime ou celle du ministre dont ils dépendent (1).

Les membres de l'une ou l'autre Chambre, quand l'injure ou la diffamation dirigées contr'eux n'a pas le caractère d'une offense collective adressée au corps dont ils font partie, sont assimilés aux jurés et aux témoins, et, ceux-ci, aux simples particuliers. La plainte de la partie lésée est suffisante, mais nécessaire pour que la poursuite puisse être exercée par le magistrat accusateur (2).

La plainte une fois *régulièrement portée*, ses effets ne sont pas autres que ceux du droit commun, et les pouvoirs du ministère public reprennent toute leur autorité. Réserve faite, toutefois, de la faculté de se désister reconnue à la partie lésée (3), qui lui permet d'arrêter la poursuite commencée et, à plus forte raison, d'empêcher qu'elle ne commence et d'enlever ainsi à la plainte toute son influence.

Nous aurions terminé l'étude des dérogations aux principes, imposée par la nature du délit, s'il ne nous restait à parler encore dans le même ordre d'idées et sous le

N° 2. — Des cas ou l'action du ministère public est subordonnée à la solution d'une question préjudicielle.

M. Merlin (4) définit les questions préjudicielles : « toute « question, qui, dans un procès, doit être jugée avant une « autre, parce que celle-ci serait sans objet, si la personne « qui l'élève succombait sur celle-là. » On peut encore dire

(1) Art. 47, § 3 de la loi du 29 juillet 1881.
(2) Art. 47, §§ 2 et 4, art. 60, § 1er de la même loi.
(3) Art. 60, § 3, *in fine*, *ibid.*
(4) V° *Quest. préjudicielles.*

d'une façon plus précise avec M. Hélie (1), que ce sont « des
« exceptions qui suspendent la poursuite ou le jugement
« d'un crime, d'un délit ou d'une contravention, jusqu'à la
« vérification préalable d'un fait antérieur dont l'apprécia-
« tion est une condition indispensable de cette poursuite
« ou de ce jugement. » L'existence même du délit dépend
de la sentence à intervenir sur la question préjudicielle.
L'étude des hypothèses où cette exigence est nécessaire,
doit donc trouver sa place dans la division où nous passons en revue les cas, où, à raison de la nature du délit,
une restriction est apportée à l'indépendance du ministère
public.

Des définitions que nous venons de donner, il résulte que
les questions préjudicielles qui, *contrairement aux principes, tiennent le criminel en état*, et qu'on ne doit pas confondre avec les *fins de non-recevoir*, telles que la prescription, l'amnistie ou l'exception de la chose jugée, lesquelles
écartent de plein droit et définitivement la poursuite, sont
de deux sortes : *Les unes sont préjudicielles au jugement,
les autres, à l'action elle-même.* Des premières, qui ne
constituent qu'un incident d'une procédure déjà commencée, nous ne parlerons pas, malgré leur extrême importance, car elles sont *étrangères à notre sujet.* Les dernières, tenant en suspens l'action publique entre les mains du
magistrat chargé de la poursuite, laquelle ne peut être intentée qu'après qu'elles ont été résolues, ont, seules, un
intérêt pour nous. Les questions préjudicielles, qui offrent
ce caractère d'une manière certaine et incontestée, sont *les
questions d'état,* nous en parlerons tout d'abord, nous examinerons ensuite la controverse soulevée en matière de
banqueroute.

L'art. 326 du Code civil déclare : « Les tribunaux civils
« seront seuls compétents pour statuer sur les réclamations
« d'état », et l'art. 327 ajoute : « L'action criminelle contre

(1) *Op. cit.*, tome II, n° 824. Voir, sur cette question, une note rédigée
par MM. Barris et Martin, lorsque les difficultés d'applications de ces
questions délicates furent, pour la première fois, soumises à l'examen de
la Cour de cassation. (*Rép.* de Merlin. V° Dépôt.)

« un délit de suppression d'état, *ne pourra commencer*
« *qu'après le jugement définitif sur la question d'état.* »
Chose curieuse ! la raison qui a motivé ces deux dispositions, est fondée sur une erreur législative, inspirée par la
pratique ancienne qui décidait que la preuve testimoniale
doit toujours être admise en matière pénale. Le législateur, oubliant que les juridictions criminelles sont assujet-
ties, comme les tribunaux ordinaires aux règles fixées par les
articles du Code civil relatif aux divers modes de preuve ;
que si les délits en eux-mêmes sont susceptibles de toute
sorte de démonstration, il n'en est pas ainsi des actes
civils dont ces juridictions ont à connaitre, à l'occasion de
ces délits (1), et, considérant que la preuve par témoin ne
doit pas être admise en matière de question d'état (2), a
réservé l'examen de ces dernières aux juges civils, par les
textes que nous venons de rapporter.

Quoi qu'il en soit de ces motifs, la loi est formelle, l'action publique ne peut être mise en mouvement avant que
les tribunaux civils ne se soient prononcés sur la question
d'état. Le ministère public a les mains liées par le silence
des parties (3). Il faut reconnaitre, cependant, que la disposition de l'article 327 est exorbitante ; on doit donc la resserrer, dans des limites aussi étroites que possible, et dire
qu'elle ne s'appliquera pas toutes les fois que la chose jugée au criminel laissera intacte la question d'état (4).
D'autre part, les art. 326 et 327, étant placés au titre de la
paternité, et dans le chapitre des preuves de la filiation des
enfants légitimes, cela indique bien qu'on doit limiter leur
application aux cas où l'infraction se lie intimement à la
question de filiation, sans qu'il y ait lieu pourtant de distinguer s'il s'agit d'enfants légitimes ou naturels.

Dès que la question d'état est tranchée définitivement
par la juridiction civile, le ministère public reconquiert
tous ses droits, sans qu'il soit besoin qu'une plainte posté-

(1) Cass., 2 décembre 1813.
(2) Art. 323 du Code civil.
(3) La doctrine tout entière (sauf Merlin, v° *Questions d'État*, § 1), et une
jurisprudence constante sont d'accord sur ce point.
(4) Cass., 3 juillet, 1862. (Dall., 08, 5, 14.)

rieure au jugement, *comme au cas de rapt*, vienne lui rendre sa liberté, que rien ne peut plus entraver.

Tandis que les art. 326 et 327 du Code civil ne laissent aucun doute en ce qui concerne les questions d'état relatives à la filiation, une controverse s'élève sur le point de savoir si une *poursuite pour banqueroute simple ou frauduleuse* (1) peut être intentée par le ministère public, avant que le Tribunal consulaire n'ait, conformément à l'art. 440 du Code de commerce, constaté l'état de faillite.

La jurisprudence de la Cour de cassation n'a jamais varié sur cette question, et décide, très justement, que ce n'est pas le jugement du Tribunal de commerce qui crée l'état de faillite, mais bien la cessation de paiement dont le caractère frauduleux peut parfaitement être constaté par la juridiction répressive. Elle va même plus loin et reconnaît, comme valable, l'action répressive intentée par le ministère public, lors même que la juridiction commerciale déclare que la faillite n'existe pas (2).

Quelques auteurs (3), cependant, soutiennent une opinion contraire. Ils nous paraissent en cela interpréter les textes d'une manière peu conforme à l'esprit de la législation. En effet, la mission de la juridiction consulaire et celle des tribunaux répressifs, nous paraissent complètement distinctes. La première règle les conséquences d'une situation commerciale, et se préoccupe uniquement de la responsabilité civile. La seconde, au contraire, recherche, dans le fait de la cessation de paiement, l'élément moral et décide si une peine doit ou non être encourue. En conséquence, à défaut de texte formel, il faut, avec la Cour de cassation, proclamer l'indépendance de l'action publique à

(1) Art. 586 et 588, *C. de com.*, 402, *C. pén.*

(2) Cass., 19 avril 1811, 7 novembre 1811, 6 mars 1857, Dall., v° *Faillite*, p. 438 ; en ce sens, Mangin, II, n° 430, Legraverend, I, p. 10 ; Pardessus, *Cours de droit commercial*, n° 1004.

(3) Delamarre et Le Poitevin, *Droit com.*, VI, n° 42 et suiv., Demangeat, *Traité des faillites*, VI, p. 63.

l'égard des tribunaux de commerce. Décider le contraire, serait ajouter à l'art. 440, et méconnaître son esprit.

§ II. — *A raison de la qualité de l'accusé.*

Nous avons dit que, lorsque la suppression des droits du ministère public était motivée par la qualité de l'accusé, le seul moyen de lever l'obstacle qui s'oppose à la mise en mouvement de l'action publique est une *autorisation* délivrée par l'autorité à ce compétente. Autrefois, cette dérogation aux principes avait une portée considérable. Depuis que le Décret du 19 septembre 1870 a abrogé l'art. 75 de la constitution de l'an VIII, qui accordait la garantie administrative à tous les agents du pouvoir exécutif, et peut-être aussi aux ministres du culte (1), mais seulement pour les faits relatifs à leurs fonctions, elle a perdu une grande partie de son importance. Elle n'a plus aujourd'hui d'application que dans les limites de l'art. 14 de la loi constitutionnelle du 16 juillet 1875, qui assure, en raison des fonctions dont ils sont investis, la garantie politique aux membres du Sénat et de la Chambre des députés.

Ce texte, qui reproduit les dispositions de la plupart de nos anciennes constitutions, est ainsi conçu : « Aucun « membre de l'une ou de l'autre Chambre ne peut, pendant « la durée de la session, être poursuivi ou arrêté, en ma- « tière criminelle ou correctionnelle, qu'avec l'autorisation « de la Chambre dont il fait partie, sauf le cas de flagrant « délit. La détention ou la poursuite d'un membre de l'une « ou de l'autre Chambre est suspendue pendant la session « et pour toute sa durée, si la Chambre le requiert. » A la différence de la garantie administrative qui ne visait que les actes relatifs aux fonctions de ceux qu'elle protégeait, la garantie politique, comme on peut s'en convaincre par la simple lecture de l'art. 14, s'étend à tous les crimes et délits quelconques, à ceux de la vie privée, aussi bien qu'à ceux de la vie publique.

(1) Ducrocq, *Droit administratif*, § 502 et 720.

Les motifs de cette grave exception au droit commun sont faciles à dégager. On a voulu assurer l'indépendance des Chambres et éviter que des poursuites peut-être mal fondées, en tout cas inspirées par les passions politiques, et intentées sous l'impulsion du gouvernement, viennent détourner un député de son mandat, faire planer sur lui les soupçons et le déconsidérer. L'autorisation donnée permettra de poursuivre immédiatement, si l'accusation est sincère; si elle ne l'est pas, la Chambre mettra fin aux manœuvres des partis en la refusant et en retardant jusqu'au terme de la session la mise en mouvement de l'action publique. Cette pratique peut avoir ses inconvénients; d'abord, elle confère aux membres du Parlement un privilège personnel qui peut les porter à se placer au-dessus du droit commun; ensuite, on doit craindre que l'esprit de corps intervenant, il y ait une tendance à repousser toutes les poursuites justifiées ou non. Mais ces inconvénients paraissent moindres, si on considère que l'accusation n'est qu'ajournée, et que d'ailleurs, la permission ou le refus ne préjugent en rien sur la culpabilité du représentant, et sur le bien ou mal fondé de la demande du Ministère public, qui suspend la prescription, si elle ne peut l'interrompre, en vertu du principe : « Contra non valentem agere non currit, prescriptio. »

Il résulte du texte que nous avons rapporté, en nous cantonnant dans ce qui est exclusivement l'objet de ce travail, que pendant le cours des sessions parlementaires, un membre d'une Chambre ne peut être poursuivi sans l'autorisation de l'assemblée à laquelle il appartient. Mais les poursuites commencées peuvent être continuées, conformément au droit commun, durant la session, à moins que la Chambre ne requière qu'elles soient suspendues. En dehors du temps où le Sénat et la Chambre des députés sont régulièrement réunis, et même pendant ce temps, au cas de flagrant délit, les pouvoirs du Ministère public redeviennent entiers, et il n'est soumis qu'aux règles générales.

Nous savons maintenant à qui et sous quelles conditions notre législation a donné le droit de mettre l'action publique en mouvement. Il ne nous reste plus, pour clore l'étude des lois actuellement en vigueur en France se rapportant à notre sujet, qu'à dresser un tableau des formalités que nécessitent cette première phase de la poursuite criminelle. Cela fera l'objet de notre troisième et dernier chapitre.

CHAPITRE III

PROCÉDURE

La loi a absolument distingué et séparé les fonctions qui ont pour but la recherche des infractions, l'instruction et la poursuite, et en a, ainsi que nous l'avons ddéjà constaté, confié l'exercice à des personnes différentes (1). Cependant, la rigueur des principes a dû fléchir devant la nécessité. N'avons-nous pas vu, en effet, en ce qui nous concerne, au cas de flagrant délit, le juge d'instruction faire des actes de poursuite, et le Ministère public procéder à des actes d'information? Ce dernier est, en outre, du moins dans certains de ses membres (commissaires de police, maires et adjoints, procureurs de la république et leurs substituts) (2), investi des fonctions de la police judiciaire. Malgré ce cumul, les attributions ne sont pas confondues, et cela nous permettra de ne nous occuper ici encore que de l'accusation dont l'étude doit seule trouver place dans ce travail. Ainsi que nous l'avons déjà fait, nous ne franchirons pas le seuil des diverses juridictions devant lesquelles l'action publique est mise en mouvement, et nous nous arrêterons, dès que chacune d'elles sera régulièrement saisie de la connaissance des affaires de sa compétence.

§ 1er. — *Devant les juridictions ordinaires.*

Le droit d'accusation *devant les tribunaux de simple police* appartient, nous le savons déjà, aux commissaires de police, et, à leur défaut, aux maires ou adjoints, tous agents du ministère public.

(1) Art 1er et suiv., *C. d'inst. crim.*
(2) Art. 9, *ibid.*

La contravention qui motive la poursuite peut être constatée, soit par les officiers de police judiciaire, soit par les fonctionnaires du ministère public eux-mêmes, qui, ainsi que nous venons de le voir, ont ici une double mission à accomplir : rechercher les infractions et mettre l'action publique en mouvement. Dans le premier cas, le dossier, composé des procès-verbaux dressés, des pièces et renseignements recueillis à la suite de recherches opérées, de rapports, dénonciations ou plaintes reçues, est transmis « dans les trois jours au plus, y compris celui où ils « ont reconnu le fait sur lequel ils ont procédé, à l'officier « par qui sera rempli le ministère public près le tribunal « de simple police (1). » Si cet officier s'est employé lui-même à la constatation de l'infraction, il est, par ce fait, légalement en possession des pièces du procès.

C'est à dater de ce moment que commence son rôle de partie publique. Il le remplit en mettant en mouvement l'action pour l'application des peines et en la portant, au moyen d'une « *citation*, » devant la juridiction de jugement qui, conformément aux principes établis, ne peut se saisir elle-même de la connaissance des faits punissables. C'est ce qu'exprime l'art. 145 du Code d'instruction criminelle, qui dispose que « les citations pour contravention « de police seront faites à la requête du ministère public. « Elles seront notifiées par un huissier; il en sera laissé « copie au prévenu ou à la personne civilement responsa- « ble. » Pour sauvegarder les intérêts de la défense et ne pas prendre au dépourvu l'inculpé qui se trouve ainsi placé entre les mains de la justice, la loi, ici comme d'ailleurs devant les autres juridictions, lui accorde, pour comparaître, un délai dont la durée est proportionnée à la gravité de l'infraction. « La citation, dit en effet l'art. 146, « ne pourra être donnée à un délai moindre que vingt- « quatre heures, outre un jour par trois myriamètres, à « peine de nullité, tant de la citation que du jugement qui « serait rendu par défaut. » Néanmoins, cette nullité, qui sanctionne d'une façon efficace le principe de sauvegarde

____

(1) Art. 15 et 20, *Code d'inst. crim.*

que nous venons de signaler, » ne pourra, continue le
« texte, être proposée qu'à la première audience, avant
« toute exception et défense. » En outre, « dans les cas
« urgents, dit encore l'art. 146, les délais pourront être
« abrégés et les parties citées à comparaître même dans le
« jour et à l'heure indiquée. » C'est là une importante dérogation au droit commun ; aussi la loi, pour en éviter
l'abus, exige que le ministère public ne soit pas seul à décider de son opportunité, et déclare que cela ne pourra
avoir lieu qu' « en vertu d'une cédule délivrée par le juge
« de paix, » qui doit connaître et juger de l'affaire.

« Si la personne citée ne comparaît pas au jour et à
« l'heure fixée par la citation, elle sera jugée par défaut (1). »
Cependant la comparution personnelle n'est pas exigée,
vu le peu d'importance de l'infraction, et le prévenu
peut se faire représenter par un fondé de procuration spéciale (2).

Telles sont les formalités normales de la procédure
d'accusation en matière de simple police. Mais nous devons
remarquer, en terminant, qu'elles ne sont pas toujours indispensables. En effet, « les parties, dit l'art. 147, peuvent
« comparaître volontairement, et sur un simple avertisse-
« ment, sans qu'il soit besoin de citation. » Seulement, ce
mode de saisir le tribunal de simple police ne tient pas
lieu d'une assignation régulière ; l'absence de la partie
poursuivie empêche l'instance de s'engager et ne justifie-
rait pas une condamnation par défaut.

Le pouvoir de mettre l'action publique en mouvement
devant les tribunaux correctionnels appartient, normale-
ment, au procureur de la République ou à ses substituts,
qui sont en même temps officiers de police judiciaire (3),
et par exception au juge d'instruction. Nous avons vu
dans quelles limites doivent être restreintes les attribu-

---

(1) Art. 149 et 146, *C. d'inst. crim.*
(2) Art. 152, *ibid.*
(3) Art. 9, 22 et 36, *Code d'inst. crim.*

15

tions de ce dernier en notre matière, nous n'y reviendrons pas.

Les délits peuvent venir directement à la connaissance du magistrat accusateur, soit que les dénonciations ou les plaintes lui soient adressées, soit qu'il ait procédé lui-même aux premiers actes d'informations, lorsque l'infraction est flagrante et de nature à entraîner une peine afflictive ou infamante, ou lorsque le maître de la maison, dans laquelle un crime ou un délit a été commis, vient requérir son intervention (1). Dans l'une ou l'autre hypothèse, il est régulièrement saisi et peut agir. Mais les dénonciations ou les plaintes peuvent parvenir aux officiers de police auxiliaires, et la constatation, dont nous n'avons pas à analyser la procédure, être faite par eux. Dans ce cas, le procureur de la République n'est averti que par le renvoi que ces derniers doivent lui faire sans délai des dénonciations, procès-verbaux et autres actes qu'ils ont dressés dans les limites de leur compétence (2). Alors, légalement nanti des pièces du procès, il n'a plus, s'il croit devoir le faire, qu'à entamer la poursuite.

Mais, avant de commencer l'examen des formalités de la mise en mouvement de l'action publique devant les tribunaux correctionnels, nous devons observer que celles-ci ne sont pas toujours les mêmes. En effet, si dans la plupart des cas une instruction préparatoire n'est pas nécessaire, il en est d'autres, au contraire, où les formes longues et compliquées qu'elle comporte deviennent, comme dans les affaires criminelles, indispensables à raison de la gravité du délit et de difficultés sérieuses dans la démonstration de son existence. Nous devons donc examiner successivement la procédure d'accusation suivie dans ces deux hypothèses, en commençant, ainsi que cela nous semble tout naturellement indiqué, par celle qui est la plus fréquemment pratiquée, dont la marche est la plus rapide et les opérations les moins nombreuses.

Lorsque l'infraction constatée est de peu d'importance,

(1) Art. 32 et 46, *ibid.*
(2) Art. 53, *ibid.*

et constitue un simple délit, les formes de la poursuite
diffèrent peu de celles que nous avons rencontrées en matière de contraventions de simple police. C'est, aux termes
de l'art. 182 du Code d'instruction criminelle, « par *la cita-*
« *tion* donnée directement au prévenu par le procureur de
« la République, » que l'action répressive est mise en mouvement et le tribunal correctionnel saisi. Un délai pour préparer sa défense est accordé au prévenu par l'art. 184 qui
reproduit presque textuellement les termes de l'art. 146. Il
ordonne, en effet, qu'« il y aura au moins un délai de trois
« jours, outre un jour par trois myriamètres entre la cita-
« tion et le jugement, à peine de nullité de la condamna-
« tion qui serait prononcée par défaut contre la personne
« citée. Néanmoins, cette nullité ne pourra être proposée
« qu'à la première audience et avant toute exception ou
« défense. » Les seules différences que nous ayons à noter
entre ces deux textes sont : l'augmentation du délai en
faveur de l'auteur d'un délit, et la limitation au seul jugement de la nullité qui sanctionne les dispositions de l'art 184.
La citation n'est plus atteinte et demeure valable contrairement à ce que décide l'art. 146. Le prévenu peut ici encore se faire représenter, mais seulement dans les affaires
qui n'entraîneraient pas la peine d'emprisonnement, et de
plus, la loi lui impose un mandataire spécial : un avoué.
Le tribunal, d'ailleurs, peut toujours, quand il le croira nécessaire, ordonner sa comparution en personne (1). Enfin,
« si le prévenu ne comparait pas, il sera jugé par dé-
« faut (2) ».

Dans les affaires où le droit de mettre l'action publique
en mouvement, soit devant le tribunal de simple police,
soit devant la juridiction correctionnelle, appartient exceptionnellement aux administrations que nous avons énumérées plus haut, les formes de la poursuite ne sont point,
pour cela, modifiées. Les diverses lois qui règlent les matières de leur compétence respective se bornent, dans les
textes relatifs à la procédure d'accusation, à reproduire

(1) Art. 185, *C. d'inst. crim.*
(2) Art. 186, *ibid.*

les dispositions que nous venons d'examiner, ou plus simplement à renvoyer aux règles édictées sur ce point par le Code d'instruction criminelle. C'est donc toujours par une *citation directe* donnée aux prévenus par leurs agents que le tribunal est saisi, et le droit de défense est sauvegardé dans les mêmes conditions (1). Il en est de même lorsque la partie civile use du droit de porter elle-même son action privée devant les juridictions pénales (2). Mais nous devons rappeler que, ce faisant, elle ne les saisit pas de l'action pour l'application des peines, et que celle-ci n'est mise en œuvre que par les réquisitions que doit formuler à l'audience, conformément aux dispositions des art. 153 et 190, l'organe du ministère public.

Venons maintenant à l'étude des hypothèses où la gravité de l'infraction rend nécessaire une instruction préparatoire. Sauf le cas de flagrant délit sur lequel nous nous sommes expliqué ailleurs, le rôle du ministère public comme partie poursuivante se manifeste avant qu'elle ne commence. Dès que le délit est constaté par la police judiciaire, le procureur de la République entame l'action par « *la réquisition du juge à fin d'instruction,* » qui saisit l'autorité judiciaire en la personne du magistrat instructeur. « Lorsque le fla-
« grant délit aura déjà été constaté, dit l'art. 60, et que le
« procureur de la République transmettra les actes et piè-
« ces au juge d'instruction, celui-ci sera tenu de faire sans
« délai l'examen de la procédure. Il peut refaire les actes
« ou ceux des actes qui ne lui paraîtraient pas complets. »
L'art. 61 dispose à son tour, que « les plaintes qui auraient
« été adressées au procureur de la République seront par
« lui transmises au juge d'instruction avec son réquisitoire,
« celles qui auraient été présentées aux officiers auxiliai-
« res de police seront par eux envoyées au procureur de
« la République et transmises par lui au juge d'instruction

----

(1) Voir, notamment, pour l'administration des forêts, art. 182, *Code d'inst. crim.* et 173 *C. for.*, pour l'administration des douanes, art. 4 de la loi du 28 avril 1816, et 12 de la loi du 4 germinal an II, et pour l'administration des ponts-et-chaussées, loi sur la pêche du 15 avril 1829, art. 64.

(2) Art. 182 du *C. d'inst. crim.*

« avec son réquisitoire ». Signalons encore les articles 45 et 47 qui ne font que confirmer ces dispositions.

Mais ce n'est pas assez que l'information ne puisse commencer sans les réquisitions du ministère public. Celui-ci, après avoir mis l'action publique en mouvement, ne saurait s'en désintéresser, et il a le droit d'en surveiller la marche sans toutefois avoir celui de l'entraver. C'est ce qu'exprime l'art. 61 dans les termes suivants : « Hors le « cas de flagrant délit, le juge d'instruction ne fait aucun « acte d'instruction et de poursuite, qu'il n'ait donné communication de la procédure au procureur de la Républi- « que, *qui pourra en outre requérir cette communication* « *à toutes les époques de l'information, à la charge de* « *rendre les pièces dans les vingt-quatre heures* (1). » Enfin, quand la procédure sera terminée, « le juge d'ins- « truction la communiquera au procureur de la République « qui devra lui adresser ses réquisitions dans les trois jours « au plus tard. »

Dès que ces opérations préliminaires sont régulièrement accomplies, il ne reste plus qu'à saisir la juridiction de jugement. L'art. 182 indique de quelle façon cela pourra avoir lieu. « Le tribunal, dit-il, sera saisi en matière cor- « rectionnelle, de la connaissance des délits de sa compé- « tence, par le renvoi qui lui en sera fait d'après les arti- « cles 130 et 160... » De ce texte éliminons tout d'abord l'art. 160 rappellé ici par erreur, puisqu'il est relatif au renvoi par le tribunal de simple police au procureur de la République, et non aux juges correctionnels des délits portés par erreur devant lui, et remplaçons-le par l'article 230 (3). Nous n'avons pas à nous expliquer ici sur les dispositions contenues dans ce dernier texte, disons seulement qu'il vise l'hypothèse où la chambre des mises en accusation se trouvant en présence d'un prévenu coupable seulement d'un délit ou d'une contravention, doit ordonner qu'il sera traduit devant la juridiction compétente.

(1) Voir aussi l'art. 62.
(2) Art 127.
(3) Le Sellyer, *op. cit*, tome Ier, n° 54, p. 62.

Arrêtons-nous sur le cas de l'art. 130 qui règle le mode normal de saisine du tribunal correctionnel lorsqu'une instruction préparatoire doit précéder le jugement. « Si le « délit est de nature à être puni par des peines correc-« tionnelles, le juge d'instruction, dit ce texte, renverra le « prévenu au tribunal de police correctionnelle. » Par cette ordonnance de renvoi, est close la série des opérations du juge instructeur. Mais le rôle du procureur de la République n'est pas encore terminé. Cet officier, en effet, doit encore dans les quarante-huit heures, au plus tard, envoyer au greffe du tribunal qui doit prononcer, toutes les pièces après les avoir cotées, et dans le même délai assigner le prévenu, en observant les règles qui lui sont imposées au cas de citation directe (1). A partir de ce moment, commence la procédure du jugement, nous n'avons pas à nous en occuper.

La procédure, sommaire et expéditive de l'accusation en matière de contraventions et de simples délits, se complique et s'allonge dès que l'infraction revêt un certain caractère de gravité. Mais c'est surtout *devant les Cours d'assises*, lorsque l'on se trouve en présence d'un crime, que les lenteurs et la multiplicité des formes aussi indispensables à la découverte de la vérité, qu'utiles à la défense, atteignent leur maximum.

Les règles concernant la police judiciaire, la saisine du magistrat instructeur et l'information, ne diffèrent pas, au cas de crime, de celles que nous venons d'étudier. Mais dès que cette dernière est terminée, communiquée au procureur de la République, et suivie des réquisitions de celui-ci, conformément aux prescriptions de l'art. 127, une nouvelle phase de la procédure d'accusation commence.

« Si le juge d'instruction estime, dit l'art. 133, que le fait « est de nature à être puni de peines afflictives et infaman-« tes, et que la prévention contre l'inculpé est suffisamment « établie, il ordonnera que les pièces d'instruction, le pro-« cès-verbal constatant le corps du délit, et un état des

____

(1) Art. 132, *C. d'inst. crim.*

« pièces servant à conviction, soit transmis, sans délai, par
« le procureur de la République, au procureur général
« près la Cour d'appel. » C'est ce dernier que la loi, vu la
nature particulièrement grave du fait punissable, a chargé
de continuer la procédure accusatoire. A cet effet, il est
tenu de mettre l'affaire en état dans les cinq jours de la
réception des pièces, et de faire son rapport dans les cinq
jours suivants, au plus tard (1). Ce rapport saisit la chambre des mises en accusation qui doit se prononcer, à bref
délai, sur la question de savoir s'il y a lieu ou non d'ordonner la mise en accusation (2). La procédure suivie devant la chambre des mises, a cela de particulier, qu'elle se
rapproche, par bien des points, de l'ancienne procédure
inquisitoire. Le secret le plus absolu y est observé, et c'est
sur les seules pièces écrites de l'information, qu'elle doit
établir sa conviction. Le prévenu et les témoins ne sont pas
entendus, et après la lecture des pièces du procès et le dépôt des réquisitions écrites et signées, le greffier et l'organe
du ministère public doivent eux-mêmes se retirer. Après
quoi, les conseillers doivent délibérer à huis-clos, sans désemparer, et sans communiquer avec personne (3). Les
droits de la défense seraient complètement sacrifiés, si le
prévenu n'avait, aux termes de l'art. 217, le droit de fournir à ses juges tels mémoires qui lui paraissent convenables.

Aussitôt que l'arrêt de mise en accusation est rendu, arrêt sans lequel, en vertu du principe de la séparation des
pouvoirs du juge instructeur et du magistrat accusateur,
celui-ci ne pourrait, sous peine de nullité de l'accusation,
intenter une poursuite criminelle qui constituerait un véritable abus de pouvoir (4), le Procureur général doit, d'après son prononcé, rédiger l'acte d'accusation qui servira
de base à l'action du ministère public devant la Cour d'assises. Dans sa forme extérieure, aussi bien que dans le

(1) Art. 217, *C. d'I. crim.*
(2) Art. 218, 219 et 221, *ibid.*
(3) Art. 222, 223, 224, 225 et suiv., *ibid.*
(4) Art. 271, *C. d'inst. crim.*

style consacré, ce document nous remet en mémoire le libelle que dans la procédure d'accusation usitée à Rome,
dans les « *judicia publica* », devait rédiger et souscrire le
citoyen accusateur. Il suffit de lire les termes de l'art. 241
pour constater cette ressemblance. « L'acte d'accusation,
« est-il dit dans ce texte, exprimera : 1° la nature du délit
« qui forme la base de l'accusation ; 2° le fait et toutes les
« circonstances qui peuvent aggraver ou diminuer la peine ;
« le prévenu y sera dénommé et clairement désigné. L'acte
« d'accusation sera terminé par le résumé suivant : *En*
« *conséquence, N... est accusé d'avoir commis tel meurtre,*
« *tel vol ou tel autre crime, avec telle ou telle circonstance.* »
Il suffirait de garnir le blanc laissé par le législateur, par le
« *Numerius Negidius* » des Romains, pour reconstituer en
entier leur ancienne formule.

Depuis la clôture de l'information préalable par l'ordonnance de renvoi du juge d'instruction, le prévenu n'est plus
tenu au courant de la procédure. Il importe donc, avant de
le traduire devant la Cour d'assises, de le renseigner sur
ce qui s'est passé, et de le mettre en mesure de préparer
sa défense, et pour cela, de lui faire connaitre les charges
qui pèsent contre lui. En conséquence, « l'arrêt de renvoi
« et l'acte d'accusation, dit l'art. 242, seront signifiés à l'ac-
« cusé et il lui sera laissé copie du tout. » Cette notification
qui doit être faite par le ministère d'un huissier, est substantielle. Son omission entrainerait la nullité de toute la
procédure postérieure (1). Celle-ci, va se dérouler devant
la Cour d'assises, et ne saurait par conséquent être l'objet
de nos préoccupations.

§ II. — *Devant la Haute-Cour de justice.*

Les lois constitutionnelles du 24 février 1875, art. 9, et
du 16 juillet de la même annnée, art. 12, ont érigé le Sénat en Haute-Cour de justice, et lui ont donné le pouvoir

(1) Cette nullité, non prévue par le texte, est consacrée par une longue
série de décisions de jurisprudence. Voir notamment, Cass, 27 avril 1805.

de juger, en cette qualité, les infractions quelconques commises par le Président de la République, les crimes perpétrés par les Ministres, dans l'exercice de leurs fonctions, et
les attentats contre la sûreté de l'Etat reprochés à toute
personne. Mais c'est seulement par un décret rendu en
Conseil des ministres, que le Sénat est, dans ce dernier cas,
investi de ces fonctions judiciaires. L'art. 42, en son dernier alinéa, déclare: qu' « Une loi déterminera le mode de
« procéder, pour l'accusation, l'instruction et le jugement ».
Cette promesse a été réalisée, en partie, par la loi du 10 avril
1889, qui s'est bornée à fixer la procédure en matière d'attentat contre la sûreté de l'Etat, laissant aux événements
le soin de provoquer la règlementation des poursuites que
la Chambre a seule le droit d'exercer contre les membres
du pouvoir exécutif.

Nous n'avons pas l'intention de traiter ici toutes les questions que soulèvent l'organisation et la compétence de cette
juridiction (1), qui n'a encore fonctionné qu'une fois, lors
du procès intenté à MM. Boulanger, Rochefort et Dillon.
Nous voulons simplement, d'accord avec notre programme,
nous borner à exposer rapidement la marche de la
procédure d'accusation établie par la loi de 1889, et montrer en quoi elle diffère du droit commun.

Dans la plupart des cas, la justice ordinaire aura commencé à agir et une instruction sera ouverte conformément aux principes que nous avons établis ailleurs, avant
que le décret n'ait constitué le Sénat en Haute-Cour de
justice et organisé le parquet temporaire qui doit remplir
les fonctions du ministère public auprès de cette juridiction. Ce dernier doit comprendre un magistrat jouant le
rôle de procureur général, et un ou plusieurs magistrats
chargés de l'assister comme avocats-généraux, désignés
par le président de la République parmi les membres de la
Cour de cassation ou des Cours d'appel (2).

____

(1) Voir à ce sujet, Lair : *des Hautes cours de justice*, Mandrette, de la
Haute-Cour de justice (thèse).

(2) Art. 3, loi du 10 avril 1889. Le décret du 8 avril 1889 désigna pour
procureur général près la Haute-Cour M. Quesnay de Beaurepaire, pro-

A partir de ce moment commence un nouveau procès. Toutes les pièces de l'information entamée par les premiers juges sont transmises au procureur général près la Haute-Cour de justice. Toutefois, les magistrats qui ont eu la première connaissance de l'affaire continuent leurs fonctions de police judiciaire jusqu'au moment où le Sénat ordonne qu'il soit procédé devant lui (1).

A la date et au lieu fixé par le décret, le Sénat en entend la lecture en audience publique et vérifie sa composition. Le procureur général est ensuite introduit avec solennité. Il lit son réquisitoire, qui se terminait ainsi dans le procès de 1889 : « Plaise à la Haute-Cour ordonner « qu'il sera procédé à l'instruction contre M. M..., donner « acte du dépôt que nous faisons à son greffe de toutes les « pièces du procès à instruire, du dépôt du réquisitoire. » Acte est ensuite donné conformément à ces conclusions, et les magistrats du parquet sont reconduits avec le même apparat hors de la salle des séances. L'audience cesse alors d'être publique et la Haute-Cour délibère en chambre du Conseil sur le point de savoir si elle doit faire procéder à l'instruction (2). Il semble que les formes pompeuses suivant lesquelles les officiers du ministère public effectuent leur entrée ou leur sortie ne servent qu'à déguiser le peu d'importance de leurs fonctions. Ce n'est pas, en effet, comme en matière ordinaire, sur leurs réquisitions, que l'instruction est ouverte; ce n'est point eux qui donnent l'impulsion à la juridiction chargée d'informer, et qui, ainsi, mettent l'action publique en mouvement. Ils ne font que dénoncer le fait à la Haute-Cour et provoquer la poursuite; elle seule l'exerce en ordonnant, s'il y a lieu, « qu'il sera procédé à l'instruction (3) ».

C'est au président d'une commission de neuf membres

---

cureur général près la Cour d'appel de Paris, et comme avocats généraux, MM. Poulier et Duval, l'un avocat général et l'autre substitut du procureur général près la même Cour.

(1) Art. 5, loi du 10 avril 1889.

(2) *Officiel* du 13 avril 1889.

(3) Art. 6, loi du 10 avril 1889.

élus tous les ans par le Sénat en séance publique, au début de la session ordinaire, qu'incombe le soin de procéder à l'information, qui revêt tous les caractères que le droit commun impose à cette phase de la procédure criminelle. C'est assez dire qu'elle est tout à la fois secrète, écrite et non contradictoire. Mais le rôle du ministère public y est beaucoup plus effacé. Tandis que le juge instructeur ordinaire ne peut prendre de mesures importantes sans provoquer des réquisitions, le président de la commission des neuf a, au contraire, le droit, sans qu'il soit besoin de ses conclusions, de décerner un mandat d'arrêt contre le prévenu. Il est vrai, cependant, que, par une autre disposition qu'il serait assez difficile de concilier avec la première, cette commission ne peut statuer sur une demande de mise en liberté provisoire sans l'avoir communiquée au procureur général (1).

Dès que cette instruction est terminée, le dossier est remis à ce magistrat par le président, qui invite en même temps les accusés à se pourvoir d'un défenseur, et leur en désigne un d'office s'ils ne tiennent aucun compte de cet avertissement. Lorsque le procureur général a rendu le dossier après l'avoir complété par ses réquisitions, communication en est faite par la voie du greffe aux conseils des prévenus, qui ont trois jours pour en prendre connaissance (2). Il y a, dans ces dispositions, une double dérogation au droit commun en faveur de la défense, dont on doit féliciter les législateurs de 1889 en espérant qu'elles feront corps avec notre législation pénale, le jour où sera enfin réalisée la réforme depuis si longtemps attendue de notre code d'instruction criminelle.

Ces diverses formalités accomplies et les délais expirés, la commission qui, contrairement aux principes du grand criminel en matière ordinaire, remplit tout à la fois le rôle de magistrat instructeur et celui de chambre des mises en accusation, se réunit en cette dernière qualité.

____

(1) Art. 7 et 8, *ibid.*
(2) Art. 9, *ibid.*

Elle entend, en présence de l'agent du ministère public, la lecture du rapport de l'instruction présenté par son président ou l'un des assesseurs qu'elle lui a désignés, celle des réquisitions écrites du procureur général et des mémoires fournis par les accusés. Ces pièces sont déposées sur le bureau et le procureur général se retire avec le greffier. La commission statue alors en chambre du Conseil sur la mise en accusation. Si celle-ci est prononcée, l'organe du ministère public rédige l'acte d'accusation, dont copie, ainsi que de l'arrêt de renvoi, doit être signifiée au prévenu avec citation à comparaître, trois jours au moins avant la date fixée pour l'audience, par le président du Sénat (1).

A partir de ce moment, la juridiction de jugement est saisie. Nous n'avons pas à faire l'analyse de la procédure suivie devant elle; observons seulement que, d'accord avec les théories consacrées par notre législation criminelle, elle est publique, orale et contradictoire.

Mais, si les principes du droit commun ont été sauvegardés dans cette deuxième partie de la procédure pénale, nous avons pu nous convaincre qu'il n'en est pas de même dans la première. Le ministère public, avons-nous dit, ne joue qu'un rôle secondaire dans la mise en mouvement de l'action publique et au cours de l'instruction. Le Sénat, en réalité, est, en même temps que juge, poursuivant et magistrat instructeur. Poursuivant, car malgré l'intervention du ministère public, c'est lui seul qui décide s'il y a lieu de poursuivre et ordonne l'instruction; magistrat instructeur, puisque la commission chargée de procéder à l'information, choisie dans son sein et élue par lui, reflète ses opinions et qu'il doit, en conséquence, être influencé par les décisions qu'elle rend, alors même que ses membres, récusés par la défense, ne participeraient pas au jugement (2). Nous avons trop souvent montré quels avantages résultaient, aussi bien dans l'intérêt de la répres-

____

(1) Art. 10, 11, 12, 13 et 14, loi du 16 avril 1889.
(2) Art. 16, loi du 10 avril 1889.

sion que dans celui des prévenus, de la séparation absolue
des attributions que le Sénat réunit sur sa tête, pour avoir
besoin d'insister sur les inconvénients d'une pareille confusion.

TROISIÈME PARTIE

De la mise en mouvement de l'action publique en législation comparée.

De même qu'une étude de la nature de celle que nous avons entreprise ne peut l'être utilement, sans remonter jusqu'aux sources les plus reculées de notre droit ; de même on ne saurait conclure et faire un choix entre les divers systèmes successivement adoptés pour l'attribution du droit de mettre l'action publique en mouvement sans connaitre, à cet égard, l'état actuel de la législation de la plupart des peuples civilisés. Une comparaison est nécessaire. Il est vrai que la majorité des pays du nouveau comme de l'ancien continent, ont, suivant l'exemple de la France, admis le Ministère public. Il en est cependant quelques-uns qui ont jusqu'ici repoussé cette institution, et d'autres qui, tout en l'acceptant, ont néanmoins conservé aux particuliers une importante partie des attributions que leur accordaient les législations disparues. On pourrait même retrouver dans cette loi du « *Lynch* » qui sévit dans quelques Etats de l'Amérique du nord, non encore complètement conquis à la civilisation, des traces du droit de vengeance privée, à peine déguisées sous une veine apparence de formes judiciaires. Seule, la poursuite exercée d'office par le juge lui-même, paraît universellement condamnée et abandonnée aujourd'hui.

Dans un *premier chapitre*, nous passerons en revue *les pays dans lesquels le principal rôle dans la mise en mouvement de l'action publique appartient à l'Etat.* Nous le subdiviserons en *trois groupes. Le premier* peu important comprendra les *législations qui n'ayant pas encore admis le Ministère public, confient le soin d'intenter la poursuite à des fonctionnaires d'un autre ordre*. Nous rangerons dans le *second* les *législations qui ont adopté le système français, sans lui faire subir de modifications importantes*. Le *troisième* sera composé des *législations qui, bien que possédant le Ministère public, laissent cependant une plus large part à l'action individuelle*.

Un *deuxième chapitre* sera consacré à l'étude des *pays dans lesquels le principal rôle dans la mise en mouvement de l'action publique appartient aux particuliers*.

CHAPITRE PREMIER

PAYS DANS LESQUELS LE PRINCIPAL RÔLE DANS LA MISE EN MOUVEMENT DE L'ACTION PUBLIQUE APPARTIENT A L'ÉTAT.

Premier groupe : Législations qui n'ayant pas encore admis le Ministère public, confient le soin d'intenter la poursuite à des fonctionnaires d'un autre ordre.

Le *Danemark*, la *Norwège*, la *Suède* et la *Serbie* (1), ne possèdent pas le Ministère public.

Dans le premier de ces pays, c'est au directeur de la police à Copenhague, et aux chefs d'arrondissements, ou préfets dans le reste du royaume, qu'appartient le droit de mettre l'action publique en mouvement. Et lorsque l'autorité judiciaire a procédé à l'information, c'est encore à eux de décider s'il y a, ou non, lieu de continuer la poursuite. Si leur décision est affirmative, le ministre de la justice désigne un avocat, salarié pour chacune des affaires dont il est chargé, pour soutenir l'accusation devant la juridiction de jugement. Les choses se passent de la même façon en *Norwège*. Mais la loi du 20 mai 1879, qui a modifié son Code pénal, soustrait à l'action publique, certains délits de destruction ou de dégradation de propriétés mobilières à moins d'une plainte émanée de la partie lésée.

La *Suède* confie le soin de poursuivre certaines infractions (crimes, délits ou contraventions) aux Baillis de la couronne, et à leurs subordonnés qui portent dans les villes le nom de sergents fiscaux, et dans les campagnes celui de sergents de bailliage.

Cette mission incombe en *Serbie* à un juge du tribunal

---

(1) Voir sur ces divers pays, Fuzier-Herman, Rep., v° *Action publique*, n° 280 et suiv., *Revue de droit international*, 1872, p. 707 ; *Bulletin de la Société de législation comparée*, 1884, p. 144 et 1886, p. 394 ; *Annuaire de la Société de législation comparée*, 1880, p. 602.

du district assisté d'un greffier, désigné à cet effet par le Président.

Deuxième groupe : **Législations qui ont adopté le système français sans lui faire subir de modifications importantes.**

Les principes du droit français en notre matière sont devenus la base de la législation criminelle d'un assez grand nombre de pays qui ont subi, d'une façon plus ou moins directe, son influence.

C'est ainsi que le Code de procédure pénale de l'*Italie*, modifié par la loi du 30 juin 1876, et le Code de procédure pénale de la *Belgique* (1), modifié par la loi du 17 avril 1878, confient la mise en mouvement de l'action publique aux magistrats du ministère public, et aux agents de quelques administrations fiscales, avec cette différence, en *Italie* tout au moins, que lorsque la poursuite est engagée par une administration, le Ministère public est partie jointe aux procès et peut seul requérir l'application de la peine. La législation de ces deux pays reconnait aux particuliers le droit de se constituer partie civile devant le juge d'instruction, et celui de citation directe. Mais tandis qu'en *Italie* comme en France la victime du délit ne peut que provoquer la mise en mouvement de l'action publique et laisse entière la liberté du magistrat chargé de la poursuite (2), en *Belgique* elle intente réellement cette dernière. Sous la simple condition de communiquer sa plainte au Procureur du roi, la partie civile oblige le juge d'instruction à commencer l'information, malgré l'avis contraire du ministère public. Si le magistrat instructeur refusait de déférer à sa requête, elle pourrait appeler de son ordonnance devant la Chambre des mises en accusation (3).

(1) Fuzier-Herman, *ibid.*, *Bulletin de la Société de législation comparée*. 1881, p. 133; Marcy, *Code de procédure pénale du royaume d'Italie* ; Haus, *Le droit pénal belge*.

(2) Art. 100, *Code de procédure pénal italien*.

(3) Haus, II, p. 334.

Le Code de procédure pénale des *Pays-Bas* (1), admet aussi le principe français, qui accorde aux seuls officiers du ministère public le droit que la partie lésée ne peut entraver par sa rénonciation à l'action civile, de mettre l'action publique en mouvement. Il va même plus loin que notre Code d'instruction criminelle, car il enlève à la victime le droit de citation directe. Elle peut, seulement, aux termes de l'art. 202, si elle n'a pas porté son action en réparation du dommage causé devant les tribunaux civils, et lorsqu'elle limite sa demande à 150 florins, « intervenir dans le procès sur l'affaire pénale, » par une déclaration à l'audience publique. Mais elle n'a plus le droit de saisir elle-même la juridiction pénale.

La loi sur la procédure fédérale *Suisse* (2) dispose dans son art. 3, que « la poursuite pénale appartient exclusive- « aux autorités et fonctionnaires qui en sont chargés par « la loi ». Ce principe est passé, en général, dans la législation de la plupart des cantons (3). Quelques-uns, cependant, accordent, dans certains cas, une poursuite directe à la partie lésée et subordonnent dans d'autres l'action du Ministère public à la nécessité d'une plainte préalable (4).

Schwytz et les deux *Appenzel* ne possèdent point le Ministère public.

L'*Egypte*, la *Grèce*, la *principauté de Monaco* et le *République de Saint-Marin* ont aussi adopté les principes posés par la législation française.

A côté de ces législations européennes, qui ont suivi l'exemple de notre pays, nous pouvons placer le *Japon*, dont le projet de Code de procédure criminelle, rédigé et

---

(1) Fugier-Herman, *ibid.*, les *Codes néerlandais*, traduits par Tripels.

(2) Voir sur la Suisse, Fuzier-Herman, *ibid.*. Marcy, *op. cit.*

(3) Entr'autres, *Neufchâtel*, loi du 13 juillet 1874, *Saint-Gall*, code pénal du 4 janvier 1886, *Zurich*, loi du 5 mai 1889. (*Annuaire de la Société de législation comparée*, 1876, p. 758, 1886, p. 478 et 1890, p. 175.)

(4) Notamment *Saint-Gall*, *Genève* et *Berne*.

commenté par M. Boissonnade, en 1882, se ressent évidemment de la nationalité de son auteur. Il établit un ministère public investi du droit de poursuivre au criminel. La
partie lésée y possède le droit de plainte et celui de se constituer partie civile, mais la voie de la citation directe ne
lui est pas ouverte. La plainte seule, ainsi que le décide
notre jurisprudence, est insuffisante pour mettre l'action
publique en mouvement, en revanche, lorsque la constitution de partie civile vient se joindre à elle, le juge d'instruction est saisi, et doit procéder à l'information, alors
même que le ministère public refuse de poursuivre.

L'*Ecosse* (1) a subi moins directement peut-être l'influence
de la législation française. Cependant les rapports intimes
et fréquents qu'elle entretint longtemps avec notre pays
ne sont pas étrangers, joints aux souvenirs du droit
romain qui ont aidé au développement du droit, et à son
indépendance législative, à l'adoption du Ministère public,
contrairement au système qui est la base de la législation
anglaise.

A la tête des officiers chargés de mettre l'action publique
en mouvement se trouve un « *Lord-advocate* » assisté d'un
« *sollicitor général* » et de quatre substituts choisis par lui
parmi les avocats du barreau. L'origine des attributions de
ces magistrats en notre matière, sont les mêmes que celles
de notre Ministère public. Chargé à l'origine de la défense des intérêts de la couronne, ce fonctionnaire s'em-
ploya à assurer la répression, le jour où l'intérêt public et
celui du roi se confondirent. Dans les comtés et dans les
cités importantes, un « *Procurator fiscal* », nommé par le
« *Shérif* » ou par le Conseil de la ville, est soumis aux
ordres du Lord-avocat.

Le Ministère public seul a le droit de provoquer une information. Dès qu'il est averti d'une infraction, le Procureur fiscal réclame du Shérif un « *Warant for apprehen-
sion* », c'est-à-dire un mandat d'amener contre le prévenu

(1) Voir, sur l'Ecosse : Fuzier-Herman, *ibid.* Mitermaier, *Traité de la
procédure criminelle en Angleterre, en Ecosse et dans l'Amérique du
Nord.*

et le conduit devant ce magistrat, qui procède secrètement à l'instruction préparatoire. Lorsque l'affaire n'est pas de nature à être jugée sommairement, le dossier est envoyé à Edimbourg au Lord-avocat, qui décide s'il y a lieu de continuer la poursuite. Ce magistrat rédige ensuite lui-même l'acte d'accusation, qualifie le fait comme il l'entend et renvoie le prévenu devant la juridiction qu'il choisit. Il influe, ainsi d'une manière sérieuse, sur l'application de la peine, puisque la compétence des différents tribunaux ne diffère qu'à ce point de vue. Cette forte concentration des poursuites entre les mains du Lord-avocat, donne au Ministère public écossais une physionomie originale qui le distingue de celui de la France.

L'action civile ne peut, en *Ecosse*, être portée devant les tribunaux répressifs. Aussi, bien que la législation reconnaisse en principe aux particuliers, pourvu qu'ils n'entravent pas l'indépendance du Ministère public, le droit d'intenter eux-mêmes la poursuite en adressant une plainte au Procureur fiscal, ils n'usent guère de cette prérogative. Elle n'a été exercée qu'une fois en cinquante ans, en matière de banqueroute frauduleuse (1).

Ce principe de la prédominance de l'action publique exercée par le Ministère public, sur le droit des particuliers, est passé dans la législation de *Malte* dont le Code de procédure pénale a été élaboré par un jurisconsulte écossais (2). Il est en vigueur également dans les *îles anglo-normandes* de *Jersey, Guernesey* et *Aurigny*. L'*Irlande* (3) elle aussi l'a adopté, en sorte que toutes les possessions anglaises en Europe, ont rompu avec *les traditions du pays qui les détient*.

A *Dublin* siège un « *Attarney général* », revêtu des mêmes pouvoirs que le Lord-avocat écossais; il est secondé par des « *Crown-sollicitors* » résidant près des Cours

____

(1) Babinet, *Etude de la loi anglaise du 30 juillet 1879. (Prosecution of offences act.). Revue de la Société de Législation comparée*, 1880, p. 260.

(2) Fuzier-Herman, *ibid.* Mitermaier, *ibid.*

(3) Fuzier-Herman, *ibid.* Mitermaier, *ibid.*

d'assises et des Cours de sessions, qui mettent l'action publique en mouvement. Les particuliers ont le droit de reprendre les poursuites abandonnées par « *l'Attorney général* », mais on n'a que peu d'exemples d'actions intentées dans ces conditions. L'accusation est soutenue à l'audience par des avocats portant le nom de « *Queens's counsels* » désignés par « *l'Attorney général* ».

Le Ministère public répondait trop bien à ce besoin de centralisation que doivent nécessairement éprouver les Etats d'une certaine étendue, pour ne pas avoir été adopté par la *Russie* et *l'Allemagne*. C'est en effet ce qui s'est produit, et aujourd'hui cette institution est le fondement de la procédure pénale de ces deux grands empires.

On trouve en *Russie* (1) un Procureur impérial et un ou plusieurs substituts près de chaque Tribunal ou Cour. Eux seuls poursuivent les infractions, soit d'office, soit sur une plainte de la partie lésée. Cependant, la victime de celles qui sont de la compétence des tribunaux de paix a le droit, en concours avec les autorités de police ou administratives, de mettre l'action publique en mouvement. Mais devant les tribunaux ordinaires, il n'en va pas de même. C'est le Ministère public qui, en principe, a exclusivement le droit d'intenter la poursuite. Toutefois, l'action pénale contre certains délits peu nombreux doit être précédée d'une plainte de la partie lésée qui, dans quelques cas, a le droit de transiger, tandis que dans les autres elle ne peut qu'introduire l'action répressive dont l'exercice appartient ensuite aux Procureurs impériaux.

L'Allemagne n'a introduit le Ministère public dans sa législation d'une manière complète et définitive que depuis que son Code de procédure pénale du 1er février 1877, entré en vigueur en 1879, a donné des lois uniformes aux divers Etats de l'empire. Avant cette date, sauf à Berlin, où une ordonnance de 1846 avait fait un essai favorablement accueilli du Ministère public, la poursuite était exer-

(1) Fuzier-Herman, *ibid.* Ern. Lehr, *Nouvelle législat. pén. de la Russie.*

cée en la forme inquisitoire, le juge se saisissant lui-même de la connaissance des affaires de sa compétence (1).

Aujourd'hui, c'est le Ministère public, composé, près le tribunal de l'empire, d'un Procureur supérieur et de plusieurs Procureurs d'empire ; près les tribunaux régionaux, d'un Procureur d'Etat, et près les tribunaux de bailliage d'un Procureur de bailliage, qui a, en quelque sorte, le monopole de l'accusation. Les autorités administratives peuvent aussi, en matière pénale, intenter la poursuite, au cas de refus du Ministère public. Ce dernier, en principe, poursuit d'office, quelle que soit la nature de l'infraction « et « il est tenu d'agir dans toutes les affaires qui peuvent « donner lieu à une condamnation (2) ». Mais il ne doit mettre l'action publique en mouvement que lorsque l'intérêt public est engagé, *et il est seul juge, dans certains cas tout au moins, de l'opportunité de la poursuite.* Toutefois, l'action publique ne lui appartient pas absolument ; elle lui échappe dès qu'il l'a engagée. Il a encore le droit de conclure à son rejet ou à l'acquittement, mais il ne peut la retirer (3).

Les particuliers n'ont pas le droit de citation directe, ni celui de se constituer partie civile, car l'action en réparation du dommage ne peut être portée en *Allemagne* devant les tribunaux répressifs. Ils ne peuvent que provoquer la mise en mouvement de l'action publique par le parquet, sans avoir le droit de saisir eux-mêmes les diverses juridictions. Cependant, pour certains délits tels que l'adultère, la séduction, l'injure, etc., une plainte de la partie lésée est nécessaire pour que le ministère public puisse agir. Cette plainte n'oblige pas toutefois ce dernier, qui peut rester inactif, et dont la décision est sans recours possible si on se trouve dans un des cas où la loi l'a rendu tout-puissant. Dans les autres affaires, le plaignant, qui

---

(1) *Code de procédure pénale allemand*, traduit par Daguin (introduct.).

(2) Art. 152, *Code de procédure pénale allemand*. L'action du ministère public est cependant subordonnée à une autorisation du *Reichstag* quand il s'agit de poursuivre un de ses membres au cours d'une session.

(3) Art. 154, *ibid*.

est en même temps la victime du délit, peut se pourvoir devant le supérieur hiérarchique de l'agent qui met obstacle à la poursuite. S'il essuie un nouveau refus, l'affaire est alors portée au Tribunal régional supérieur, ou au Tribunal de l'Empire, qui peut, comme nos Cours d'appel, toutes chambres réunies, ordonner la mise en accusation. Le ministère public doit alors poursuivre, mais il est libre, comme en France, de conclure à l'acquittement (1).

La loi accorde au plaignant qui a obtenu une décision de ce genre, lorsque l'acte punissable était dirigé « contre « sa vie, sa santé, son état civil ou ses biens (2) », le droit de se porter accusateur par intervention. Cela lui permet de contrebalancer l'influence du ministère public qui, ayant refusé la poursuite, pourrait la soutenir mollement. Dans certains cas aussi, la victime peut réclamer par cette voie, au juge pénal, une composition qui n'est ni une amende, puisqu'elle ne peut être transformée en peine corporelle et que le plaignant en profite, ni une réparation civile, parce qu'elle n'est due que par l'auteur du délit et non par ses ayants-cause et qu'elle est accessoire à une peine, et offre cependant quelques caractères de l'une et de l'autre.

En outre de ce droit de recours et de cette poursuite par intervention, la partie lésée a le droit d'accusation privée qui lui permet, si elle y est autorisée par le Tribunal, de poursuivre elle-même les délits d'injure et de lésion corporelle, à propos desquels le ministère public ne peut agir sans sa plainte. L'accusateur privé agit de tout point comme l'agent du gouvernement, mais il est, de plus, propriétaire de l'action que la loi lui accorde et il peut y renoncer jusqu'au jugement, sans pouvoir, toutefois, l'intenter de nouveau (3).

Malgré le système compliqué qui attribue dans quelques cas, dont le nombre est relativement restreint, des droits assez étendus aux particuliers, il ne faut pas se méprendre

(1) Art. 170, 173, 416, *ibid.*
(2) Art. 435 et 443, *ibid.*
(3) Art. 414, 417, 418, 425, 427, 431, 432, *ibid.*

sur le caractère de la législation allemande. Le ministère public y joue, comme en France, un rôle absolument prépondérant et les règles de son fonctionnement sont en tout semblables à celles de notre pays.

Au premier rang, dans ce groupe, nous devons placer l'*Autriche* (1), dont les lois criminelles accordent aux particuliers des droits plus étendus, et tous différents de ceux qu'ils possèdent en France.

Jusqu'à la rédaction de son Code d'instruction criminelle de 1875, entré en vigueur l'année suivante, l'*Autriche* était régie, à notre point de vue, par le système inquisitoire. Aujourd'hui, « la poursuite en justice d'un fait punissable, n'a lieu que sur la réquisition d'un accusateur (2) », qui peut être soit le ministère public, soit la partie lésée.

Le ministère public, indépendant des juridictions auprès desquelles il est placé, est composé de procureurs d'Etat près les tribunaux de *première instance*, de procureurs généraux près les tribunaux de *seconde instance* et d'un procureur général près la Cour de cassation (3). Il est absolument maître de son action. S'il la retire, il dessaisit la juridiction répressive et, contrairement à ce qui se passe dans notre pays, il impose nécessairement un acquittement. Comme conséquence de ce principe, on a jugé inutile de soumettre l'agrément des poursuites à une décision judiciaire préalable. L'accusateur public rédige lui-même l'acte d'accusation, et saisit directement la juridiction de jugement. L'accusé a simplement un recours devant le Tribunal de seconde instance qui peut repousser l'accusation (4).

(1) Fuzier-Herman, *ibid. Code d'instruction criminelle autrichien*, traduit par Bertrand et Lyon-Caen.

(2) *Code d'instruction criminelle autrichien*, art. 2.

(3) *Ibid.*, art. 29 et 30.

(4) *Ibid.*, art. 109, 207, 208, 227 et s., 244.

Le particulier, en plus du droit de se constituer partie civile, peut d'abord se porter *accusateur privé* et mettre lui-même l'action publique en mouvement (1), toutes les fois qu'il est victime de certains délits spécifiés par la loi, que le ministère public ne peut poursuivre sans sa plainte. Ses droits, en ce cas, sont identiquement les mêmes que ceux du ministère public. Il est seulement condamné aux frais s'il succombe (2). En outre, pour éviter l'acquittement forcé qui résulte de l'abandon de l'accusation par le ministère public, la partie lésée peut, *quelle que soit l'infraction*, la reprendre pour son compte. Elle est alors appelée *accusateur privé subsidiaire* (3). Toutefois, ses droits en cette dernière qualité, sont moindres que ceux de l'accusateur privé ordinaire. Elle ne peut saisir le Tribunal sans une information préalable, autorisée ou refusée, sans recours possible, par la Chambre du conseil. L' « *accusateur privé subsidiaire* », en relevant une accusation abandonnée, ne peut empêcher la mise en liberté provisoire du prévenu et on lui donne, afin d'éviter les collusions et les transactions frauduleuses, le ministère public pour surveillant, avec droit de continuer la poursuite, « en quelque état qu'elle soit (4) ».

On a voulu ainsi éviter les inconvénients inhérents à ce système, qui confie le droit d'accuser à la victime de l'infraction, et les garanties dont on a entouré son exercice, de nature à en détourner les particuliers, lui ont, ici comme partout, enlevé son utilité pratique (5).

Les législations *portugaise* et *espagnole* accentuent encore le rôle de l'individu dans la mise en mouvement de l'action publique, et présentent une physionomie particulière qui les distingue de celles des autres nations Européennes.

(1) Art. 46, *ibid.*
(2) *Ibid.*, art. 46 2°, 50, 91, 207, 227, 259, 390 et 393.
(3) *Ibid.*, art. 48.
(4) Art. 49 et 92, *ibid.*
(5) Meyer, *Bull. de la Soc. de legisl. comp.*, 1892, n° 407.

Dans le *Portugal* (1), l'action civile peut être portée devant les tribunaux répressifs en même temps que l'action criminelle qui nait du délit. Cette dernière peut être *publique*. Elle est alors, en principe, intentée d'office au nom de la société par le ministère public, sauf les hypothèses où une plainte de la victime est nécessaire. Dans ce cas, le ministère public ne peut se désister que s'il y est autorisé par la partie lésée elle-même.

L'action pénale peut aussi être *privée*. Elle est alors intentée dans un intérêt particulier par la partie directement offensée, soit dans sa personne, soit dans celle de son conjoint ou de son auteur. Mais, en intentant cette poursuite, la victime de l'infraction ne confisque pas à son profit les attributions du ministère public. Celui-ci reste libre d'engager l'action qui lui est confiée parallèlement à celle de la partie lésée.

Tout citoyen régulièrement inscrit a, en outre, le droit de mettre l'action publique en mouvement au cas de crime ou de contravention portant atteinte au droit électoral.

En *Espagne* (2), les droits des particuliers sont encore plus considérables. Le ministère public composé de Procureurs fiscaux siègeant près de chaque juridiction, est, il est vrai, chargé de rechercher et poursuivre les infractions. Néanmoins l'« *accion pénal* », c'est-à-dire l'action publique, appartient en général à tous les citoyens, lésés ou non, lorsque le ministère public s'abstient. Dans certains cas, cependant, la possibilité de la mettre en mouvement ne peut être exercée que par la victime. En outre, ce droit est l'objet d'une règlementation analogue à celle que nous avons exposée quand nous nous occupions de l'accusation dans les législations anciennes.

Le ministère public existe encore dans la plupart des Etats Américains : citons la *Confédération Argentine*, le *Brésil* et l'*Uruguay*, dont la règlemention du droit des particuliers, en ce qui concerne leur participation à la mise en mouve-

(1) Fuzier-Herman, *ibid.*
(2) Id., *ibid.*

ment de l'action publique, ressemble d'une façon marquée au système consacré par la législation portugaise. Aussi, nous n'insisterons pas autrement à leur sujet (1).

C'est au contraire à l'influence anglaise que les lois sur la procédure criminelle des *Etats-Unis* (2) doivent d'avoir laissé aux particuliers une large part dans la poursuite des infractions, bien qu'elles aussi aient admis le ministère public.

Ce dernier se compose dans la *Magistrature fédérale* d'un « *Attorney général* » près la Cour suprême, d'un «*Solicitor général* » et d'un substitut près la Cour des réclamations, et des « *Attorneys de district et de territoire* » près les Cours de district et les Cours de territoire. Ces derniers doivent, sur l'ordre de l'« *Attorney général* », poursuivre les *infractions aux lois fédérales*. Dans les divers Etats existe aussi le ministère public. Il comprend dans chacun d'eux un « *Attorney général* » et des « *District-Attorneys* ».

Ces officiers du ministère public ne sont pas des fonctionnaires, mais des avocats qui restent autorisés à exercer au Barreau dans les seules affaires civiles. En thèse générale, ce sont eux qui dirigent la poursuite, mais non d'office. Ils n'en prennent l'initiative, dans quelques Etats tout au moins, que lorsque le gouverneur requiert expressément leur intervention.

Dès qu'ils ont mis l'action publique en mouvement sur la plainte des particuliers, une information préalable est faite par le magistrat compétent. Celle-ci clôturée, l'avocat public rédige l'acte d'accusation ou « *indictment* » dont l'admission par le *Grand jury* est aux Etats-Unis comme en Angleterre la condition essentielle du renvoi d'un citoyen américain devant un tribunal répressif. Si l'accusation est admise, l'agent du ministère public la soutient à l'audience, mais non servilement, car il peut la restreindre, même la retirer, comme en Ecosse. Il faut en outre observer qu'il n'est pas comme en France le repré-

(1) Fuzier-Herman, *ibid*.
(2) Mitermaier, *op cit*.

sentant de l'Etat, et ne pourrait, par exemple, intenter « *proprio motu* » une poursuite pour faux témoignage commis à l'audience. Il n'est que l'avocat de l'accusation, et n'a guère plus de droits que celui de l'accusé.

Les particuliers ont un rôle très important. D'abord, leur plainte, rédigée très souvent avec le concours de l'agent du ministère public, et affirmée sous serment, est nécessaire pour que l'Attorney du district soit mis en demeure de mettre l'action publique en mouvement. Ils peuvent ensuite comparaître directement devant le jury d'accusation, lui soumettre une poursuite, sans passer par l'intermédiaire d'aucun magistrat, et se faire représenter à l'audience par un défenseur de leur choix qui seconde l'avocat public. De plus, ils prennent une part très active à l'instruction préalable.

En somme, ainsi qu'il a été facile de s'en convaincre, le rôle des particuliers, s'est singulièrement élargi à mesure que nous avons progressé dans cette revue des diverses législations. Nous le verrons devenir prépondérant en Angleterre. Mais déjà, aux *Etats-Unis*, les inconvénients de ce système se sont faits vivement sentir. On a dû exciter les dénonciateurs peu zélés par l'appât de primes en argent, et réfréner les tentatives de chantage et les accusations haineuses par la crainte d'une condamnation en dommages-intérêts. On a cherché encore à suppléer à l'insuffisance de la dénonciation par la création de sociétés, dont nous dirons un mot à propos de l'Angleterre, ayant pour but de provoquer la répression de certains délits. Malgré ces palliatifs, il semble qu'un ministère public qui puisse non seulement surveiller la marche des affaires, mais encore prendre en main directement et spontanément les poursuites dans l'intérêt général, soit seul suffisant à porter remède à un pareil état de choses. On en a déjà, du reste, demandé plusieurs fois l'institution.

CHAPITRE II

PAYS DANS LESQUELS LE PRINCIPAL ROLE, DANS LA MISE EN MOUVEMENT DE L'ACTION PUBLIQUE, APPARTIENT AUX PARTICULIERS.

Dans ce groupe, signalons, tout d'abord, la république de *Costa-Rica* (1).

Dans ce pays, l'action civile et l'action pénale sont absolument distinctes, et ne se peuvent intenter conjointement. L'action publique appartient à tous les citoyens qui peuvent, en principe, la mettre en mouvement, sauf quelques exceptions insérées formellement dans la loi. Ils agissent dans l'intérêt général et s'engagent à rapporter la preuve du fait incriminé. Ils peuvent, cependant, se borner au rôle de dénonciateur, et révéler simplement l'infraction au juge, sans s'obliger à démontrer la culpabilité de son auteur

Mais, nous ne voulons pas nous attarder sur ce pays peu important, et nous allons nous occuper, surtout ici, de la législation anglaise qui est la plus importante sinon la seule de ce groupe.

En *Angleterre* (2), le système accusatoire, tel que l'entendaient les peuples de l'antiquité, confiant le droit de mettre l'action publique en mouvement à tous les citoyens qui l'exercent dans l'intérêt général, est la base de la législation. Il convient essentiellement au peuple anglais dont le caractère ressemble, sur bien des points, à celui des Romains. L'Anglais, en effet, tient à participer directe-

(1) Fuzier-Herman, *ibid.*

(2) Voir sur l'Angleterre, Fuzier-Herman, *ibid.*, Meyer, *op. cit.*, Nourisson, *op. cit.*, Mittermaier, *op. cit.*, Glasson, *Hist. du droit et des institutions de L'Angleterre*, tome VI, etc.

ment et d'une façon efficace à l'administration du pays, dont tous les attributs ne sont point concentrés entre les mains du gouvernement. Il concourt à l'œuvre de la justice criminelle par le jury et par le droit d'intenter et d'exercer lui-même la poursuite. Une seule différence sépare la législation de l'Angleterre de celle des anciens peuples. C'est qu'elle ne distingue plus, comme on le faisait autrefois, les *délits publics* et les *délits privés* ou *torts*. Toute infraction atteint également l'ordre social, et peut être poursuivie en son nom, par tous les citoyens. L'action civile est entièrement distincte de l'action publique. La victime n'a, en droit, aucun privilège à l'égard de cette dernière, bien qu'en fait ce soit elle qui, dans la plupart des cas, en saisit la juridiction repressive. Le rôle des particuliers non lésés est tenu le plus souvent par des associations dont nous parlerons bientôt.

Ce droit de mettre l'action publique en mouvement appartient aux particuliers, quelle que soit la nature de l'infraction, qu'il s'agisse d'un crime ou d'un simple délit (*misdemeanor*). Il peut être exercé contre tous les coupables, même contre les fonctionnaires qui sont à quelque degré de la hiérarchie administrative qu'ils appartiennent, effectivement responsables de leurs actes, négligences ou omissions(1). Il est enfin indépendant des tribunaux qui ne peuvent forcer quelqu'un à poursuivre. Il existe cependant sur ce point, dans la loi anglaise, deux exceptions : la cour peut obliger toute personne à intenter l'action publique au cas de faux témoignage, et les juges de paix peuvent contraindre les « *local poor authorities* » à diriger une poursuite contre les auteurs de mauvais traitements infligés à des mineurs de seize ans (2).

L'accusateur ou « *prosecutor* » procède lui-même aux opérations dont le soin incombe chez nous aux officiers de police judiciaire. Il recueille les éléments de l'accusation,

(1) Bugnottet, *Études administratives sur l'Angleterre*, p. 470.

(2) Franc-Chauveau, *La poursuite criminelle et les projets de création d'un ministère public en Angleterre*. (*Bulletin de la Société de législation comparée*, 1876, p. 81.)

procède, aidé de la police publique ou privée (1), à la recherche du coupable, et ne se présente devant le magistrat qu'avec le nom de l'auteur de l'infraction. Celui-ci connu, si l'accusation n'est pas directement portée devant le « *Grand jury* », le « *prosecutor* » dépose sa plainte devant le juge de paix chargé de l'instruction qui délivre un mandat de comparution « *summons* », ou un mandat d'arrêt « *warant* ». Au cas de flagrant délit, tout le monde peut se saisir du coupable.

L'information préalable est publique, elle est simplement dirigée par le magistrat. L'accusateur en personne, ou assisté d'un avoué, y joue le principal rôle, citant les témoins et procédant aux interrogatoires. Dans les cas peu graves, le juge de paix ou le tribunal de police, à Londres, prononcent la sentence. Il peuvent aussi repousser une accusation qui leur parait sans fondement, mais cette dernière décision n'épuise pas le droit du « *prosecutor* », car il peut recommencer la poursuite en l'établissant, cette fois, sur des bases plus solides. Quand, au contraire, la culpabilité parait probable, le prévenu est emprisonné ou mis en liberté sous caution, et l'information préparatoire est close. L'accusateur, alors, rédige ou fait rédiger par son avocat l' « *indictment* » ou acte d'accusation qui saisit le « *Grand jury* », dont l'intervention est nécessaire dans tout procès criminel d'une certaine importance. Il se prononce sur la mise en accusation par la formule légale : « *true bill* » ou « *not a true bill* ». Dès ce moment, l'action est définitivement engagée; néanmoins, le rôle actif du « *prosecutor* » se continue à l'audience devant le jury qui doit prononcer le jugement (*trial*). Assisté d'un avocat et d'un avoué, il interroge les témoins et soutient l'accusation. C'est lui enfin qui, après la condamnation, fait exécuter, si le condamné n'est pas détenu déjà, le « *warant* » d'arrestation.

Tel est, exposé à grands traits, le système d'accusation de la loi anglaise. Il n'est pas, comme dans la presque totalité des autres pays, complété par le ministère public

____

(1) Bablnet (*Annuaire de la Société de législation comparée*, p. 266).

qui n'existe pas en Angleterre. Sans doute, la Couronne peut, comme les particuliers, poursuivre les infractions à la loi pénale. Il existe, à cet effet, un « *Attorney général* » et un « *Sollicitor général* » qui est son substitut, choisis parmi les avocats du barreau, et pouvant conserver leur clientèle privée. On peut les comparer assez exactement aux Procureurs et avocats du roi existant en France avant la création du ministère public. Mais ces fonctionnaires ne sont pas les agents nécessaires de la poursuite qu'ils ne peuvent intenter que sur l'ordre du gouvernement et non d'office. Ils n'ont pas, en outre, des droits plus étendus, que ceux des accusateurs privés ordinaires. Un seul officier présente en Angleterre, à un certain point de vue, le caractère de notre ministère public, puisqu'il peut agir d'office dans tous les cas qui entrent dans les limites de sa compétence. C'est le « *Coroner* » qui doit, avec l'aide du jury, rechercher les causes des décès suspects. Mais cela ne suffit pas pour constituer un ministère public véritable.

Aussi, tous les inconvénients du système des accusations populaires que nous avons signalés toutes les fois que nous l'avons rencontré, se sont manifestés et se manifestent encore en Angleterre. Le silence de l'accusateur assure souvent l'impunité au coupable. D'autre part, le chantage, la calomnie, les poursuites engagées à la légère ou absolument injustifiées se font jour fréquemment, malgré la menace de condamnation à des dommages-intérêts qui n'effraie guère l'insolvabilité des accusateurs téméraires ou malveillants. En outre, les collusions entre l'accusateur et l'accusé, les transactions achetées à prix d'or ou imposées par la menace, et entraînant des acquittements scandaleux, ne sont pas un des moindres maux dont souffre la société anglaise (1).

On a cherché, à l'aide de plusieurs moyens, à suppléer à l'absence d'une partie publique active et impartiale, s'élevant au-dessus des passions individuelles et poursuivant au nom de l'intérêt général toutes les infractions. C'est ainsi que, lorsque aucun accusateur ne se présente

(1) Glasson, *op. cit.*, p. 182.

17

pour intenter la poursuite, les juges de paix, dáns les dis
tricts ruraux, confient l'accusation à la police ou à leurs
greffiers appelés « *clerks tó justice*(1)». Dans la plupart dès
grandes villes, s'est établi, de même, dès 1842, l'usage de
charger un « *Sollicitor* », qui devient ainsi « *a person in the
nature of public prosecutor* », c'est-à-dire une sorte d'accusateur public, de la direction de la poursuite criminelle.
A partir de l'ordonnance de renvoi prononcée par le magistrat instructeur dont le « *clerk* » lui fournit tous les renseignements nécessaires, il surveille la marche du procès
et prépare les instructions ou « *briefs* » pour les avocats
qu'il choisit lui-même. Il paraît qu'on n'a eu qu'à se louer
de son intervention qui permet d'éviter, en grande partie
du moins, les inconvénients que nous venons de signaler (2).

En outre, la liberté très grande dont jouit en Angleterre
le droit d'association a permis de constituer dans ce pays,
comme aux Etats-Unis et avec le même caractère, des Sociétés qui ont pour but d'exercer, au même titre que les
particuliers, des poursuites criminelles, et remplissent utilement le rôle déserté par les simples citoyens (3). Tantôt ce sont les membres d'une même corporation qui se
réunissent pour poursuivre les infractions qui lèsent directement leurs intérêts, tantôt ce sont, au contraire, de
simples particuliers qui, dans un but d'utilité publique et
sans aucune préoccupation personnelle, se groupent pour
assurer la répression de certains délits. Ces associations
ont des « *sollicitors* » attitrés auxquels elles donnent
mandat de mettre en leur nom l'action publique en mouvement. Très bien vues des pouvoirs publics, elles reçoi-
vent souvent de leur part un concours sérieux et efficace,
et parfois la Couronne charge ses officiers de faire cause
commune avec elles. Ainsi, pour n'en donner qu'un exemple, dans le procès intenté par une Association contre l'édi-

---

(1) Voir à ce sujet, Nourrisson, *op. cit.*, p. 167.
(2) Id., *ibidem*.
(3) Voir sur le rôle des associations, Mitermaier, *op. cit.*, Nourrisson,
op. cit., Blanche, *Discours de rentrée à la Cour de cassation* du 3 novembre 1868.

teur à Londres de l'ouvrage de M. Zola, « la Terre, » le « *Sollicitor general* » fut lui-même chargé de soutenir l'accusation devant la Cour centrale criminelle (1).

Par ces divers moyens, on a supprimé quelques-uns des inconvénients du système des accusations populaires, mais on n'a pas remplacé le ministère public qui est désiré par tous les esprits sérieux de l'Angleterre, et vers l'établissement duquel existe une tendance très marquée. Depuis 1793, un projet de réforme criminelle est en préparation. Au cours des longs travaux et des nombreuses enquêtes qu'il a provoqués, l'institution d'une partie publique a été réclamée très souvent. Tout cela n'a abouti, en 1879, qu'à la création d'un « *Directeur des poursuites criminelles* » chargé, sous la surveillance de l' « *Attorney general,* » d'intenter et poursuivre les affaires criminelles et de donner aux officiers de police, aux «*clerks*» des juges et à toutes autres personnes engagées dans un procès criminel, son avis et son assistance d'après les règlements ou les instructions de l' « *Attorney general* ». Mais le droit de toute personne d'intenter l'action répressive est resté le même.

Malgré les avantages qu'il comporte, le ministère public n'a pu encore faire son apparition. L'opinion n'est pas suffisamment préparée à accueillir cette institution qui parait heurter les idées admises sur le rôle de l'Etat dans l'administration de la justice par la nation anglaise qui, à l'exemple du peuple romain, est aussi lente à adopter les réformes nouvelles qu'à rompre avec les pratiques du passé.

Il semble, néanmoins, que le ministère public, sincèrement souhaité par beaucoup, répond trop bien aux tendances actuelles et aux besoins de la société pour n'être pas introduit tôt ou tard dans la législation de *l'Angleterre,* qui est encore le seul pays considérable du monde où il n'existe pas.

(1) Franqueville, *Le Barreau anglais* (compte-rendu de l'Académie des sciences morales, juin 1889).

CONCLUSION

Parvenus au terme de cette étude, nous devons jeter un rapide regard sur le chemin que nous avons parcouru et indiquer, parmi les divers systèmes successivement adoptés pour l'attribution du droit de mouvoir l'action publique, celui qui nous parait répondre le mieux aux exigences de la répression et assurer de la manière la plus efficace les garanties qu'une législation soucieuse des intérêts de tous ne saurait refuser à l'accusé.

Du principe qui confie exclusivement à la partie lésée le soin de provoquer le châtiment des attentats dont elle a été la victime et de celui qui permet au juge de se saisir lui-même de la connaissance des infractions qu'il est appelé à juger, nous ne nous occuperons plus ici. Le premier, apparu au début des civilisations, alors que la vengeance privée commence à peine à disparaître devant les premières lois protectrices de l'ordre public, est aujourd'hui unanimement condamné. Il en est de même du second, qui n'a guère été appliqué qu'aux époques de transition, à ce moment où l'Etat, obligé de relever l'arme sociale dont les particuliers ne voulaient plus se servir, était bien obligé, avant l'apparition du ministère public, de la placer entre les mains du pouvoir judiciaire.

Nous ne referons pas davantage le procès du système des accusations populaires qui a prédominé chez les peuples de l'antiquité et qui fait encore le fonds de la législation criminelle des Anglais, dont nous avons, à plusieurs reprises, au cours de ce travail, indiqué les inconvénients. Nous avons assez clairement montré que nos préférences allaient vers l'institution du ministère public, pour qu'il soit inutile d'y revenir.

D'ailleurs, maintenant, la question ne se pose plus à cet égard dans les mêmes termes qu'à la fin du siècle dernier. A ce moment, en effet, les abus et les vices de notre ancienne procédure criminelle appelaient des réformes qui devaient aboutir aux lois de la période intermédiaire. Les souvenirs de Rome, encore plus que l'exemple de l'Angleterre, faisaient désirer à une foule d'esprits, tels que Brissot, Marat, Filangieri, Robespierre, Camille Desmoulins et tant d'autres pamphlétaires qui écrivaient avant ou pendant la tourmente révolutionnaire, le rétablissement intégral du droit pour tous les citoyens de mouvoir l'action publique, et de la porter devant les tribunaux répressifs. Malgré toutes ces déclamations, le système qui accorde aux particuliers le principal rôle dans la poursuite, a été définitivement abandonné, et le ministère public est sorti triomphant de la lutte. Nous le voyons, aujourd'hui, admis par presque tous les pays, et son intervention est considérée partout, même en Angleterre où, ainsi que nous l'avons vu, on le désire vivement si on ne le possède pas encore, comme devant être prépondérante.

L'unique problème qui se pose en l'état actuel de la plupart des législations, est le suivant : Faut-il séparer absolument l'action publique de l'action civile en réservant à l'Etat seul, par l'intermédiaire du ministère public, le pouvoir d'intenter la première ? Faut-il, au contraire, ne lui laisser que le principal rôle, en reconnaissant à la partie lésée le droit de concourir dans son intérêt à l'œuvre de la justice, en lui permettant, sinon d'exercer l'action pénale, du moins de la mettre en mouvement par la *plainte avec constitution de partie civile*, et par la citation directe.

Nous inclinons volontiers vers le premier terme de cette alternative. Nous croyons, en effet, que l'institution d'une partie publique, agissant au nom de la société et n'obéissant qu'à une seule préoccupation, celle d'assurer le maintien de l'ordre et la tranquillité de tous, peut seule permettre d'éviter les vices inhérents à tous les autres systèmes, à savoir : d'un côté l'impunité d'un bon nombre de coupables, d'autre part des poursuites inconsidérées ou dictées par les plus mauvaises passions.

Cette théorie a été soutenue en France à plusieurs reprises, notamment en 1842 et en 1845, où la suppression du droit de citation directe, qui ouvre la porte à la plupart des inconvénients que nous avons signalés au cours de ce travail, a été proposée. La partie lésée ne saurait se plaindre du sacrifice de ses droits, puisque la voie de l'action civile portée devant les tribunaux ordinaires, lui est toujours ouverte. D'ailleurs, nous ne nous opposerions pas à ce qu'elle puisse former son action en dommages devant la juridiction pénale, lorsque cette dernière est saisie par le ministère public de la connaissance de l'action répressive, et nous ne lui refuserions que le droit de mettre celle-ci en mouvement. Nous voyons bien que notre système, qui fait du ministère public, qu'on ne saurait rendre entièrement indépendant du pouvoir central, l'instrument unique de la poursuite, placerait le monopole de l'action publique entre les mains du gouvernement. Mais nous savons aussi que le ministère public, s'il n'est pas toujours libre de ne pas poursuivre, est toujours maitre de le faire quand sa conscience lui en inspire le devoir. Il suffirait pour éviter tout danger (et quelle autre théorie n'en présente pas de plus graves ?) de ne confier ces hautes fonctions qu'à des magistrats chez lesquels les préoccupations de l'avenir n'étoufferaient pas la notion du devoir et capables de répondre, comme le faisait le Procureur général Bellart au Garde des sceaux, M. de Peyronnet, qui exprimait, dans une circulaire le désir d'être prévenu de certaines poursuites avant qu'elles ne fussent commencées : « J'ai « reçu de la confiance du Roi mes fonctions de magistrat; « fort de l'indépendance qui, seule, peut garantir à la so« ciété une justice impartiale, il ne m'est pas permis, en « brisant cette indépendance, d'accéder à une diminution « de dignité dans une magistrature importante, que je « dois remettre au Roi, quand il m'ordonnera de la lui « rendre, telle qu'il a daigné me la confier. »

Nous devons reconnaitre cependant, qu'en l'état actuel des esprits, il est bien difficile d'enlever entièrement aux particuliers toute immixtion dans l'œuvre de la justice. Cela n'a pu être réalisé par aucune législation. L'Allemagne elle-même, qui refuse aux particuliers lésés le droit de porter son action civile devant les tribunaux répressifs, a dû, par le système compliqué que nous connaissons, laisser à l'intéressé la possibilité de mettre l'action publique en mouvement. Mais ce n'est pas par le moyen de la citation directe, qu'on ne saurait règlementer sans lui enlever toute son utilité pratique, que nous voudrions lui en laisser l'exercice. Nous ne pensons pas davantage que ce soit, comme le désire M. Nourrisson, par la voie des associations qui, excellentes en Angleterre, seraient peut-être peu en rapport avec l'esprit de notre législation, que l'on puisse accorder sans danger à la victime de l'infraction, le droit de saisir la justice criminelle de son action en réparation du dommage.

Nous préfèrerions, pour notre part, qu'on supprimât le droit de citation directe, et qu'on accordât, dans tous les cas, en matière de délit comme en matière de crime, à la plainte accompagnée de constitution de partie civile, le pouvoir de saisir le juge d'instruction, malgré l'avis contraire du Ministère public, et son refus de poursuivre. Ce système nous semble satisfaire à la fois tous les intérêts. L'accusateur privé pourra ainsi vaincre les résistances de l'accusateur public, toutes les fois que cela lui paraîtra utile. En même temps l'intervention du magistrat instructeur accordera à l'accusé et à la justice toutes les garanties nécessaires, en ne laissant se continuer jusqu'au jugement que les poursuites fondées sur des motifs sérieux, et en empêchant d'aboutir celles qui seraient inspirées par la haine et le chantage.

POSITIONS

DROIT ROMAIN

I. — La *condictio furtiva* n'est pas une action pénale.

II. — Les dispositions de la *Règle catonienne* s'appliquent au *fideicommis*.

III. — Le legs fait à une ville pour l'entretien et la surveillance d'un tronçon déterminé d'une *voie*, mais sans indication de la somme léguée, est valable.

IV. — La cession des actions ne peut pas être exigée par un *correus promittendi* non associé.

DROIT CIVIL

I. — Une impossibilité de fait empêchant la poursuite d'un droit, mais non prévue par la loi, entraîne une suspension de prescription.

II. — Les créanciers personnels de l'héritier du *de cujus* n'ont pas qualité pour requérir l'apposition des scellés sur les effets de la succession.

III. — La clause insérée dans un contrat de mariage stipulant le régime dotal, autorisant le mari à reconnaître la dot mobilière de la femme sur ses biens personnels, à condition que les immeubles du mari seront suffisants pour en répondre et en assurer la représentation, est opposable aux tiers.

IV. — L'obligation alimentaire née du mariage entre

beau-père et belle-mère d'une part, gendre et bru de l'autre, subsiste après le divorce, lorsqu'il y a des enfants issus du mariage.

V. — Les effets du divorce ne se produisent qu'à partir de la transcription du jugement qui le prononce.

PROCÉDURE CIVILE

I. — Le *command·té* ne peut pratiquer une surenchère au préjudice du *command* dans une vente publique par devant notaire.

II. — Le créancier qui refuse, sans indiquer les motifs de son opposition, d'adhérer à un règlement par voie d'ordre amiable, est tenu envers les créanciers non colloqués en rang utile, à concurrence du montant des frais de l'ordre judiciaire qu'il a rendu nécessaire.

DROIT INTERNATIONAL

I. — Le souverain d'un Etat étranger est capable de recueillir les dons ou legs, faits en France, dans la limite où l'ordre public n'est pas menacé.

II. — Le souverain d'un Etat étranger ne saurait être tenu par les décisions d'un tribunal français.

III. — Un étranger assigné par un étranger devant un tribunal français, en paiement de dépenses d'hôtellerie, est fondé à opposer l'exception de prescription résultant de l'article 2271 du Code civil.

DROIT CONSTITUTIONNEL

I. — Le candidat qui a fait sa déclaration peut faire acte de candidature avant d'avoir reçu le récépissé définitif de sa déclaration.

DROIT ADMINISTRATIF

I. — Les directeurs ou administrateurs d'un syndicat professionnel régulièrement constitué n'encourent pas les pénalités édictées par l'art. 9 de la loi du 21 mars 1884 en invitant, pour les consulter, des personnes étrangères au syndicat et n'exerçant pas la même profession que ses membres.

Vu par le Président de la Thèse,

Toulouse, le 16 avril 1895.

A. MÉRIGNHAC.

Vu par le Doyen de la Faculté de Droit,

Toulouse, le 17 avril 1895.

J. PAGET.

Vu et permis d'imprimer :

Toulouse, le 18 avril 1895.

Le Recteur de l'Académie,

PERROUD.

TABLES DES MATIÈRES

DEUXIEME PARTIE

TROISIÈME PARTIE

De la mise en mouvement de l'action publique en législation comparée............................. 237

CHAPITRE PREMIER. — Pays dans lesquels le principal

www.ingramcontent.com/pod-product-compliance
Lightning Source LLC
Chambersburg PA
CBHW051530050726
47595CB00002B/431